DIE ERFOLGREICHEN
VERKAUFSABSCHLUSSTECHNIKEN

DIE ERFOLGREICHEN VERKAUFSABSCHLUSS TECHNIKEN

LES DANE

REIDAR VERLAG

Dritte, überarbeitete Auflage

Band 1 der Reihe „REIDAR fach"
Herausgegeben von R. Meyer-Brandt
Copyright © 1993 by
REIDAR VERLAG
Alsterdorfer Straße 80
2000 Hamburg 60

Alle Rechte vorbehalten.

Kein Teil dieses Buches darf ohne schriftliche
Erlaubnis des Verlages reproduziert werden.

ISBN 3-924848-00-9

Aus dem Amerikanischen übertragen von Erika Schröder
Bearbeitet von Toni Egert, Kissinger Straße 66, 7000 Stuttgart 50
Neu überarbeitet von Uwe Draber
Lektorat: Torsten Grabow
Umschlaggestaltung: Kurt-Michael Westermann

Gesamtherstellung:
REIDAR PRINT & MEDIA SERVICE,
Alsterdorfer Straße 80
2000 Hamburg 60
Telefon 040 / 511 30 69
FAX 040 / 511 96 68

Dieses Buch ist über unseren Verlag auch erhältlich in den Sprachen Französisch,
Italienisch, Japanisch, Niederländisch, Schwedisch und Spanisch.

Inhaltsverzeichnis

Wie dieses Buch Wunder für Sie bewirken kann — 11

1 Das Panzerkleid des Widerstandes gegen den Kauf: Fünf Schlüssel, die Ihnen helfen werden — 15
Der Angsthase — 16
Der berechtigte Einwand — 19
Zuhören — 20
Nachtschicht — 23
Sie und der Finanzierungsexperte — 26
Es geht alles — 26
Die idiotensichere Finanzierungsmethode — 27
Stop für Einkaufsbummler — 30
Der „Nur zu"-Typ — 30
„Nur heute" — 32
Der einfache Verkaufsabschluß — 33

2 Der richtige Knopf beim Verkaufsabschluß: Wie man ihn findet, und wann man ihn drückt — 35
Die Gladiatoren — 35
Finden Sie den richtigen Knopf — 37
Eine Lektion in angewandter Psychologie — 37
„Ihm eine runterhauen..." — 40
Identifizieren — 43
„Was für ein wunderschönes Kleid!" — 47
Konzentrieren Sie sich nicht auf einen Typ — 49

3 Die Schützenhilfe beim Verkaufsabschluß: Wie man sich zurückzieht, und von wem man sich ablösen läßt — 53
Fünf verschiedene Arten der Schützenhilfe — 54
Die Schützenhilfe von der Autorität — 55

„Wir werden es bauen,
    oder es wird uns den Kopf kosten!" 57
Das Beispiel 60
Ich bin hier, weil er der Beste ist 63
„Schicken Sie nicht den So-und-So!" 65
Er ist zu jung für mich 67
Zufällige Schützenhilfe 69
„Sie sind sehr klug, Herr Meier!" 69

4 Der Verkaufsabschluß mit Doppelteam: Der Profi für den Verkaufsabschluß 73

Gehen lassen und verlieren 73
Was ist ein Doppelteam? 74
„Camel, bitte!" 74
Mit wem? 76
Ein Verkäufer 77
Den Kunden mit Hilfe des Doppelteams
    in die Zange nehmen 77
Getrennt marschieren, vereint zuschlagen 78
Ein Doppelteam mit dem Verkaufsleiter bilden 79
Der Profi beim Verkaufsabschluß 81
Folgen – nicht führen 82
Wie man eine Doppelteam-Aktion
    zunichte machen kann 83
Doppelteam mit jedermann 84

5 Der Abschluß durch einfühlsames Erzählen: Wie Sie mit einer Geschichte den großen Erfolg erzielen 87

Werbung allein führt nicht unbedingt
    zum Verkauf des Produktes 87
Erzählen Sie eine Geschichte 88
Die subtile Schauergeschichte 90
Unentschlossenheit! 92
Der Sprung ins kalte Wasser 93
Zeigen und darüber sprechen 95
Demonstration über den Alpen 96
Vorausplanung zahlt sich aus 100
Zeigen, darüber erzählen oder beides 101

6 Alle, die dafür sind, bitte mit dem Kopf nicken: Drei grundlegende Voraussetzungen, die unbedingt vorhanden sein müssen, und vier Arten, wie man sie beim Abschluß verwendet   103

„Meinen Sie nicht auch?"   103
Der kalte Kontakt ist nicht kalt   105
Drei grundlegende Dinge,
   die unbedingt vorhanden sein müssen   105
„Meine Damen und Herrn Geschworenen"   105
Ja und Nein   106
Welche der Möglichkeiten, Herr Engert?   107
Hat er einen Anlasser?   108
Vier grundlegende Methoden für den Abschluß   109
Was ist, wenn ich krank werde?   110
„Wie funktioniert das hier, Herr Schmidt?"   111
„Ich glaube, ich blicke nicht durch, Herr Enzmann"   112
Für ein paar Dollar mehr können Sie ...   113
Mit der Demonstration das Hindernis nehmen   114
„Ich habe einen gekauft, und ich bin zufrieden damit..."   116

7 Ein Abschluß bleibt nicht immer ein Abschluß: Sechs Methoden, um sich gegen einen Rückzieher des Kunden zu schützen   121

Wann ist ein Abschluß kein Abschluß?   121
Mit Brief und Siegel (und Lieferung)   122
Das mobile Büro   123
Die „Scheinlieferung"   125
„Ich werde mitkommen"   126
Bei der Stange halten   127
Ein schlechtes Gewissen
   („Sie wollen mich auf den Arm nehmen!")   128
„Tut mir leid, er ist schon nach Hause gegangen!"   130
Keine Nachrichten   131
Was ist die Schwierigkeit?   132
Standard-Doppelteam   133
Der letzte Tag   134
Die Hölle heiß machen   136
Seien Sie vorbereitet!   137

8 Sechs Fehler beim Abschluß: Wie man sie erkennt und vermeidet — 139

Sechs Arten, wie man den Verkauf garantiert verliert — 139
Sie haben nicht recht, Herr Meier — 140
Nicht Herr Meier hatte unrecht, sondern Thomas — 141
Behalten Sie Ihre Ansichten für sich — 142
Falscher Standpunkt - Geschäft verloren — 143
Der richtige Standpunkt kann bei einem Abschluß helfen — 144
Verheiraten Sie ihn nicht — 146
Der Abschluß durch „Niedermachen der Konkurrenz" — 147
Schaffen Sie Übereinstimmung,
    während Sie nicht übereinstimmen — 148
Machen Sie sein Produkt nicht nieder;
    verkaufen Sie Ihr Produkt! — 149
Spielen Sie nicht den Boß, wenn Sie nicht der Boß sind — 150
Nehmen Sie Befehlsgewalt an,
    und verlieren Sie das Geschäft — 150
Es zahlt sich nicht aus — 151
Immer der Boß — 151
Die höchst schädliche Verlockung,
    übermäßig zu verkaufen — 152
Linker Schuh am rechten Fuß — 152
Und wieder - es zahlt sich nicht aus — 153
Die Folgen — 154
Was Sie alles nicht tun dürfen — 155

9 Die vier grundlegenden Käufertypen: Wie man mit ihnen einen Abschluß macht und wie der Abschluß auch abgeschlossen bleibt — 157

Der Schlüssel — 158
Die vier Gruppen — 158
Der Abschluß mit dem professionellen Käufer — 158
Machen Sie einen Verkaufsabschluß,
    indem Sie ihm Fakten präsentieren — 159
Sie müssen sich auskennen — 160
Bleiben Sie einen Schritt voraus — 160
Machen Sie Ihre Hausaufgaben — 161
Verkaufen Sie an den Neuankömmling — 161

Der Abschluß mit der Einzelperson	162
Sein Vertrauen gewinnen	163
Identifizieren Sie sich mit ihm	164
Der ruhige Typ mit leiser Stimme, der alles erst gesehen haben muß	166
Füllen Sie die Lücke	166
Die erfahrene Einzelperson	167
„Eigentlich geht es mich ja nichts an, aber..."	168
Der Verkaufsabschluß mit einer ungebundenen Frau	170
Der Familienkäufer	171
Teilen Sie die Familie auf	172
Verkaufen Sie an ein Familienmitglied	173
Jedes Familienmitglied half beim Abschluß	174

10 Lassen Sie den Kunden für sich arbeiten: Wie man beim Verkaufsabschluß Kundenwerbung betreibt

	177
Fehlschlag	177
Identität - nach Kunden Auschau halten - Mahnung	178
Nach Kunden Ausschau halten	179
Der Schlüssel	180
Drei absolut wichtige Dinge	181
Die Kundenkette	182
Hören Sie nie auf zu verkaufen	183
Zufall oder Beweis?	183
Phantasie zahlt sich aus	184
„Tut mir leid, die falsche Nummer!" - oder?	185
Benutzen Sie Ihren Erfindungsgeist	186
Zwei grundlegende Wahrheiten	186
Ich wette mit Ihnen	187

11 Fünf wichtige Richtlinien für ein effektives Führen von Verkaufsunterlagen: Wie sie Ihnen bei einem Verkaufsabschluß helfen können

	189
Eine Aktensammlung, die Gold wert ist	189
Das beste Geschenk zur bestandenen Prüfung, das ein Student je bekam	190

Vervollständigen Sie die Unterlagen	191
Halten Sie die Unterlagen auf dem laufenden	193
Verfolgen Sie die Zeitungen	193
Die neue Akte	194
Firmenneuigkeiten	194
Legen Sie Akten über die ganze Familie an	195
Öffentliche Eintragungen sind Goldgruben	196
Schauen Sie bei Gericht nach	196
Wie alt ist Ihre Firma?	197
Der Schreibblock	199

12 Der Verkaufsabschluß beginnt am Anfang: Wie Sie den Kunden für einen Abschluß qualifizieren 201

Es ist sinnlos	201
Sie müssen etwas dafür tun	202
Sechs grundlegende Fragen, die garantieren, daß der Kunde wirklich für einen Abschluß qualifiziert ist	204
Die Schwierigen	207
Eine typische Qualifizierung	209
Die Kehrseite der Medaille	210
Die Person, die sich für jemand anderen umschaut	211
Bringen Sie alle Tatsachen in Erfahrung, und machen Sie den Abschluß	212
Der Arbeiter aus der Papierfabrik	213
Niedriges Einkommen?	213
Wie man das große Geschäft verlieren kann – ohne auch nur einen Finger krumm zu machen	213
Die sechs teuren Fehler	214
Qualifizieren des Firmeneinkäufers	215
Verschiedene Nachschlagewerke, die beim Qualifizieren helfen	216

13 Einunddreißig überaus wichtige Punkte, die Ihnen dabei helfen werden, beim Verkaufsabschluß besser zu werden 219

Wie dieses Buch Wunder für Sie bewirken kann

„Abschließen" bedeutet laut Wörterbuch: „ausschließen, aussperren; eine Tür mit einem Schlüssel versperren."

Genau! Wenn Sie einen Verkaufsabschluß machen, dann sperren Sie die Konkurrenz aus, schließen die Tür des Kunden vor den anderen Verkäufern ab – und *Sie* stecken die Provision in die Tasche.

Jeder professionelle Verkäufer wird damit übereinstimmen, daß der Abschluß der Verkauf *ist*. Ob es sich um Versicherungen, Immobilien oder Krankenhausbedarf handelt, er wird damit übereinstimmen, daß der Abschluß der wichtigste Abschnitt beim Verkauf ist.

Der Verkäufer kann das Gespräch arrangieren, er kann das Produkt vorführen, aber die letzten paar Minuten, wenn es um den eigentlichen Abschluß geht, sind die entscheidenden. Das ist der Punkt, an dem entweder das Geschäft macht – oder auf die Nase fällt und Zeit und Mühe vergeudet hat. Das ist der Punkt, an dem ein paar wirklich erfolgreiche Abschlußtechniken gebrauchen kann.

Dieses Buch soll Ihnen zeigen, wie Sie *nicht* auf die Nase fallen, wie Sie den Anteil an Abschlüssen erhöhen können, und wie Sie mit 16 oder 17 von 20 Kunden einen Abschluß machen werden.

Unter Verwendung bestimmter Techniken und der Schilderung wahrer Beispiele aus meiner eigenen Erfahrung und der hunderte anderer Spitzenkräfte – wirklichen Profis – habe ich die effektivsten Abschlüsse beschrieben, die oft an Wunder grenzen; und Sie werden die *Besten* in Aktion erleben.

Immer wenn sich die Mehrzahl der fähigsten Leute über eine bestimmte Methode bezüglich eines Problemes beim Abschluß einigte – wenn sie sagte: „So muß man es machen; das hat mir Erfolg gebracht!"–, dann habe ich das in dieses Buch hier aufgenommen, und es wird auch Ihnen weiterhelfen.

In diesem Buch werden auch Ihre Probleme beschrieben – es sind im Grunde die gleichen in allen Verkaufsbereichen – *jedes Problem ist mit den effektivsten Lösungsmöglichkeiten aufgeführt, und Sie haben sie sofort zur Hand, weil Sie es schnell und einfach nachlesen können.*

Wenn man alle Worte, die über den Verkaufsabschluß gesagt und geschrieben worden sind, einmal zusammenfaßt, so führt das zu einer grundlegenden Frage: Warum fängt der Kunde plötzlich an, sich zurückzuziehen, wenn er sich der Entscheidung zu kaufen oder nicht zu kaufen Auge in Auge gegenübersieht? Sie können es Widerstand gegen den Kauf nennen, oder Widerwillen, sich von seinem Geld zu trennen, nennen. Sie können sagen, der Kunde will sicher sein, daß er das beste Produkt oder den günstigsten Preis bekommt oder daß Ihr Wagen oder Ihr Versicherungsprogramm am besten auf seine Bedürfnisse zugeschnitten ist.

Doch achten Sie auf den roten Faden, der sich durch all diese vielen verschiedenen, möglichen Erklärungen für sein Zurückziehen beim Abschluß zieht: Angst! Nicht die Angst, die er einer geladenen Pistole gegenüber hätte, sondern eine Angst, die fast genauso erschreckend für ihn ist: die Angst, eine falsche Entscheidung zu treffen, seine Unterschrift unter den Kaufvertrag zu setzen - diesen endgültigen, unwiderruflichen Schritt zu tun, der die Unentschlossenheit in „richtig" oder „falsch" verwandelt.

Wenn das so ist, was will er dann also? Er will, daß man ihm versichert, daß er keine Angst zu haben braucht; daß er zuschlagen kann; er will überzeugt werden; er will diese Qual der Unentschlossenheit ein für allemal loswerden.

Und an dieser Stelle kommen Sie und dieses Buch zum Tragen. Hier können Sie lernen, wie Sie Ihrem Kunden dabei helfen können, diese Angst, die Qual der Unentschlossenheit zu überwinden, indem Sie den Abschluß mit ihm machen – und nicht erst dann, wenn er es mit seiner Frau oder seinen Kollegen noch einmal durchgesprochen hat; nicht, nachdem er es sich noch einmal hat durch den Kopf gehen lassen; nicht, nachdem er sich erst noch einmal angeschaut hat, was die Konkurrenz zu bieten hat – sondern *jetzt*.

Diese Tips, mit denen die Unentschlossenheit dahinschwindet, sind *wirkungsvoller – schneller* und *ohne große Anstrengungen zu bewerkstelligen* -, wenn Sie sie genau so befolgen, wie sie beschrieben sind.

Jeder Plan oder jede Folge von Anweisungen muß einem bestimmten Muster folgen. Das Muster für dieses Buch, das Ihnen zeigt, wie Sie Abschlüsse tätigen, oder das Thema, dem dieses Buch folgt, ist das „Panzerkleid", wie ich es genannt habe. Schritt für

Schritt werden die Einzelteile der Panzerung entfernt, bis der potentielle Käufer von seiner Furcht – seinem Widerstand gegen den Kauf befreit – und für den Abschluß bereit ist.

Sobald die Einzelteile der Panzerung entfernt und fein säuberlich auf Ihrem oder seinem Schreibtisch gestapelt sind, werden Sie sie dazu verwenden – richtig, die Teile *seines Panzers* –, um Schritt für Schritt den Abschluß vorzubereiten; einen Abschluß, der so *überzeugend* ist, daß er es *kaum erwarten kann*, seine Unterschrift zu leisten.

Die „Experten" haben Ihnen immer erzählt, daß der Abschluß nie vor dem vierten oder fünften Kontakt gemacht werden kann, daß ein guter Verkäufer nur drei oder vier von zwanzig möglichen Abschlüssen macht und daß sich „Abschlüsse direkt proportional zur Anzahl der kontaktierten Kunden verhalten".

Unsinn! Ich kann Ihnen beweisen, daß dies einfach nicht wahr ist. Dieses Buch wird Ihnen zeigen, daß der Abschluß beim *ersten* oder *zweiten* Kontakt gemacht werden sollte und gemacht werden sollte. Sie *sollten*, und Sie *werden* bei 16 oder 17 von 20 *echten, qualifizierten Kunden* einen Abschluß machen.

Eine Behauptung der Experten ist zum Teil wahr: Abschlüsse sind direkt proportional zu den Kontakten, aber wenn Sie dieses Buch anwenden, werden Sie *verkaufen* und nicht nur *interviewen*, wie es viele Verkäufer tun.

Wenn Sie genug davon haben, mit Dutzenden von Leuten zu reden, bevor Sie einmal einen Abschluß machen; wenn Sie lernen wollen, wie man das „Panzerkleid" mit einem Minimum an Zeit und Mühe entfernt; wenn Sie lernen wollen, wie man die Einzelteile des Panzers in 75 Prozent der Fälle dazu verwendet, den Abschluß vorzubereiten; wenn Sie sehr viel Geld verdienen wollen und auch Zeit für anderes haben wollen, dann lesen Sie dieses Buch, und lesen Sie es noch einmal. Und halten Sie es immer griffbereit. Es ist Ihre Bibel für den Verkaufsabschluß.

LES DANE

1
Das Panzerkleid des Widerstandes gegen den Kauf: Fünf Schlüssel, die Ihnen helfen werden

Wenn die Zeit des Termins mit dem Verkäufer näherrückt oder er sein Haus zum Einkaufen verläßt, legt der potentielle Kunde sein Panzerkleid an.

Dieses Kleid besteht aus sämtlichen Argumenten – ob bewußt oder unbewußt –, die der Verkäufer überwinden muß, bevor er den Verkauf tätigen kann.

So wie ein Automechaniker beim Defekt eines Motors die reperaturbedürftigen Schlüsselteile finden und austauschen muß, um den gesamten Motor zum laufen zu bringen, so muß der Verkäufer die *Schlüsselteile* im Panzerkleid des Widerstandes gegen den Kauf ausfindig machen.

Wenn er diese erst einmal gefunden hat, ist es nicht mehr schwer, sie zu entfernen und den Abschluß zu tätigen.

Ein grundlegendes Thema wird jedoch das ganze Buch hindurch erscheinen: Furcht. Alle Teile der Panzerung bestehen aus Furcht, und die muß aufgelöst werden, so daß der potentielle Kunde den Verkauf tätigt, zuversichtlich, daß er das Richtige getan hat, das richtige Produkt bekommt.

Kann diese Furcht – die Teile der Panzerung – ausfindig gemacht werden? Ragen sie in unterschiedlicher Farbe, Größe oder Form heraus? Jawohl! Manchmal ist die Farbe kaum verschieden vom Rest des Panzerkleides, die Form ist nur einen Bruchteil anders. Doch wenn der Verkäufer weiß, was er beobachten muß und auf was er *hören* muß, kann er diese Teile jedesmal ausfindig machen.

Der Angsthase

Der Schlüsselteil, der am häufigsten angetroffen wird, hat die gleiche Größe wie alle anderen Teile der Panzerung, doch die Farbe ist völlig verschieden. Er ragt so deutlich hervor, daß er ebensogut einen Griff haben könnte, mit dem Sie ihn ergreifen und herausziehen könnten. Der potentielle Käufer macht den offensichtlichen, nutzlosen Versuch, ihn mit viel „wenn und aber" und „vielleicht" zu verdecken, doch für den erfahrenen Verkäufer ist der Angsthase kein Problem.

„Das ist das Auto für mich – mir gefällt die Form und die Farbe, aber ich glaube, ich warte lieber noch ein paar Tage. Vielleicht würde ich es nach einer Weile nicht mehr mögen."

Oder: „Dieses Investmentfondspaket, das Sie mir zusammengestellt haben, ist genau das, was ich brauche und will, aber vielleicht bespreche ich es lieber nochmal mit meiner Frau. Schließlich muß sie mich bei den Zahlungen unterstützen, hahaha."

Haben Sie so etwas schon mal gehört? Erkennen Sie das Schema? Dieser potentielle Kunde ist ein *Angsthase*, aber einer von der einfachen Sorte, die man leicht zum Unterschreiben bringen kann, *denn er hat keinen wirklich berechtigten Einwand, nicht zuzugreifen.* Sein Panzerkleid ist da, aber so offensichtlich, daß es für Sie einfach ist, den Schlüsselteil daraus zu entfernen und ihm den Kugelschreiber in die Hand zu drücken – und schon fällt die Panzerung in tausend Stücke.

Der professionelle Verkäufer kann die Argumente des Kunden so schnell, wie sie kommen, durchlöchern – aber auf schlaue Weise bitte!

Wenn er der Meinung ist, er sollte das Investmentfondspaket seiner Frau zeigen, warum hat er dann nicht dafür gesorgt, daß sie bei dem Treffen dabei ist? Wenn er glaubt, daß er der Farbe überdrüssig werden wird, kann es dann nicht sein, daß er jeder Farbe, egal welche er jetzt auswählen wird, überdrüssig werden wird?

Er schwindelt! Er sucht nach Gründen, nicht zu kaufen, und an dieser Stelle kommen Sie zum Abschluß.

Nehmen wir den Schachzug: „Vielleicht sollte ich es lieber erst mal meiner Frau zeigen."
Ich würde in dieser Art darauf antworten:
„Herr Peters, ich verstehe gut, daß Sie es erst Ihrer Frau zeigen möchten, besonders im Hinblick darauf, daß Sie mir sagten, sie sei ebenfalls berufstätig.

Aber was weiß sie über das Wachstumspotential von Investmentfonds? Was versteht sie von einem Plan mit 70% solider, allmählich gewinnbringender Anlage, 20% Investitionen mit leichter Spekulation und den anderen 10% schlicht wilde Spekulation?

Herr Peters, Sie haben mir gezeigt, daß *Sie* diesen Fonds verwalten werden – somit auch Kauf und Verkauf tätigen werden – warum gönnen wir Ihrer Gattin nicht eine Ruhepause und belästigen sie nicht damit oder bringen sie gar in Verlegenheit, indem wir darauf hinweisen, wie wenig sie davon versteht.

Nun, über eine wichtige Sache weiß sie sicherlich Bescheid: die Zahlung. Es geht um die Höhe, die Sie beide besprochen haben, oder hat sie Ihnen gesagt – wie es die meisten Ehefrauen tun-, daß Sie sich auf Ihr eigenes Urteil verlassen sollen?"

„Nun, sie sagte schon, ich solle es selbst tun-daß ich mehr von Finanzierungen verstehen würde als sie..."

„Sie kennt Ihren Mann, Herr Peters. Sie weiß, daß Sie das Beste für sie und ihre kleine Tochter tun werden."

Und wie es mit dem Burschen, dessen Alibi lautet, der Wagen (oder was auch immer) habe vielleicht nicht die richtige Farbe? Nun, bei dem ist es genauso einfach. Hier ist eine Version:

„Herr Peters, wie lange arbeiten Sie schon bei den Stadtwerken?"

„Vierzehn Jahre. Seit dem Gymnasium. Ich hatte nie einen anderen Job, außer einen Teilzeitjob, während ich auf das Gymnasium ging."

„Verstehe. Seit zwölf Jahren sind Sie verheiratet, wie sie sagten, nicht wahr? Sie rauchen immer die gleiche Zigarettenmarke, und Sie fahren diese Automarke seit...acht Wagen dieser Marke haben Sie schon gefahren, sagten Sie, glaube ich.

Herr Peters, Sie sind eine sehr gründliche Person, und ich bewundere Sie dafür. Aber sehen Sie nicht, worauf ich hinaus will? Ihr Urteil war nahezu perfekt, Ihr ganzes Leben lang. Die richtige Frau, der richtige Tabak, der richtige Job und der richtige Wagen, bis auf das eine Mal, wo Sie es mit einer anderen Automarke versucht haben und dann wieder auf die alte Marke zurückgekommen sind.

Mein Standpunkt ist – wenn Ihnen diese Farbe jetzt gefällt, so wird sich Ihr Urteil als richtig erweisen. Und Sie sagten, Ihre Frau *liebt* blau."

Fangen Sie seine Argumente auf und werfen Sie sie – *sachte* – wieder zurück. Gemischt mit etwas ehrlicher Schmeichelei werden Sie den Kunden in mehr als 90% der Fälle total einwickeln.

Aber *übertreiben Sie es nicht*! Wenn Sie ihn ins Unrecht setzen und er das ehrliche, tiefempfundene Alibi in Person ist, haben Sie schließlich eine Bratpfanne im Gesicht und ein verlorenes Verkaufsgespräch.

Behaupten Sie, seine Frau sei dumm wie Bohnenstroh, daß sie einen Investmentfond von einer Karussellfahrt nicht unterscheiden könne – und er wird Ihnen erzählen, sie arbeite in einer Computerfirma und sei für die Endproduktabnahme verantwortlich.

Sagen Sie ihm, daß es für so eine ungeheuer intelligente Person wie ihn unmöglich wäre, einen Fehler zu begehen, und er wird Ihnen davon erzählen, wie er einmal einen Hektar der Hamburger Binnenalster zum Bau von Parkplätzen gekauft und dafür sogar eine Anzahlung geleistet hat.

Finden Sie den Schlüssel, der ihm als Alibi für seine Verweigerung dient! Sobald Sie festgestellt haben, daß er nur ein Angsthase ist, drehen Sie den Schlüssel dann herum und verwenden ihn für den Abschluß des Kaufvertrages.

In der Praxis werden Sie herausfinden, wie man diesen Typ erkennen kann. Es wird alles in Ordnung für ihn sein, bis kurz vor Abschluß des Geschäftes. Er wird allem zustimmen, was Sie sagen, bis Sie ihn dann auffordern: „Gehen wir in mein Büro", oder: „Unterschreiben Sie hier." Dann wird er anfangen, nach Gründen zu suchen, nicht zu kaufen.

Er war eifrig dabei, die Sache verkauft zu bekommen, und stellt nun plötzlich fest, daß er verloren ist, wenn er sich nicht beeilt und rasch ein Alibi findet. So spuckt er das erste aus, was ihm in den Sinn kommt, und Sie sollten es für genau das halten, was es ist. Kein echter Grund dafür, noch zu warten oder nicht zu kaufen, sondern der verzweifelte Versuch eines Angsthasen, sich vor der Unterschrift zu drücken, obwohl er *weiß*, daß er im Grunde genommen unterschreiben *will*.

Der berechtigte Einwand

Der nächste Schlüssel ist nicht so leicht zu handhaben. In diesem Fall nennt Ihnen der potentielle Kunde zwar seinen Einwand – aber es gibt zwei Probleme für das Beseitigen dieses Teiles der Panzerung.

Zunächst bringt er etwas vor, das ein völlig berechtigter Einwand dafür zu sein scheint, noch zu warten. Sie versuchen es mit der beschriebenen Methode, werden aber feststellen, daß es sich hier *nicht* um einen Angsthase handelt. Der Kunde hat wirklich einen Grund zu warten – oder zumindest einen echten Grund zu *glauben*, daß er warten soll.

Egal, wie sehr Sie sich bemühen, Sie können diesen Panzerteil nicht entfernen! Sie haben es zwar ausfindig gemacht, aber er ist so verkeilt, daß Sie merken, wie es Ihnen entgleitet.

Es handelt sich hier um zwei ganz *verschiedene* und voneinander völlig *getrennte* Probleme, die auch *getrennt behandelt* werden müssen.

Schauen wir uns den Unterschied zwischen dem Angsthasen-Alibi und einem echten Alibi an. Wie können Sie den berechtigten Einwand erkennen?

Das offensichtlichste Anzeichen dafür, daß der potentielle Käufer einen ehrlichen Grund für sein Warten hat oder dafür, daß er nicht kaufen will, ist, daß er bei diesem einen Einwand bleibt.

Wenn der Verkäufer versucht, seinen Einwand beiseite zu schieben, kehrt der Kunde dennoch immer wieder dazu zurück. Er meint es ernst und glaubt fest daran, daß sein Einwand richtig ist – und das kann sehr wohl möglich sein.

Ein weiteres gutes Anzeichen für den berechtigten Einwand sind vernünftige und glaubhafte Argumente, im Gegensatz zu den eher lächerlichen Einwänden des Angsthasen.

Ein drittes Zeichen dafür, daß der Verkäufer ein schönes Stück Arbeit vor sich haben wird, sind Konstellationen, in denen ein Mann und seine Frau, zwei oder mehrere Partner oder eine Gruppe gemeinsam dem Kauf zustimmen müssen.

Wenn alle Beteiligten sich einig sind, zu warten, sich erst ein bißchen umzuschauen oder überhaupt nicht zu kaufen, dann darf der Verkäufer davon ausgehen, daß sie sich ein ehrliches Argument gegen den Kauf überlegt haben, wodurch seine Arbeit schwieriger wird, aber nicht unmöglich.

Wir haben gesehen, wie man mit dem Angsthasen umgeht, aber was machen nun wir mit dem berechtigten Einwand?

Zuhören

Ich erinnere mich an einen Verkaufsabschluß, den ich vor einigen Jahren getätigt habe und von dem ich geglaubt hatte, daß er verloren war – zumindest für die nächsten sechs Monate. Mein potentieller Kunde hatte sich mit dem Verkaufsbüro, in dem ich als Verkäufer tätig war, in Verbindung gesetzt und kündigte dem Verkaufsleiter an, er benötige in *sechs Monaten* ein paar Lieferwagen (fünf) und hätte dann noch einen weiteren größeren Auftrag.

Er hatte eine kleinere Reparaturwerkstatt etwas außerhalb der Stadt, und ich fuhr hin zu ihm. Er war ein junger Mann, Anfang dreißig, und dem äußeren Erscheinen nach zu urteilen, schien er ein zwar bescheidenes, doch recht aktives Geschäft zu führen.

Wir sprachen über die Lieferwagen, und er machte klar, daß er frühestens in sechs Monaten kaufen konnte. Er wollte in das Geschäft mit Schweißmaschinen einsteigen und hatte bei einer Bundesbehörde, die Kredite an Kleinbetriebe vergibt, ein Darlehen beantragt. Sie hatten ihm gesagt, daß der Antrag Aussicht auf Erfolg hätte, doch daß die Bearbeitung etwa ein halbes Jahr dauern würde. Da ich weiß, wie Behörden arbeiten, glaubte ich das und war der Meinung, daß er einen echten Grund dafür hatte, nicht zu kaufen. Er *konnte* in der Tat nicht kaufen.

Oder hätte er doch gekonnt? Ich ließ ihn reden. Der Verkäufer, der in der ersten Phase des Verkaufsgesprächs auf ein unerwartetes Hindernis stößt, sollte *zuhören*, nicht selbst *reden*. Oft passiert es, daß der potentielle Kunde selbst einen Weg findet, um seinen eigenen Einwand zu überwinden.

Dieser Mann hatte eine klare Vorstellung davon, wie er wirklich die Dinge ins Rollen bringen wollte. Er hatte vor, auf den Lieferwagen Schweißmaschinen zu montieren, so daß er damit überall hinfahren konnte, und den großen Lastwagen wollte er als Transportmittel für Ersatzteile, Ausrüstung und Lieferungen zu benutzen. Er hatte lange Arbeitserfahrung beim Schweißen und Reparieren von Geräten und Maschinen und auch bereits einige zuverlässige Leute engagiert, die darauf warteten, für ihn zu arbeiten.

Ich erfuhr davon, indem ich *zuhörte*, ihn sanft mit einer Frage hier, einem Vorschlag dort anstachelte, doch im wesentlichen *ihm das Reden überließ*. Dann hatte ich eine Idee.

„Herr Keller, haben Sie eine Kopie Ihrer Vermögensaufstellung und der anderen Unterlagen da, die Sie für Ihren Darlehensantrag benötigt haben?"

„Ja, hier im Büro." Er öffnete eine Schreibtischschublade und gab mir eine braune Aktenmappe mit den Kopien über die gesamte Transaktion.

„Wenn ich das Geld, das Sie brauchen, zu den gleichen oder noch besseren Bedingungen bekommen kann, würden Sie dann das Geschäft starten, vorausgesetzt natürlich, daß Sie meine Idee nicht übernehmen müssen, wenn Ihr Anwalt Ihnen davon abrät?"

„Nun, ich wollte über die Kreditanstalt gehen, aber wenn es da so lange dauert und Sie meinen, Sie könnten etwas tun – sicher, dann wäre ich sofort dabei. Ich glaube an diese Geschäftsidee und möchte wirklich damit in Gang kommen. Wenn es hinhaut, werde ich Ihnen den Auftrag für die Lieferwagen geben, sobald ich das Geld habe."

Ich rief noch von dort aus meine Bank an, sagte dem Kreditsachbearbeiter, ich hätte einen potentiellen Kreditkunden für ihn und vereinbarte einen Termin.

„Herr Dane", wandte der Kunde nach dem Anruf ein, "diese Bank hat meinen Antrag abgelehnt. Sie haben gesagt, meine Sicherheiten seien nicht ausreichend für den Kauf eines Wagenparks, der der Gefahr von Schäden und Ausfällen ausgesetzt ist. Ich habe nicht mit Ihrem Mann gesprochen, aber man hat mich abgewiesen."

„Herr Keller, dieser Mann kennt mich, und er weiß, daß ich nicht versuchen würde, ihn reinzulegen. Darauf würde er sich ohnehin nicht einlassen, aber lassen Sie mich mit ihm reden und ihm meine Vorstellung präsentieren. Damit ist ja nichts riskiert, nicht wahr?"

An diesem Abend studierte ich eine Broschüre über Existenzgründungsdarlehen und fand, was ich vermutet hatte: einige Banken „beteiligen" sich an diesen Krediten, indem sie für die eine Hälfte des Geldes bürgten und der Staat für die andere Hälfte.

Am nächsten Tag gingen Herr Keller und ich zu dem Termin mit dem Kreditsachbearbeiter und, bewaffnet mit der Broschüre, machte ich meinen Vorschlag.

Wir würden den Kreditantrag bei der Bundesbehörde laufen lassen. In der Zwischenzeit würde die Bank das nötige Geld zur Verfügung stellen, so daß Herr Keller sein Geschäft starten konnte.

Sie würden seine Wertpapiere als Sicherheit anerkennen und bei Genehmigung des Darlehens durch die Bundesbehörde entscheiden, ob sie aus dem Kreditvertrag wieder aussteigen oder sich daran beteiligen. Der Plan wurde innerhalb von zehn Minuten genehmigt.

Die Verträge wurden geschlossen, und binnen einer Woche hatte Herr Keller das Geld. Wenn das Darlehen von der Bundesbehörde abgelehnt worden wäre, hätte er an die Bank doppelt so hohe Zahlungen leisten müssen, da sie ihm nur eine Laufzeit von 30 Monaten gewähren konnte, während das Bundesdarlehn eine Laufzeit von fünf Jahren hatte. Doch der Kredit wurde genehmigt, und Herr Keller war im Schweißgeschäft.

Ich bekam den Auftrag für die Lieferwagen und empfahl einen Lieferanten für die Schweißmaschinen und die übrige Ausrüstung, die er benötigte. Ich bekam auch dort noch eine dicke Provision, denn schließlich verkaufen sie nicht alle Tage fünf Schweißmaschinen inklusive kompletter Ausrüstung für deren Bedienung.

Wie ich bereits sagte, der Schlüssel zum Entfernen der Panzerung war hier *Zuhören*, die ganze Geschichte in Erfahrung bringen und dann den potentiellen Kunden sich selbst in eine „Start"-Position reden lassen – mit ein bißchen Hilfe meinerseits.

An dieser Stelle sollte man sich noch eine andere Sache merken: Pflegen Sie die Beziehung zu Bankleuten! Zeigen Sie Ihnen, daß Sie ein aufrichtiger, ehrlicher Verkäufer sind. Bringen Sie Ihre potentiellen Kunden zu ihnen, wenn Sie auf finanzielle Hindernisse stoßen, und schauen Sie zu, wie die Sache ins Rollen kommt.

Ob Sparkasse, Finanzierungsgesellschaft oder Bank, sie alle werden alles in ihrer Macht stehende tun, um den Kredit durchzubringen, und Sie können Ihren Verkaufsabschluß machen. Wir werden darüber noch ausführlicher an anderer Stelle in diesem Kapitel sprechen. Falls sich mehrere Kunden auf einen berechtigten Einwand versteift haben, gehe ich praktisch genauso damit um, und meiner Erfahrung nach ist es dann sogar noch einfacher. Lassen Sie sie reden, während Sie dabeisitzen, hier einen Vorschlag machen und da einen Tip geben – alles mit dem Ziel, den Schlüsselteil der Panzerung zu entfernen, um den Verkaufsabschluß zu machen.

Sie müssen also der Person, die einen berechtigten Einwand oder Grund für ihr Zögern hat, zuhören, sie ermutigen, darüber zu sprechen und abwarten, daß sie den Einwand selbst überwindet.

Durch *Zuhören* erfahren Sie den ganzen Hintergrund für seinen Einwand und sollten nun in der Lage sein, ihm einen Vorschlag zu machen, mit dem der Schlüsselteil seiner Panzerung entfernt und er für den Abschluß vorbereitet wird.

Nachtschicht

Einer meiner Freunde – ein sehr erfolgreicher Versicherungsverkäufer – wird von seiner Generalvertretung seit zehn Jahren für Einschulungen eingesetzt. Er war drei Jahre hintereinander der Erfolgreichste seiner Branche, und die Leute, die er schult, erzielen ständig hohe Verkäufe. Ich sprach mit ihm über das „Panzerkleid".

„Widerstand gegen den Kauf – das 'Panzerkleid', wie du es nennst – ist der Hauptgrund dafür, warum wir Verkäufer brauchen", erklärte er. Wenn es nicht so etwas wie Widerstand gegen den Kauf gäbe, würden wir keine Verkäufer benötigen.

Ich versuche, es einem neuen Mann vom ersten Tag an beizubringen: sobald er einmal den Bedarf nach einer Versicherung und die Zahlungsfähigkeit bei seinem potentiellen Kunden festgestellt hat, kann er direkt auf den Verkaufsabschluß zusteuern.

Der nächste und wichtigste Punkt ist, daß Sie zum Kunden gehen müssen und nicht den Kunden zu sich kommen lassen dürfen. Damit meine ich nicht sein Büro, seinen Arbeitsplatz oder seine Kneipe an der Ecke. Mein Lieblingssatz ist: 'Machen Sie Nachtschicht!' Und genau das lehre ich meinen Leuten.

In den ersten Monaten im Versicherungsgeschäft lernte ich ziemlich schnell, daß ich wie ein Arzt, Zahnarzt oder Psychoanalytiker bin. Ich bin ein Fachmann, und ich fordere das Privileg, daß ich in das intimste Privatleben meiner potentiellen Kunden verwickelt werden will.

Ich stellte fest, daß Termine im Büro, wo der potentielle Käufer sein eigenes Geschäft um die Ohren hat, er ständig durch seine Sekretärinnen unterbrochen wird, laufend Telefongespräche ankommen, usw., zu nichts führen.

Ich stellte auch fest, daß er – als vielbeschäftigter Mann – auch nicht die Zeit haben würde, in mein Büro zu kommen, und wenn er es doch tat, so fühlte er sich nicht sehr wohl dabei und war für einen Verkaufsabschluß auch nicht richtig bereit.

Was ist die Lösung? Abends arbeiten. Ich verließ das Haus gegen 12 Uhr oder 1 Uhr mittags und arbeitete am härtesten *nach dem Abendessen.*

In meinem Büro war ich am frühen Nachmittag und hatte auf diese Weise viel Zeit, die ganzen Schreibarbeiten zu erledigen, meine Korrespondenz auf dem Laufenden zu halten und die Termine für den Abend zu machen.

Ein typisches Telefongespräch zwecks Terminvereinbarung hörte sich in etwa so an:

'Guten Tag, Herr Schmidt, hier ist Klaus Berger von der Süddeutschen. Wie geht es Ihnen? Waren Sie mal wieder Angeln? (Hier ist es hilfreich, wenn man den potentiellen Kunden kennt, aber lassen Sie sich nicht groß und breit erzählen, was er den ganzen Nachmittag schon alles gemacht hat.)

Ich dachte, wenn Sie heute abend zu Hause sind, komme ich mal kurz vorbei. Ich hab da etwas, was Sie unbedingt sehen müssen. Wäre Ihnen acht Uhr recht, oder möchten Sie lieber, daß ich eher komme? Ich könnte, sagen wir, ab halb sieben. (Beachten Sie die Reihenfolge, die es schwer macht, nein zu sagen.)

Prima. Also dann bis sieben Uhr.'

Kein langes Gespräch also, mit dem ich seinen ganzen Nachmittag beanspruche. Einfach ein kurzer Kommentar, der zeigt, daß ich den Burschen, den ich da anrufe, *kenne* und etwas für ihn habe, und nicht versuche, gleich am Telefon etwas zu verkaufen, was *nicht klappen* würde.

Warum abends, zu Hause, beim potentiellen Kunden? Mehrere gute Gründe dafür werden offensichtlich, wenn man genauer hinschaut.

Wie schon gesagt, Sie wollen sich mit seinen persönlichen

Angelegenheiten, seinem *Privatleben* beschäftigen. Welcher Ort wäre geeigneter dafür als seine Wohnung, wo er *entspannt* ist und sich *wohlfühlt*?

Ein anderer Grund ist seine Frau. Wer wird mehr von der Versicherung profitieren, die ich zu verkaufen versuche, als seine Frau und seine Kinder?

Das gleiche gilt, wenn er länger lebt, als die Laufzeit der Police geht. Ich habe so manche Police und so manchen Versicherungsplan abgeschlossen, stand dann so da und schaute aus dem Fenster auf den Hinterhof, mit den Worten: 'Ich sehe Sie und Ihre Frau schon am Swimming-Pool sitzen, und die Enkelkinder planschen im Wasser herum.'

Ich möchte die Familie – die Ehefrau sowieso – dabeihaben, damit ich alle Fragen verständlich beantworten kann. Zu viele Verkaufsabschlüsse kamen nicht zustande, weil *die Ehefrau nicht berücksichtigt* wurde, oder weil sie Fragen stellte, die der potentielle Kunde nicht beantworten konnte. Es entwickelte sich immer ein Streitgespräch, und der Abschluß ging den Bach hinunter, wenn der Ehemann sagte: 'In Ordnung! Ich werde überhaupt keine Versicherungen abschließen, wenn du meinem Urteil nicht traust.' Nun, ob *sie* ihm traut oder nicht, *ich* traue seinem Urteil nicht, bevor er nicht unterschrieben hat.

Mir ist schon klar, daß diese Methode – diese Nachtschichtmethode – vielleicht nicht auf jedem Gebiet gilt, doch ich glaube, daß selbst bei Gebrauchsgütern, Möbeln oder irgendwelchen anderen Dingen der Verkauf einfacher und leichter in der Wohnung des potentiellen Kunden zustande käme.

Ich wette mein Leben, daß dies auf jeden Fall dort stimmt, wo die Ehefrau ein Interesse an dem Kauf hat, wie zum Beispiel bei einem Auto, einem Haus, bei Möbeln, bei einer Versicherung, bei Kapitalanlagen, Sparprogrammen, Grabsteinen oder sogar Zeitungsabonnements.

Dieses Schlüsselteil in der Panzerung läßt sich viel schneller und leichter entfernen, wenn Sie sich dem potentiellen Kunden in der 'sicheren' Umgebung seiner eigenen Wohnung nähern können, die ihm vertraut ist und in der er sich sicher fühlt.

„Und noch eines", sagte er und lachte dabei, „er kann dann nicht behaupten, daß er es erst mit seiner Frau besprechen will!"

Ob witzig oder nicht, diese letzte Aussage ist treffend und

stimmt. Sie haben ihn nicht nur der Möglichkeit beraubt, dies zu sagen, sondern sind auch da, um zu erläutern, was Sie verkaufen wollen, und es könnte sogar sein, daß Sie schließlich bei Ihrem Verkaufsgespräch noch einen wichtigen Verbündeten, nämlich seine Frau, bekommen.

Sie und der Finanzierungsexperte

An früherer Stelle habe ich bereits den Finanzierungsaspekt beim Abschluß angesprochen, doch in anderer Weise. In dem Fall ging es bei dem Weg zur Bank darum, das Hindernis „Ich muß warten" zu beseitigen. Doch die Finanzierung oder die fehlende Finanzierung hat schon vielen Verkäufern einen gescheiterten Abschluß eingebracht, der erfolgreich hätte sein können.

Wenn ich Ihnen erzähle, daß Kenntnisse über Finanzierungen, die richtig angewandt werden, beim Abschluß helfen können, reagieren die meisten Verkäufer typisch.

„Ich muß den Verkauf erledigen. Wieso auch die Finanzierung? Schließlich bin ich ein Verkäufer und kein Kreditsachbearbeiter."

Es geht alles

Ich sage, der Mann, der diese Haltung einnimmt, ist *kein* Verkäufer. Er *glaubt* nur, einer zu sein.

Ich sage, daß *alles, was Sie tun können*, um schneller und leichter zum Abschluß zu kommen, so daß Sie sich dem nächsten potentiellen Kunden zuwenden können, Teil der Verkaufskunst ist.

Ich habe schon das Fläschchen für das Baby gemacht, während die Eltern über mein Angebot beratschlagten. Ich habe ein Auto gewaschen, das die Service-Abteilung übersehen hatte, als der Kunde unterwegs war, um es abzuholen. Ich habe einem potentiellen Kunden sogar schon 100 Dollar geliehen, weil er die Takelage für sein Boot, die ich ihm zu verkaufen versuchte, gerne haben wollte, jedoch kein Geld für die Anzahlung hatte.

Was es auch ist: wenn es mich und meinen potentiellen Kunden näher zum Ziel bringt, so ist es ein Teil des *alltäglichen Verkaufsjobs*, der mich und meine Familie ernährt.

Um zur Finanzierung zurückzukommen, Erfahrungen und Gespräche mit anderen erfolgreichen Verkäufern haben gezeigt, daß die Antwort auf die Frage „Was ist passiert?", wenn ein potentieller Kunde geht, ohne unterschrieben zu haben, oft lautet: „Ich konnte ihm nicht zu der erforderlichen Finanzierung verhelfen."

Gespräche mit Verkaufsleitern und Spitzenleuten zeigen, daß *mehr als die Hälfte* dieser verlorengegangenen Abschlüsse hätten gerettet werden können, wenn man einige *Kenntnisse über Finanzierungswege* angebracht hätte.

„Es gefällt mir, aber ich kann es mir jetzt nicht leisten."

„Ich weiß, daß ich eine höhere Versicherung abschließen muß, aber bei mir stehen gerade so viele Zahlungen an..."

„Ich war schon bei der Bank, dort bekomme ich nichts mehr..."

Sie hören diese Einwände jeden Tag, und der Verkäufer, der dann sagt: „Nun, wenn es denn so ist... Es war nett, sich mit Ihnen unterhalten zu haben, Herr Meier, doch ich weiß nicht recht, wie..." ist kein Verkäufer, er sammelt nur reife Äpfel, schreibt halt einfach Aufträge auf.

Sobald die Sache schwierig wird, wenn er um den Abschluß kämpfen muß, verliert er das Interesse daran. Doch er hat einen wichtigen Punkt vergessen: Er hat bei dieser Person die *Voraussetzungen* für einen *Kauf* geschaffen, und *es gäbe* für ihn *einen Weg*, den Abschluß auch zu tätigen.

Ich meine damit nicht einen Weg, wie er den potentiellen Kunden bzw. den Kreditsachbearbeiter betrügen könnte. Ich meine eine *ehrliche Möglichkeit* für den Kauf, der alle Beteiligten zufriedenstellt.

Die idiotensichere Finanzierungsformel

Eine Frage, die ich während eines Essens beiläufig einem Sachbearbeiter für Teilzahlungskredite bei der ortsansässigen Bank stellte, brachte mich auf eine idiotensichere Formel, wie Geschäfte zu retten wären, die ich in der Vergangenheit verloren hatte.

„Jochen, ihr wollt doch so viel Kredite vergeben wie möglich, denn das ist doch schließlich euer Geschäft. Habt ihr da eine Formel oder einen bestimmten Plan, wenn jemand einen Kredit beantragt, oder geht ihr an die Sache einfach auf gut Glück heran und verlaßt euch dabei auf eure Erfahrung und eure Urteilskraft, in der Hoffnung, daß ihr recht hattet, wenn ihr einen Auftrag annehmt oder ablehnt?"

„Vor Jahren gab es da einen Mann – er wurde Firmenchef und ging vor einigen Jahren in Pension, nachdem er 60 Jahre im Kreditgeschäft gewesen ist –, der mir eine einfache Formel nannte, die damals galt und heute noch gilt.

Wenn der Kunde zum Beispiel gut dasteht, wie wir es nennen, dann heißt das, daß er schon mit uns in Geschäftsbeziehung stand, mindestens zwei abbezahlte Verträge hat, und obwohl er uns vielleicht ein oder zwei Mal angerufen hat, daß er später bezahlen würde, niemals wirkliche Probleme hatte.

Er verdient 3000 DM im Monat netto und möchte eine Bootstakelage kaufen, die 10 000 DM kostet. Er möchte die Zahlungen relativ niedrig halten, sagen wir, 500 DM monatlich oder weniger. Er sagte mir, daß er mehr nicht schaffen könne.

Die Formel ist folgende: Für seine Wohnung – egal, ob gemietet, ob auf Mietkaufbasis oder ob er sein eigenes Haus hat – setzen wir *einen Wochenlohn* oder 750 DM an. Für Wegekosten, Wagen, Mietwagen oder Bus einen weiteren Wochenlohn, *nicht mehr*. Für Nahrungsmittel einen vollen Wochenlohn pro Monat, auch hier *nicht mehr*.

Das wäre jetzt dreiviertel seines Nettoeinkommens. Doch wir dürfen kleine und diverse Nebenausgaben nicht vergessen. Die Sachen, die unerwartet auftauchen: ein gebrochener Arm, ein Satz Reifen für den Wagen, eine neue Waschmaschine, Versicherung, Kleidung, etc.

Dafür nehmen wir das letzte Viertel. Jetzt kommen wir zum *Schlüssel der Formel:* anstatt die vier Wochen eines Monats durch *vier* zu teilen, gehen wir einen Schritt weiter, indem wir den Mann nicht überlasten und *teilen durch fünf*."

An diesem Punkt war ich eifrig dabei, mir auf einer Papierserviette Notizen zu machen, denn ich war sicher, daß ich hier eine wertvolle Lektion in Betriebswirtschaft und Finanzierung bekam.

„Indem wir durch fünf dividieren, bekommt er eine Sicherheitsspanne rein, und wir bestimmen seine Abzahlungen, Rechnungen und Verpflichtungen auf die Mark genau. Mit anderen Worten, eine Zahlung von 80 DM runden wir nicht auf 100 DM auf oder auf 50 DM ab, sondern führen sie genau mit 80 DM auf.

Und so läuft das dann ab: Ein Mann, der ein Boot kaufen möchte, zahlt 596,54 DM für sein Haus einschließlich Versicherung (volle Deckung), so daß er bei einem Totalverlust zumindest

eine Wohnung wiederbekommen würde. Das gibt 600 DM.
Seine Ratenzahlung für einen neuen Wagen, den er letztes Jahr gekauft hat, beträgt 548,26 DM. Also 550 DM. Nahrungsmittel, bei ihm etwas weniger, weil er nur ein kleines Kind hat, 140 DM pro Woche oder 560 DM pro Monat, Verschiedenes wird mit 650 DM angesetzt, hier sollte man nichts kürzen, wir müssen den Spielraum im Auge behalten.

Er hat weitere Teilzahlungskredite in Höhe von, was 77,78 DM monatliche Zahlungsverpflichtungen von rund 2500 DM ergibt; somit bleiben nach Abdeckung sämtlicher Möglichkeiten und einer eingebauten Sicherheit 500 DM übrig.

Kehren wir jetzt noch einmal zur Teilung durch fünf zurück. Dies würde 600 DM für das Haus ergeben – er lag 35 DM darunter. Der Wagen lag 50 DM darunter und bei Nahrungsmitteln lag er 40 DM darunter, und Verschiedenes liegt jetzt bei 600 DM.

Analysieren wir es jetzt und schauen wir, was er *ohne Risiko* tun kann. Er hat noch Geld übrig, das er für Raten ausgeben kann, sein Wagen wird abgezahlt sein, bevor er die Raten für das Boot gezahlt hat (ein weiterer Pluspunkt), und er hat *noch immer* 600 DM pro Monat, deren Verwendung nicht festgelegt ist!

Dieser Mann kann monatlich leicht 500 DM aufbringen und wäre auch bei 600 DM noch nicht in Gefahr. Mit den 2500 DM Anzahlung, die er sowieso braucht, kann er das Boot kaufen und sich *bedenkenlos* daran *erfreuen*. Und wenn er dann natürlich das Ganze zur Hälfte abbezahlt hat, kann er auch einen Freibetrag erhalten. Er *wußte* einfach nicht, daß er es machen kann!"

Ich habe diese Formel bei der Überwindung des Einwandes: „Ich möchte es schon gerne haben, aber ich kann es mir nicht leisten", von dem mein potentieller Kunde ehrlich überzeugt war, schon dutzende Male verwendet.

Beseitigen Sie den finanziellen Einwand durch ehrliche und genaue Beratung, doch hier ein Wort der Warnung: Wenn sich herausstellen sollte, daß der potentielle Kunde es nicht aufbringen kann, sagen Sie es ihm. Wenn er es aufbringen kann, wird er ganz von alleine auf Sie zukommen. Das ist mir bereits passiert, und ich weiß, daß es auch Ihnen passieren wird. Warum? Vertrauen.

Stop für Einkaufsbummler

Der Einkaufsbummler stellt meine Fähigkeiten mehr als jeder andere auf eine harte Probe. Es kann sein, daß dieser Bursche *fest entschlossen* ist, mich nicht beim Wort zu nehmen, daß er bei mir das Beste kaufen kann, was es gibt.

Doch ich habe einen Weg gefunden, selbst diese harte Nuß zu knacken. Ich habe auch hier wieder die verschiedensten Verkäufer gefragt, wie sie den Einwand: „Ich will mich erst noch ein bißchen umsehen" überwinden und habe ihre Antworten in drei Kategorien zusammengefaßt, wie man Einkaufsbummler stoppt.

Der „Nur-zu"-Typ

Den ersten nenne ich den „Nur-zu"-Typ.

Bei dieser Technik bekommt man den Abschluß nicht auf der Stelle; das heißt, zumindest in den meisten Fällen, aber es ist *sicher*, daß Sie bei dem Burschen eine zweite Chance bekommen werden.

Ich benutze hier ein bißchen trickreiche Psychologie. Ich säe sorgfältig Zweifel und veranlasse ihn, sich so lange umzusehen, wie er nur möchte, und ermahne ihn dann, noch einmal zu mir zu kommen, wenn er sich genügend umgesehen hat – mit allen Fakten und Zahlen. Hier müssen Sie eine sorgfältige Einschätzung des potentiellen Kunden vornehmen. Sie müssen ein *sehr guter Menschenkenner* sein und wissen, was die Leute anspricht. Der einzige, den diese Methode anspricht, ist derjenige, der *fest und unwiderruflich entschlossen ist*, einen Einkaufsbummel zu machen – egal, was Sie sagen oder tun. Egal, ob es um ein Auto geht, um eine Versicherung oder Chemikalien im Wert von 100 000DM für sein Werk.

Und so funktioniert das:

Er hat klargemacht, daß er auf jeden Fall einen Einkaufsbummel machen wird. Sie müssen also sicherstellen, daß er auf jeden Fall zurückkommen wird. Nennen Sie ihm keinen genauen Preis, zu dem Sie die Chemikalien liefern würden.

Sagen Sie ihm einfach, daß Sie wissen, Sie können den niedrigsten Preis für die benötigten Chemikalien unterbieten und daß *niemand Ihr Angebot oder Ihre technischen Daten schlagen kann*.

Dann sagen Sie ihm, daß Sie seine Entschlossenheit, das Beste zum niedrigsten Preis zu bekommen, bewundern. Schließlich machen Sie als geschulter Verkäufer genau das gleiche.

„Herr Meier, das ist sehr geschickt von Ihnen. Sie gehen genauso vor wie ich. Schließlich ist es ja auch *Ihr Geld*, das Sie hier ausgeben wollen, und glauben Sie mir, wenn Ihnen das genauso schwer fällt wie mir, dann ist es schon richtig, wenn Sie sich gründlich umsehen.

Nun, ich weiß, daß Sie bei mir am besten aufgehoben sind, und Sie helfen mir dabei, mit Ihnen ins Geschäft zu kommen, wenn Sie sich umschauen und sich selbst davon *überzeugen*. Wenn Sie das gemacht haben, kommen Sie zu mir zurück mit den Fakten und Zahlen, und ich werde Ihnen beweisen, daß mein Angebot für Sie das günstigste ist. In Ordnung?"

Er *muß* zurückkommen. Sie haben in Verallgemeinerungen gesprochen und keine festen Zahlen oder genauen Fakten genannt. Sie werden also die letzte Chance bekommen, ohne sich festgelegt zu haben.

„Das ist nicht fair. Nennen Sie mir den Preis, und wenn er am niedrigsten ist, werde ich zurückkommen. Wenn nicht, werde ich dort kaufen, wo er am niedrigsten ist."

„Es tut mir leid, Herr Meier, aber das ist unmöglich. Es gibt da so viele Dinge, die bei einem Kauf von Chemikalien im Wert von 100 000 DM zu berücksichtigen sind, und ich werde nicht zulassen, daß Sie einen Fehler begehen, wenn ich es vermeiden kann. Ich bin ein Verkaufsprofi, und ich schulde es Ihnen, genau zu sein. Sie werden sich umschauen, und dann werde ich die ganze Sache mit Ihnen erneut durchgehen."

Sicherlich, Sie werden ein paar von ihnen verlieren. Aber mit denen wären Sie sowieso nicht ins Geschäft gekommen. Die sind entschlossen, den niedrigsten Preis zu bekommen, und das ist *alles*, was sie in Betracht ziehen.

Die meisten werden dem Angebot „Wenn Sie zurückkommen, werde ich Ihnen beweisen, daß mein Angebot das Beste ist" nicht widerstehen können.

Nehmen wir an, er hat ein echtes Angebot von einem anderen Lieferanten zu einem niedrigeren Preis, als Sie anbieten können.

Denken Sie daran: Sie haben nie gesagt: „zum niedrigsten Preis." Sie haben gesagt: „das *beste Angebot*." Sie haben also gesagt: „die *besten Chemikalien* für das *wenigste Geld*!"

Wenn er wieder zu Ihnen zurückkommt, egal, ob er in Ihr Büro kommt oder Sie zu ihm gehen, dann haben Sie zwei Vorteile. Er hat so viel technische Daten, Preise und Einzelheiten von Wettbewerbsangeboten gehört, daß er verwirrt ist und die Nase voll hat. Er will es hinter sich bringen. Mit anderen Worten: die Konkurrenz hat ihn für Ihren *Abschluß vorbereitet*.

Der andere Vorteil, den Sie jetzt haben, ist folgender: Sie können das Angebot in Stücke reißen, während die Konkurrenz nicht da ist, um sich zu verteidigen. Sie können die Lieferanten bemängeln; Ihre Chemikalien sind gemäß amtlicher Prüfungen drei Prozent stärker, und Sie haben die komplette Lieferung *jetzt* auf Lager, es gibt kein Warten auf die Lieferung.

Selbst wenn Ihr Preis ein wenig höher liegt, können Sie den Verkauf mit ihm machen, denn jetzt ist die Opposition, der tatsächliche Einwand, offen zutage gefördert, und Sie können darüber diskutieren.

Ein guter Verkäufer schafft es in fünf von sechs Fällen, diesen „Einwand" über Bord zu werfen.

„Nur heute"

Den nächsten Stop für Einkaufsbummler nenne ich „Nur heute".

Man kann jeden Tag Anzeigen in der Zeitung lesen, über zwei Liter Orangensaft oder ein Kilo Rindfleisch zum supergünstigen Angebotspreis, der nur heute gilt. Mit anderen Worten, wenn ich heute das Geschäft nicht mache, kann ich nicht versprechen, und das ist der Schlüssel: *versprechen* -, ob ich morgen oder Samstag noch das gleiche Angebot machen kann. Warum?

Benutzen Sie Ihre Phantasie! Heute ist der letzte Tag des Verkaufswettbewerbs, oder Ihre Firma macht am Jahresende oder Monatsende immer solche Billigangebote.

„Herr Meier, Sie haben mir gesagt, daß Sie diese Kugelschreiber brauchen und daß sie der beste Werbeträger sind, die Sie gefunden haben."

„Das stimmt schon, aber ich möchte noch schauen, was es bei 'Anders-Werbung' gibt. Die haben mich neulich angerufen und mir gesagt, Sie wollen mit mir ins Geschäft kommen, und Sie dürfen mir das nicht übelnehmen..."

„Natürlich nicht, Herr Meier. Ich nehme Ihnen gar nichts übel.

Natürlich nicht. Sie sind entschlossen, deren Angebot zu prüfen, also sollen Sie erfahren, warum Sie mir den Auftrag auf der Stelle geben sollten.

Mir fehlen noch etwa dreihundert Dollar, um eine Prämie als Spitzenverkäufer des Monats zu bekommen. Verstehen Sie mich nun nicht falsch. Ich erwarte nicht, daß Sie mich dabei unterstützen, eine Prämie zu bekommen. Doch ich werde meinen Verkaufsleiter *anrufen* und für Sie einen Preis aushandeln, mit dem Sie *nur heute* diese Kugelschreiber für nur zwanzig Pfennig das Stück bekommen können.

Sie werden natürlich verstehen, daß ich nicht immer in der Lage sein kann, sie zu diesem Preis zu liefern, Herr Meier, nur heute."

Wenn es um einen großen Artikel geht oder einen von ungewöhnlicher Farbe oder einen Spezialpreis, den der Kunde will, wird es zu: „Es ist der letzte Artikel, und zwei andere Verkäufer haben schon zwei potentielle Kunden dafür. Ich hoffe nicht, daß Sie jetzt gehen und er dann weg ist, wenn Sie wiederkommen. Ihre Gattin wäre sicherlich enttäuscht.

Sagte sie nicht, es käme nur diese Farbe in Frage, Herr Meier?"

Sie können improvisieren und noch viele, viele Gründe dafür entwickeln, warum der Preis „nur heute" gilt, je nach dem, welches Produkt oder welche Dienstleistung Sie verkaufen.

Der einfache Verkaufsabschluß

Dieser letzte Stop für Einkaufsbummler wird die *einfache Verkaufsmethode* genannt.

Der einfache Verkauf beinhaltet genau dies. Keine Tricks, keine Drehs, ein einfaches: „Warum entschließen Sie sich nicht geradeheraus für diesen Wagen, diesen Plan oder diese Police hier und jetzt?

Herr Meier, Sie und Ihre Frau haben mir gesagt, daß Sie zunächst noch bei dem Händler da unten um die Ecke vorsprechen wollen, bevor Sie sich zum Kauf entschließen. Ich verstehe sehr gut, daß Sie nur das Beste wollen, und ich will ihn auch sicher nicht kritisieren, doch schauen Sie es sich doch einmal auf diese Art an:

Uns gibt es hier schon seit Jahren, und wir haben uns inzwischen um das Fünffache vergrößert. Wir haben Kunden, die jahrein, jahraus zu uns kommen und selbst ihre Kinder mitbringen, wenn die dann alt genug sind.

Frau Meier gefällt es auch. Ihr gefällt die Farbe und das Design, nicht wahr, Frau Meier? Nun, warum sollten Sie sich nicht zum Kauf entschließen?" Sie schauen auf die Uhr. „Ich mache alles fertig, und Sie könnten rechtzeitig zum Abendessen wieder zu Hause sein und Ihre Lieblingssendung im Fernsehen noch mitbekommen und sich darüber freuen, daß diese qualvolle Einkauferei vorbei ist."

Einfach. Direkt. Nicht übertrieben. Ein subtiler Hilfeapell an die Ehefrau. Schießen Sie mit allen Gewehren, und beobachten Sie, wie einfach es sein kann, den Abschluß genau *hier und jetzt* zu tätigen!

Das beste daran ist, daß Sie noch die beiden anderen Möglichkeiten haben, wenn diese hier nicht funktioniert. Doch das wird normalerweise gar nicht nötig sein.

2
Der richtige Knopf beim Verkaufsabschluß: Wie man ihn findet und wann man ihn drückt

Im ersten Kapitel haben wir das Panzerkleid des Verkaufswiderstandes besprochen und wie man die einzelnen, wichtigsten Teile dieser Panzerung findet und entfernt, um den potentiellen Käufer für den Abschluß bereit zu machen.

Es ist wichtig, diese Teile der Panzerung zu finden und sie aus dem Weg zu räumen, doch es ist in keinem Fall die ganze Geschichte über einen erfolgreichen Abschluß. Es ist tatsächlich nur der *Anfang*: der Anfang des *Abschlusses*. Es gibt eine weitere kritische – vielleicht viel kritischere – Phase, mit der man fertig werden muß und in der man sehr sorgfältig vorgehen muß, sonst könnte die ganze vorhergehende Arbeit umsonst gewesen sein.

Die Gladiatoren

Wir haben im ersten Kapitel gesehen, daß der potentielle Käufer sein „Panzerkleid" anzieht, wenn er sein Haus verläßt, um ein Auto, einen Rasenmäher oder irgendein Wertpapier seiner Wahl zu kaufen. Wenn die Situation umgekehrt ist und Sie eine Verabredung mit ihm in seinem Büro haben, dann legt er es wenige Minuten, bevor Sie zu ihm kommen, an.

Damit wir den Verkäufer und seinen potentiellen Kunden aus der richtigen Perspektive sehen können, lassen Sie uns die beiden als zwei römische Gladiatoren aus grauer Vorzeit vorstellen. Jeder hat seinen Panzer und sein zweischneidiges Schwert. Die Schlacht (der Vorstoß zum Verkauf) beginnt.

Der Kampf geht hin und her. Der potentielle Käufer erhebt sein Schwert und schleudert es dem Verkäufer entgegen (Einwand). Der Verkäufer tritt zur Seite (fängt den Einwand auf) und schlägt mit seinem Schwert zu (schleudert den Einwand als Grund für den Kauf zurück).

So geht die Schlacht (der Verkaufsvorstoß) voran, bis der Verkäufer eine Öffnung sieht. Schnell wie der Blitz hängt er sich in der Panzerung des potentiellen Kunden fest, und sie fällt zu Boden (Einwand weg, Panzerung entfernt). Der potentielle Kunde steht ohne Schutz da, sein Panzer ist weg, er ist empfänglich für einen gut gezielten Schlag (den Abschluß).

Im alten Rom wäre der Gladiator jetzt zu seinem Gegner gesprungen und hätte ihm sein Schwert gnadenlos in die Brust gestoßen, doch hier endet der Vergleich der römischen Gladiatoren mit einem Verkäufer.

Stoßen Sie jetzt zu, und der Verkäufer wird derjenige sein, der stirbt (kein Verkauf, der Abschluß ist verloren).

Es stimmt, daß der potentielle Käufer seinen Panzer verloren hat. Er liegt zertrümmert am Boden. Er steht hilflos da, ohne Waffe, mit der er zurückschlagen könnte. Oder kann er doch?

Versetzen Sie sich einen Augenblick in seine Lage. Er hat sich unbewußt in seinen Panzer eingeschlossen, mit dem er sich dem Kauf widersetzt, und hatte sich so vor den Angriffen des Verkäufers sicher gefühlt.

Dann findet er sich plötzlich nackt und verwundbar wieder. Doch ist er hilflos? Verwundbar *ja*, hilflos *nein*.

Er kann „nein" sagen. Das sind vielleicht die kritischsten Augenblicke oder Minuten bei einem Abschluß. Er kann immer noch „nein" sagen, und das wird er auch tun, wenn er nicht von diesem Moment an bis zum Abschluß sehr sorgfältig behandelt wird.

Im Prinzip ist er geschlagen. Jeder Einwand, den er zu seiner Verteidigung gebracht hat, wurde in Stücke gerissen, und er fühlt sich geschlagen. Niemand ist erfreut über eine Niederlage, und er wird nach irgend etwas suchen, um seine Haut zu retten, und in seinem Fall hat er dieses eine Wort, das alles, was Sie vollbracht haben, zunichte machen kann – das Wort „nein". Wenn Sie den Panzer zerstört und entfernt haben, haben Sie den Kampf noch nicht gewonnen, bei weitem noch nicht, denn nun müssen Sie den richtigen Knopf finden und verhindern, daß er das verhängnisvolle Wort ausspricht.

Finden Sie den richtigen Knopf

Was ist der richtige Knopf? Es ist das, womit man sein Gesicht wahrt. Der potentielle Kunde hat sich wieder unbewußt gesagt: „Der Kerl denkt vielleicht, mir kann man leicht etwas andrehen, doch ich werd's ihm zeigen. Ich kaufe, *was* ich will und *wann* ich will und keine *Sekunde vorher*."

Jetzt, wo Sie ihn seines Panzerkleides beraubt haben und ihn verletzlich gemacht haben, bereit für einen Abschluß, bringen Sie ihn dazu, daß er sich auch bereit zum Abschluß fühlt. Lassen Sie es so klingen, als ob er ihn die ganze Zeit machen wollte. Warum? Aus zwei Gründen: erstens, er wahrt sein Gesicht – der Kauf wird zu *seiner* Idee, wieder zu *seiner* Entscheidung, was es ja auch schließlich ist, und zweitens, sein *unbewußter Widerstand* gegen den Abschluß wird damit zu einem *bewußten Wunsch,* zu kaufen.

Das finden des richtigen Knopfes ist bei jedem potentiellen Käufer so verschieden wie seine Persönlichkeit, sein Zuhause, seine Arbeit, seine körperliche Erscheinung und alles, was ihn als Person ausmacht.

Eine Lektion in angewandter Psychologie

Ich wußte bereits, daß Jürgen ein guter Mann werden würde, als er gerade bei uns angefangen hat. Er war liebenswürdig, gutaussehend und besaß sehr viel Persönlichkeit. Er wirkte überzeugend, war geschickt und konnte gut reden. Kurz, ein geborener Verkäufer. Und er verkaufte gern. Und er war 1,93 m groß und wog muskuläre 129 kg.

Und doch fiel er auf die Nase. Sieben, acht, selbst neun von zehn potentiellen Käufern gingen wieder, obwohl er beim „Entfernen des Panzerkleides" einer der besten war, mit denen ich je gearbeitet hatte.

Ich war ein Verkäufer für die Verkaufsagentur und hatte viele Male Gelegenheit, Jürgen bei der Arbeit zu beobachten. Die Art, wie er daran heranging, war gut, er variierte seine Verkaufsgespräche und paßte sie dem potentiellen Käufer an. Seine Einschätzung der Käufer war fehlerfrei.

Und doch verlor er immer wieder, wenn es um den Abschluß ging – er fand den richtigen Knopf einfach nicht. Natürlich ging das an seinen Stolz als Profi, und ich erlebte, wie ein guter Mann in ein ganz anderes Fachgebiet einstieg, zu Fall gebracht durch einen ganz einfachen Fehler, den ich nach einem Monat der Beobachtung herausfand.

Jürgen war *zu enthusiastisch*. Nicht zu eifrig – zu enthusiastisch. Sie werden fragen, wie er *zu* enthusiastisch sein konnte, wenn man davon ausgeht, daß Enthusiasmus die erste Voraussetzung für einen erfolgreichen Verkauf ist, nicht wahr? Nicht immer. Auf jeden Fall nicht diese Art von Enthusiasmus.

Mit Jürgens Zustimmung habe ich sein Büro mit einer „Wanze" versehen und hörte zu, wie er bei einem Abschluß war. Alles war prima bis zum letzten Punkt – Finden und Drücken des richtigen Knopfes. Dabei hat er es vermasselt.

Doch wie? Es gab gar nichts in seiner Rede oder Haltung, worauf ich meinen Finger hätte legen können. Ich hörte zu, wie er enthusiastisch wurde, zum richtigen Zeitpunkt, und war sicher, daß er den Verkauf in der Tasche hatte, und dann hörte ich, wie der Kunde ging oder Jürgen nach einem anderen rief. Warum?

Ich beschloß, daß es etwas sein mußte, was er *tat*, nicht, was er *sagte*, womit er so viele gute, sichere Geschäfte verlor. Ich bat ihn, aus seinem Büro herauszukommen und in den Ausstellungsraum zu gehen, wo ich mich unauffällig in seiner Nähe aufhalten konnte und ihm bei seinen Vorstößen zu einem Verkaufsabschluß zuhören und ihn gleichzeitig beobachten konnte.

Dann, eines Tages, als er mit einem recht kleinen, dünnen, etwa 1,50 m großen und 56 kg schweren Kerlchen beschäftigt war, sah ich das Problem. Er *marterte seinen potentiellen Kunden*, ohne es selbst zu bemerken. Er marterte sie durch seine *Größe* und seinen *Enthusiasmus*.

Jürgen saß an seinem Schreibtisch, der potentielle Kunde ihm gegenüber. Sobald er an den Punkt kam, wo es um den richtigen Knopf ging, sprang Jürgen auf und setzte sich entweder auf die Schreibtischkante direkt neben dem Kunden oder lehnte sich über den Schreibtisch zu ihm hin. Der kleine Kerl war *fürchterlich erschreckt* über den großen Burschen.

Die Lösung war einfach. Ich ging zu ihnen hinüber, entschuldigte mich und sagte zu Jürgen, ich brauchte seinen Stuhl. Er schaute, als dachte er, ich hätte den Verstand verloren, bot mir aber seinen Drehstuhl an.

Die Reaktion des potentiellen Kunden zeigte mir, daß ich auf dem richtigen Weg war. Er sprang auf, bot mir *seinen* Stuhl an und sagte: „Hier, nehmen Sie diesen. Ich hab' sowieso keine Lust mehr zu sitzen."

Was er meinte, war: „Ich hab' es satt, daß sich dieser Riese hier dauernd so über mich beugt und mich daran erinnert, daß ich ein kleiner Zwerg bin. Doch eines ist sicher: ich muß nichts von ihm kaufen, diesem Goliath."

„Jürgen, würde es dir etwas ausmachen, den Stuhl in mein Büro zu bringen? Meine alten Rückenschmerzen sind wieder da."

Er wußte, daß mit meinem Rücken alles in Ordnung war, hatte mich aber verstanden und folgte mir mit dem Stuhl. In meinem Büro habe ich ihm dann meine Theorie kurz dargelegt.

„Jürgen, wenn du jetzt wieder da hineingehst, biete ihm nicht deinen Stuhl an. Setz dich auf deinen Stuhl und bleib sitzen, egal was geschieht. Wenn er sich auf den Boden setzen will, okay, aber laß ihn sich nicht auch setzen. Wenn ich es richtig sehe, wird er sich nicht setzen wollen. Geh jetzt und mach' deinen Abschluß und denk' daran: er bleibt stehen und du bleibst sitzen."

Es war herrlich anzusehen. Der kleine Kerl legte sich Jürgen gegenüber ins Zeug. Er beugte sich über ihn, lehnte sich über den Schreibtisch und amüsierte sich köstlich, selbst als er den Kaufvertrag unterschrieb.

Der richtige Knopf? Festzustellen, daß dieser Bursche sich seiner Größe bewußt war – oder vielmehr der nicht vorhandenen – und daß er neidisch auf Jürgens Größe und seine männliche Erscheinung war.

Es stellte sich heraus, daß Jürgen es selbst bei Leuten normaler Größe fertigbrachte, seine Größe und seinen Enthusiasmus, was normalerweise ein Pluspunkt ist, gegen sich arbeiten zu lassen. Sobald er zum Abschlußpunkt kam und es um den richtigen Knopf ging, veranlaßte ihn ein Übermaß an Enthusiasmus dazu, sich über seine potentiellen Kunden zu beugen, und selbst eine normal große Person oder jemand, der so groß war wie Jürgen, fühlte sich eingeschüchtert, wenn dieser von seinem Stuhl aufsprang und sich über ihn beugte. Sie rächten sich auf die einzige Art, auf die sie sich rächen konnten – indem sie „nein" sagten.

Die Lösung? Einfach: bleiben Sie auf Ihrem Stuhl sitzen! Ermutigen Sie den Kunden, „bedeutender" oder größer zu sein als Sie.

„Bleiben Sie auf Ihrem Stuhl sitzen" hat viele Anwendungsformen und soll einfach heißen: *Passen Sie sich dem potentiellen Kunden an*, und stellen Sie sich auf ihn ein. Natürlich gilt das für die ganze Vorgehensweise beim Verkauf, aber am wichtigsten ist es in dem Moment, wo Sie den richtigen Knopf finden müssen.

Denken Sie daran, im Laufe des Vorstoßes hat der potentielle Kunde immer noch seinen Panzer, er fühlt sich noch sicher vor Ihrem Angriff. Doch wenn Sie seinen Widerstand erst einmal überwunden haben, ändern sich die Dinge. Jetzt wird er auf seine einzige verbleibende Waffe zurückgreifen, „nein", und er sucht nach Gründen dafür, da Sie ihn der Argumente beraubt haben, die er mitgebracht hat, um sie zurückzuweisen. Geben Sie ihm die Argumente nicht geradewegs wieder zurück, indem Sie den richtigen Knopf nicht finden und Ihre Persönlichkeit nicht auf seine einstellen.

„Ihm eine runterhauen"

Als ich erst eine kurze Zeit im Verkaufsgeschäft tätig gewesen war, lernte ich von einem Verkaufsleiter eine Lektion, die mir all die Jahre hindurch sehr geholfen hat. Ich nenne sie: „Ihm eine runterhauen".

Ich kann mich selbst als eine saubere und ordentliche Person bezeichnen. Sachen, die bei mir zu Hause, im Büro oder im Auto nicht an ihrem Platz sind, machen mich nervös, bis alles wieder dort ist, wo es hingehört.

Dieser Sinn für Sauberkeit und Ordnung hätte mich beinahe den ersten Verkaufsjob gekostet, den ich jemals hatte.

Es handelte sich um einen Teilzeitjob bei einer großen Kaufhauskette, und ich bekam ein kleines Gehalt plus Provision. Ich verkaufte in der Herrenabteilung Anzüge, andere Kleidungsstücke, Unterwäsche, Arbeitskleidung, selbst Schuhe – eben alles, was mit Herrenbekleidung zu tun hatte.

Ich hielt alles schön in Ordnung. Ich ließ einen Anzug nie länger auf der Theke liegen, als bis der Kunde den Laden verlassen hatte.

Meine Regale mit der Unterwäsche, den Hemden und Socken waren ordentlich aufgeräumt, und die Schuhkartons standen mit der richtigen Seite nach oben in Reih und Glied und bündig mit der Regalkante aufgereiht.

Doch ich verkaufte nicht viel. Bei einer Provision von einer Mark pro hundert mußte ich selbst in jener Zeit, wo die Preise noch niedriger waren, viel verkaufen, denn ein guter Anzug kostete 100 DM und ein Arbeitsanzug etwa 20 Mark.

Eines Tages sagte der Chef dem Abteilungsleiter, daß er mich zwar mag, daß ich aber nichts verkaufen würde, so daß er mich wohl entlassen müßte. Es war zwar viel los, aber in meiner Abteilung blieb die Ware liegen.

Sie sprachen darüber, und der Abteilungsleiter, ein Mann namens Oliver, bat den Chef, ihm drei Tage zu geben, um mich zum Verkaufen zu bringen, oder er würde mich selbst an die Luft setzen. Ich hatte schon gemerkt – es war übrigens das einzige, was ich an meinem Job nicht leiden konnte –, daß jeden Mittag, wenn ich in die Abteilung kam, ein Riesendurcheinander herrschte.

Oliver arbeitete dort, bis ich mittags aus der Schule kam, und ich brauchte jedesmal eine Stunde, um die Anzüge, Schuhe und alle anderen Dinge wieder an ihren richtigen Platz zu schaffen.

Als ich eines Tages wieder dabei war, alles in Ordnung zu bringen, kam Oliver zu mir her und sagte: „Laß es! Ich möchte mit dir reden."

Wir gingen in die Schuhabteilung und setzten uns. Ich wußte, was nun kommen würde, denn ich wußte, daß meine Abteilung nicht den Verkaufsanteil hatte, den sie haben sollte, obwohl ich alle Möglichkeiten durchdacht hatte, die mir einfielen, um sie ins Laufen zu bringen. Ich wußte auch, daß es bei Oliver gut gelaufen war, bis ich angefangen hatte; der Fehler war ganz offensichtlich meiner. Ich übernahm die Sache ja sogar nachmittags, wo eigentlich die meisten Kunden da waren, die Umsätze hätten also am höchsten sein müssen.

„Junge, wenn das nächste Mal ein Kunde hereinkommt und einen Anzug aus dem Regal nimmt oder einen Stapel Hemden durcheinanderbringt, möchte ich, daß du ihm eine reinhaust. Aber fest."

Ich war sprachlos. Er war nicht der Typ, der Scherze macht; er war immer sehr ernst und geschäftsmäßig.

„Ich verstehe Sie nicht, Oliver. Ich glaube, Sie..."

„Ich *scherze nicht*. Du verbringst die meiste Zeit damit, die Abteilung sauber und ordentlich zu halten, und was fällt so einem Kunden ein, einfach hereinzukommen und alles total durcheinander zu bringen, nur weil er hier bei uns vielleicht sein Geld ausgeben will?"

„Ich verstehe immer noch nicht ganz. Sie meinen..."

„Ein potentieller Kunde möchte *geführt* werden, zum Verkauf hingeführt werden und nicht verfolgt von einem Verkäufer, der ihm auf Schritt und Tritt hinterhersteigt und die Ware wieder zurückstellt, sobald er sie nur angeschaut hat. Ich will dir etwas zeigen."

Wir gingen zu dem Bereich Arbeitskleidung hinüber, wo er so tat, als sei er ein Kunde, umherkramte, Hemden von Stapel nahm und Overalls betrachtete, als ob er nach der Größe schauen wollte.

Ich bezähmte den Drang, ihm zu folgen und alles wieder an seinen Platz zu räumen. Dann nahm er mich mit zur Theke, die ordentlich und sauber war und auf der nur ein Verkaufsbuch und ein Stück Papier lagen.

„Wenn du einen Kunden hierher bringst, wo alles so sauber ist und an seinem Platz liegt, dann *schockierst* du ihn. Wenn du ihm folgst und alles was er wegnimmt wieder an seinen Platz tust, dann *schockierst* du ihn. Es wäre ein weniger großer Schock für ihn, wenn du ihm einfach eine runterhauen und dann mit dem Verkauf weitermachen würdest.

Als ich noch Versicherungen verkauft habe, lernte ich, meine Papiere, Verträge, Policen und anderen Dinge auf meinem Schreibtisch liegen zu lassen, wo der Kunde sie sehen und anfassen konnte, wenn er es wollte. Wenn dann der Zeitpunkt kam, mit ihm Klartext zu reden, mußte ich nicht nach irgend etwas außerhalb der Sichtweite greifen, das ihn vielleicht erschreckt hätte; irgend etwas, das die Kaufhaltung, die ich bei ihm entwickelt hatte, wieder abschrecken würde. Ihn so zu erschrecken, hätte alles wieder zunichte gemacht, was ich erreicht hatte.

Wenn deine potentiellen Kunden schauen möchten, *laß sie schauen*. Wenn du alles aus ihrer Sichtweite nimmst und einfach nur versuchst, ihm zu *sagen*, was es ist, wird er dir nicht glauben, oder er wäre zumindest nicht so interessiert daran, als wenn er es selbst angesehen hätte.

Wenn er Schuhe oder Arbeitskleidung kaufen möchte, ermutige ihn, sich die Sachen *anzuschauen*, sie zu *berühren*. Während er sich die Sachen anschaut, kannst du seine Aufmerksamkeit auf die Merkmale lenken, von denen du willst, daß er sie sieht, die Merkmale, die dir dabei helfen werden, ihn zu überzeugen, daß dein Produkt das richtige Produkt ist."

Von diesem Tag an schaffte Oliver am ganzen Tag nicht die Umsätze, die ich in vier Stunden am Nachmittag schaffte, oder zumindest tat er es nicht. Und am Ende der Woche hatte meine Abteilung oft den höchsten Umsatz des ganzen Warenhauses.

Meine Abteilung blieb unordentlich. Sie sah „benutzt" aus, und meine Kunden fühlten sich zu Hause, weil sie das Gefühl hatten, sie waren in einem Laden, wo sie sich nach den Sachen umschauen konnten, die sie haben wollten oder brauchten, ohne daß ein Angestellter um sie herum scharwenzelte und es ihnen vorkam, als hätte er etwas zu verbergen oder Angst, sie würden irgend etwas entdecken, was sie nicht sehen dürfen.

Fred Schneider, einer der besten Verkäufer, mit denen ich zusammengearbeitet habe, sagte mir, er habe tatsächlich einmal gesehen, wie ein potentieller Kunde, der bereit war, einen Verkauf zu tätigen, kalte Schweißausbrüche bekam, als der Verkäufer nach einem Kaufvertrag griff oder nach einem Auftragsbuch und es auf einen im übrigen ganz ordentlichen Tisch legte.

Ein anderer erfolgreicher Kollege erzählte mir, daß er immer einen Stapel Aufträge und zwei oder drei Kaufverträge zusammen mit Werbeliteratur auf seinem Schreibtisch liegen läßt.

Wenn er dann zum Abschluß bereit ist, stöbert er nur kurz auf seinem Schreibtisch herum und sagt: „Wollen wir mal sehen, das Auftragsformular muß hier irgendwo herumliegen..." und oft hatte es der potentielle Kunde dann auch schon selbst in der Hand! Kein Schreck in letzter Sekunde mehr.

Identifizieren

Werner war ein weiterer guter Verkäufer, der Möbel in einer gutbürgerlichen Gegend verkaufte, als ich ihn kennenlernte. Ich besuchte einen Freund, den Leiter der Firma, für die Werner arbeitete.

Paul hatte einen gut laufenden Laden und ein gutes Verkaufspersonal, und seine Kunden verdienten zwischen zwei- und sechstausend Mark im Monat, wie Schiffswerftarbeiter, Fabrikarbeiter, Beamte, usw.

Als Paul mich Werner vorstellte, fielen mir seine Eleganz sowie seine exakte, wohltönende Stimme auf. Er trug eine Weste, eine Metallbrille, einen konservativen Anzug und einen perfekt dazu passenden Schlips. Er war der typische, gut angezogene, wohlerzogene Professor.

Ich hatte ihn schon fast vergessen, als Paul beim Essen erzählte, er würde Werner entlassen und es ihn eigentlich schmerzte, da er das Gefühl habe, er hätte ein herausragender Verkäufer sein können.

„Aus dem, was du sagst, schließe ich, daß es nicht am Alkohol liegt oder an etwas in dieser Richtung, Paul, was also sind seine Schwierigkeiten? Glaubt er, er sei zu gut für solche Leute wie du und ich?"

„Es ist eigenartig, daß du das sagst", meinte Paul. „Werner ist ein netter Kerl und hält sich sicher nicht für zu gut für uns, aber er schafft den Abschluß einfach nicht. Alles scheint zu laufen bis zum Schluß, und dann verliert er immer wieder alles.

Was ich gerne noch wissen möchte... warum hast du gefragt, ob er sich für zu gut hält? Du meinst, zu gut für einen Verkäufer, oder?"

„Ich bin mir nicht sicher, ob ich genau weiß, was ich meinte. Ich habe nur festgestellt, daß er wie ein Professor daherredet und offensichtlich ein reservierter, würdiger Herr ist, mit Bildung und einem Hintergrund. Warum verkauft er Möbel, Paul?"

„Er sagt, es macht ihm Spaß. Und anscheinend ist es auch so. Er geht als letzter am Abend, ist enthusiastisch, und bemüht sich sehr um den Umsatz, vielleicht zu sehr."

Paul und ich gingen zurück in den Ausstellungsraum, und auf dem Weg dorthin beschloß ich, diesem Burschen dabei zu helfen herauszufinden, warum er den richtigen Knopf verfehlte – wenn er mich nur lassen würde.

Ich begann eine Unterhaltung mit ihm, und nach zehn Minuten Reden und Zuhören, wie die anderen Verkäufer ihn neckten, was er gelassen hinnahm, glaubte ich die Antwort zu haben: er *identifizierte* sich nicht mit seinen potentiellen Kunden.

Er verkaufte in einem Laden Möbel zu Durchschnittspreisen an durchschnittliche Familien – im Arbeitsleben stehende Personen, die wahrscheinlich eine normale Schulbildung hatten oder höchstens ein Jahr Hochschule oder Handelsschule.

Seine tägliche Unterhaltung war jedoch großzügig durchsetzt mit Wörtern wie „Kongruenz", „realisieren" und Kommentaren wie „ein verlorenes Verkaufsgespräch führt mich in der Tat in die tiefste Depression, wie sehr ich auch danach trachte, die erprobten Prinzipien der Verkaufstechnik anzuwenden, öfter als mir lieb ist, erhalte ich, eine höfliche Zurückweisung."

Sie oder ich hätten gesagt: „Egal, wie intensiv ich es versuche, ich verlier' den Umsatz, und das ist verdammt entmutigend."

Ich fragte Paul, ob Werner und ich sein Büro für einige Minuten benutzen könnten. Wir gingen hinein und schlossen die Tür.

„Werner, möchten Sie einen guten Rat, oder wollen Sie sich lieber nach einer Beschäftigung umschauen, die besser zu Ihrer Persönlichkeit paßt?"

„Wenn Sie der Meinung sind, es stünde in Ihrer Macht ..."

„Hören Sie zu, Werner, Sie sind ein netter Kerl, und es spricht sehr viel für Sie, beispielsweise Auftreten und Intelligenz. Außerdem sagte mir Paul, daß Sie dieses Geschäft in- und auswendig kennen.

Ich glaube, ich weiß, wo Ihre Schwierigkeiten liegen. Ich selbst würde keinen Tisch von Ihnen kaufen, und ich werde Ihnen sagen, *warum*. Wenn Sie sprechen, verlieren Sie mich. Ihre Art und Redeweise liegt auf einer Stufe, die so weit über der meinen liegt, daß ich mich nicht mit Ihnen *identifizieren* kann.

Lassen Sie es mich so sagen: Sie verkaufen keine Juwelen und keinen Rolls-Royce. Sie sind ein *Möbel*verkäufer, der *Durchschnitts*ware an *Durchschnitts*leute verkauft.

Sie sind offensichtlich kein Snob, doch Sie hinterlassen diesen *Eindruck*. Nun, ich weiß nicht, was Sie in Ihrer Freizeit tun, aber ich könnte eine Vermutung äußern.

Sie haben wahrscheinlich ein Abonnement für die Oper, und Ihre Lieblingsschriftsteller sind Shakespeare oder Thomas Mann. Ihre Vorstellung von einem aufregend freien Tag ist es, Vögel zu beobachten oder der Besuch eines Kunstmuseums, gefolgt von einem vorzüglichen Essen.

Das ist in Ordnung, aber wenn Sie arbeiten, müssen Sie *herabsteigen, auf die Stufe Ihrer potentiellen Kunden.* Tragen Sie zwei

Hüte, um es so zu formulieren. Folgen Sie Ihren eigenen Vorlieben und Beschäftigungen, wenn Sie frei haben, aber setzen Sie Ihren 'Alltagshut', Ihren 'Jedermans-Hut' auf, wenn Sie bei der Arbeit sind.

Wenden Sie das an, wenn Sie dabei sind, einen Abschluß zu verlieren! Es ist nicht so wichtig, während Sie die Basis legen. Hier hat Ihr potentieller Kunde noch immer seinen Widerstand gegen den Kauf, der ihn schützt. Doch wenn Sie ihm den genommen haben, beginnt er Ausschau zu halten nach etwas, was ihm den Grund dafür liefert, seine einzige verbleibende Waffe zu verwenden, das Wort 'nein'.

Und Sie liefern Ihrem potentiellen Kunden genau die Entschuldigung, die er braucht. 'Dieser Bursche ist ein Snob. Was glaubt Werner, wer er ist, wenn er mir solch große Worte an den Kopf wirft? Dem werd ich's zeigen!

Versuchen Sie es einmal damit, Werner. Schauen Sie, ob sich Ihre Abschlüsse nicht erhöhen, *wenn Ihr potentieller Käufer das Gefühl hat, daß Sie sind wie er* – ein Arbeiter, mit dem er sich *identifizieren* kann."

Ich bekam ein paar Wochen später eine Karte von ihm. „Lieber Les, ich habe jetzt die beste Verkaufsstatistik, und es macht mir Spaß, zwei Hüte zu tragen. Ich habe gelernen, mich mit meinen potentiellen Kunden zu identifizieren, und es klappt mit den Umsätzen viel besser."

Hier hatten wir den Fall eines Mannes, dessen Verhalten nicht im Einklang mit dem seiner potentiellen Kunden stand. Er hatte eine intellektuelle Sprache und Manieren, während seine Kunden meist durchschnittliche Leute waren, für die es schwierig, wenn nicht gar unmöglich war, zu ihm und zu seiner Vorgehensweise beim Verkauf eine Beziehung zu bekommen.

Indem er seine eigene Persönlichkeit anpaßte und zwei Hüte trug, war er in der Lage, seinen Job zu behalten, und auf dem Gebiet, das ihm gefiel, gute Arbeit zu leisten.

Der Verkäufer muß den potentiellen Kunden nicht nur davon überzeugen, daß er kaufen sollte, sondern auch davon, daß er *von ihm* kaufen sollte. Er muß den potentiellen Kunden davon überzeugen, daß der Kauf die ganze Zeit seine eigene Idee war, nicht etwas, wozu er von einem überzeugenden Verkäufer überredet oder gezwungen wurde, obwohl das leider genau das ist, was oft genug geschieht.

„Was für ein wunderschönes Kleid!"

Identifizierung mit dem Kunden geht weiter als das begrenzte Beispiel, das wir bei Werner und seinem Problem aufgespürt haben. Ich arbeitete früher einmal mit sieben anderen Leuten in einem Verkaufsteam, wo wir diese „Identifizierung" genau getestet und bewiesen haben, daß es sich auszahlt, wenn sie *ständig* praktiziert wird.

Wir befanden uns im freien Feld – wer auch immer als erster an den potentiellen Käufer geriet, hat ihn sich geschnappt, es gab kein Wegschnappen oder Abwechseln.

Nachdem wir sechs Monate zusammengearbeitet hatten, entwickelte sich ein bestimmtes Schema, das ich kaum ignorieren konnte. Wenn zum Beispiel einer von uns bei einer jüngeren Person oder einem jüngeren Paar auf Glatteis geraten war, riefen wir Norbert. Mit seiner Hilfe gelang normalerweise der Abschluß.

Wenn eine Frau oder ein Mädchen auftauchte und der Verkäufer in Schwierigkeiten geriet, bekam unser Chef einen Wink. Ich bekam den Geschäftsmann, und Leute vom Militär gingen zu Dietmar, einem früheren Leistungssportler.

Dann sah ich ganz deutlich, was wir unbewußt taten. Wenn wir Hilfe brauchten, holten wir den, der die *Einwände des Kunden am besten verstehen* würde und am ehesten in der Lage war, *sie zu überwinden*.

Norbert war ein junger, aktiver Mann, Sportwagenfahrer, der Typ, der seine Wochenenden am Strand verbringt.

Walter hingegen war ein Schmeichler, ein Frauentyp. Er war verheiratet, ein guter, solider Ehemann und Vater und konnte mit Frauen umgehen; innerhalb kürzester Zeit fraßen sie ihm aus der Hand. Wenn ich sagte: „Dieser Hut gefällt mir, Frau Meier", schaute sie mich an, als hätte ich sie gezwickt, doch wenn Walter sagte: „Frau Meier, wo kaufen Sie Ihre Kleider? Wenn es Ihnen nichts ausmacht, würde ich meine Frau auch gerne dort hinschicken. Sie sehen immer so modern aus", konnte man sie dahinschmelzen sehen, der Widerstand gegen den Kauf und die Befürchtungen waren vergessen.

Eine ältere Dame erzählte mir: „Ich habe Herrn Walter so gern! Er vermittelt mir immer das Gefühl, ich sei die einzige Frau auf der Welt, dieser Casanova!"

Ich hatte bereits Erfahrungen im Geschäftsleben und in dieser Stadt bereits zehn Jahre auf eigenen Füßen gestanden, ich kannte mich also in der Geschäftswelt nicht nur aus, sondern kannte auch viele Leute in den höchsten Positionen. Folglich bekam ich die Geschäftsleute.

Erkennen Sie das Schema? Wir waren uns nicht einmal bewußt, daß wir zu uns selbst sagten: „Ich werde Dietmar holen, um mir bei diesem Tennisspieler zu helfen oder „Les müßte mir bei diesem Einkäufer helfen können – er kennt ihn vielleicht sogar persönlich."

Als das Muster einmal in dem Maße aufgetreten war, daß ich es erkennen und studieren konnte, war die „Umschaltung" geboren. Ich ging zum Verkaufsleiter und legte ihm meine Idee dar.

Es blieb alles so, wie es war. Wenn der Verkäufer festgestellt hatte, mit welchen Grundtyp er es zu tun hatte, erfand er eine Entschuldigung, um auf einen anderen Verkäufer „umzuschalten", und es läutete nach demjenigen, der zu diesem potentiellen Kunden am besten paßte. Wir hatten sogar zwei Burschen, die, wenn ein Sportfan, Schmeichler oder was auch immer gebraucht wurde, einspringen konnten und dabei immer überzeugende Arbeit leisteten. Beide wurden später sehr erfolgreich.

Der Chef war damit einverstanden, die Idee auszuprobieren, vorausgesetzt, wir wären alle einverstanden und er erinnerte uns daran, daß er Umsätze wollte und daß es ihm ziemlich egal wäre, wie wir sie erzielten.

Wir sprachen es untereinander durch und beschlossen, es drei Monate lang zu probieren, mit der Klausel, daß jeweils zwei Personen dieser Vereinbarung ein Ende setzen können. In dem Fall würden wir zur alten Methode zurückkehren.

Am Ende des dritten Monats sagte der Verkaufsleiter etwas, was für uns das höchste Lob war, das wir von einem hart arbeitenden Boß bekommen konnten.

„Leute, euer neuer Plan hat sich wirklich ausgezahlt. Die Umsätze sind mehr als doppelt so hoch als bisher im besten Monat, den wir bis vor drei Monaten hatten. Alles, was ich sagen kann, ist, wenn ich jetzt hier morgens in den Verkaufsraum komme, bin ich sehr froh, hier zu arbeiten, besonders wenn ich sehe, wie ihr Burschen euch hier ins Zeug legt."

Wir *identifizierten* uns mit unseren potentiellen Kunden. Sicher zogen wir einen zusätzlichen Nutzen daraus, indem wir jeweils den Verkäufer zuwiesen, den einen ähnlichen Hintergrund hatte, doch das *kann* auch von jeder einzelnen Person gemacht werden.

Konzentrieren Sie sich nicht auf einen Typ

Kein Verkäufer sollte je den Fehler machen, sich auf einen Typ von potentiellem Kunden zu konzentrieren. Das ist ganz einfach eine Falle. Er wird unbewußt oder bewußt irgendwann an den Punkt kommen, wo er meint, dieser Typ sei der *einzige*, bei dem er einen Abschluß machen kann. Seine Verkaufsgespräche werden abgedroschen und klingen gestelzt, sein Vorstoß wird schwerfällig, und selbstverständlich werden seine Abschlüsse darunter leiden.

Es gibt jedoch keinen Grund, warum er sich nicht spezialisieren sollte. Wenn ich „spezialisieren" sage, meine ich das im weiteren Sinne. Viele Versicherungsgesellschaften sind gute Beispiele für spezialisierte Verkaufsbereiche. So, wie wir es bei dem „Umschalten" gemacht haben, leiten viele Versicherungsgesellschaften Anfragen und potentielle Kunden an einen bestimmten Verkäufer weiter, weil sein Hintergrund paßt oder er ein Geschick für Abschlüsse bei diesem Typ potentieller Kunden gezeigt hat.

Einer meiner Freunde mit einem umfassenden Hintergrund auf dem Gebiet von Versicherungen wechselte kürzlich in die Investmentfondsabteilung seiner Firma über. Ich fragte ihn, warum er mit seinem Hintergrund einen solchen Wechsel vorgenommen hat.

„Das ist einfach", sagte er. „Sie wissen daß ich in einem Bauerndorf geboren und aufgewachsen bin. Es gibt dort Dutzende von Gemüsegärtnern mitsamt ihren Familien, und es war für mich natürlich, meine Karriere als Versicherungskaufmann in meiner eigenen Nachbarschaft zu beginnen. Die meisten Verkäufer, insbesondere bei Versicherungen, tun das.

Ich habe das Versicherungsgeschäft in der Region gut abgedeckt, und es hat mir Spaß gemacht, Abschlüsse mit den Söhnen und Töchtern zu machen, wenn sie das entsprechende Alter erreicht hatten, geheiratet haben, usw. Durch den Wechsel zur Investmentbranche eröffnete sich für mich im gleichen Gebiet ein ganz neuer Markt, in dem ich aber schon als Versicherungsagent der Leute bekannt war.

Das Versicherungsgeschäft habe ich dabei nicht verloren. Ich darf auch immer noch Versicherungen verkaufen und mache das auch, wenn meine Kunden welche benötigen. Ich kann aber auch eine andere Methode der Zukunftssicherung durch Kapitalanlagen anbieten, und da ich weiß, was die meisten von ihnen machen und nicht machen können, ist das optimal, insbesondere im Hinblick auf die Tatsache, daß der ursprünglich große, unberührte Markt für Versicherungen fast ganz ausgeschöpft ist.

Ich habe schon meinen nächsten Wechsel im Auge, und das wird mein letzter sein. Wenn ich den Investmentfondsbereich abgedeckt habe, werde ich in Anbetracht der Tatsache, daß wie bei einer Versicherung auch immer wieder junge Leute auftauchen werden, diesen Wechsel vollziehen. Aber ich werde mich weiter mit meinesgleichen *identifizieren*.

Immobilien. Sobald ich die Sahne vom Investmentfondsmarkt abgeschöpft habe, wie bei den Versicherungen, werde ich ganz gut zurechtkommen und es etwas langsamer laufen lassen. Ich werde bei meiner Firma in den Immobilienbereich gehen und es etwas langsamer laufen lassen können und gleichzeitig meine Versicherungs- und Investmentfondskunden betreuen können.

Denken Sie an eines. Ich bleibe nicht nur in meiner Region. Ich bekomme außerdem neue potentielle Kunden durch Empfehlungen und über die Post, und ich kümmere mich um sie genauso wie um meine Nachbarn. Ich weiß, daß ich in einen Trott geraten und irgendwann uneffektiv werden würde, wenn ich nur selektiv tätig wäre."

Hier war jemand, der sich bei seiner Haupteinnahmequelle spezialisierte, dabei gute Arbeit leistete und gleichzeitig die Augen für neue Geschäfte offenhielt, und zwar nicht nur in derselben Region, sondern auch in anderen Gebieten.

Dies war meiner Meinung nach ein Verkäufer, der sich niemals festfahren würde – sogar mehr als das, einer der auch selten den richtigen Knopf verfehlen würde, weil er sich mit den Leuten und Dingen *identifiziert* und dort verkauft, wo er am besten verkaufen kann: *unter seinesgleichen.*

Es läßt sich alles auf einen einfachen, zweistufigen Prozeß zurückführen, der Ihnen den richtigen Knopf zeigen und Ihnen sagen wird, wann die Zeit gekommen ist, ihn für den Abschluß zu drücken.

Stufe eins: Bringen Sie den potentiellen Kunden dazu, daß er sich wie zu Hause fühlt. Bringen Sie ihn dazu, daß er das Gefühl bekommt, er sei für Sie in diesem Augenblick *die wichtigste Person auf der Welt;* daß Sie an *ihm* und *seinen Bedürfnissen* interessiert sind und daß Sie nur *sein Bestes* im Sinne haben.

Stufe zwei: Ihn sich wie zu Hause fühlen lassen ist nicht genug. Sie müssen ihm auch zeigen, ob es nun der Fall ist oder nicht, daß er sich unter *seinesgleichen* befindet; daß er da ist, wo er hingehört, sein Geschäft nicht nur jetzt, sondern auch in Zukunft abschließen sollte. Dies erreichen Sie, indem Sie sich mit ihm *identifizieren.* Dann ist der Abschluß ebenso einfach, wie „den richtigen Knopf zu drücken".

3
Die Schützenhilfe beim Verkaufsabschluß: Wie man sich zurückzieht, und von wem man sich ablösen läßt

Die Schützenhilfe beim Verkaufsabschluß ist nicht zu verwechseln mit der „Umschaltung", die im letzten Kapitel angesprochen wurde. Die „Umschaltung" wird sofort verwendet, wenn der Verkäufer den Kundentyp, mit dem er es zu tun hat, festgestellt hat. Er holt sofort den Kollegen – ohne daß der Kunde es weiß –, der mit diesem Kunden am besten umgehen kann.

Erinnern Sie sich an die Catcher, die Sie schon im Fernsehen oder vielleicht auch persönlich gesehen haben? Einer beginnt und sobald er in Schwierigkeiten gerät oder müde wird, holt er sich Schützenhilfe von dem anderen, der dann seine Stelle übernimmt. Das Team, bei dem das am besten funktioniert und dem es gelingt, das andere Team zu schlagen, gewinnt.

Beim Verkaufsabschluß funktioniert es auf die gleiche Art. Ein Verkäufer beginnt mit dem Verkaufsgespräch, bearbeitet den potentiellen Käufer eine Weile und holt sich dann den Verkaufsleiter oder einen anderen Verkäufer als Schützenhilfe, der den Kunden allmählich kleinkriegt, bis der Abschluß leicht zu tätigen ist.

Der Vorteil dabei liegt darin, daß der Kunde keinen Partner hat, von dem er Schützenhilfe erwarten kann, sondern dem Verkaufsteam alleine ins Auge sieht und erleben muß, wie sein Widerstand dahinschmilzt und die Panzerteile abfallen, während er sich dem Kauf mehr und mehr nähert.

Doch wie läuft das mit der Schützenhilfe nun genau ab? Es gehört mehr dazu als nur die Hand des Partners abzuschlagen, wie es bei den Catchern der Fall ist.

Es muß *vorsichtig* geschehen, mit Feingefühl und Takt, sonst könnte der Kunde gekränkt oder erschreckt werden, so daß es überhaupt nicht mehr zu einem Abschluß kommt.

Fünf verschiedene Arten der Schützenhilfe

Die Methoden der Schützenhilfe können in fünf Kategorien eingeteilt werden. Jede Art kommt jeweils bei bestimmten Situationen zum Zug, und mit der richtigen Methode im richtigen Augenblick ist die Schlacht bereits halb gewonnen.

Wahrscheinlich die populärste ist jene, die ich „Schützenhilfe von der Autorität" nenne. Hier holen Sie den Verkaufsleiter oder den Schulungsleiter zur Hilfe, der Machtbefugnis hat, deshalb der Begriff „Autorität".

Sie sind mit dem Kunden an einem Punkt angelangt, wo Sie hinsichtlich Preis, Liefertermin oder was auch immer der Aufhänger ist, jedes nur mögliche Zugeständnis gemacht haben, und Sie haben immer noch keinen Abschluß erreicht, den er akzeptiert.

Natürlich wissen Sie aus Erfahrung, daß Sie nicht Ihre ganze Munition verschießen dürfen; etwas lassen Sie sich für den Verkaufsleiter ubrig. Aber an diesem Punkt sind Sie nun überzeugt, daß der Kunde es vom Chef hören muß, von einer Autorität, damit er sich selbst überzeugen kann, daß das, was Sie ihm gesagt haben, die Wahrheit ist.

Das ist alles schön und gut, aber was *sagen* Sie dem Kunden? Sicherlich nicht: „Herr Meier, offensichtlich glauben Sie nicht, was ich Ihnen sage, ich werde also jetzt den Chef holen, damit er es Ihnen bestätigt, vielleicht glauben Sie es dann."

Wenn *mir* ein Verkäufer so etwas sagen würde, würde ich in die Defensive gehen, und er könnte mit mir nie einen Abschluß machen. Ich bin sicher, daß es Ihnen mit den meisten Ihrer Kunden genauso gehen würde.

Sie müssen taktvoll sein. Holen Sie sich die Schützenhilfe reibungslos, mit einem Minimum an unnötiger Bewegung oder Verzögerung, sonst könnte der Abschluß für immer verloren sein.

Die Schützenhilfe von der Autorität

Schützenhilfe von der Autorität wird verwendet, wenn der Kunde sagt: "Gut, ich werde heute unterschreiben, wenn Sie...", aber die von Ihm gestellte Vorderung außerhalb Ihres Machtbereiches liegt.

Oder er sagt, er unterschreibt, wenn Sie die Lieferung bis zu dem und dem Tag versprechen, und Sie sind der Meinung, daß das nicht klappt, oder Sie wissen nicht *wissen*, ob das klappt.

Sie holen sich die Person mit der größten Machtbefugnis immer dann zu Hilfe, wenn Sie einen Punkt erreichen, wo Sie die Zusage nicht machen oder die Entscheidung nicht allein treffen können.

Lassen Sie den Kunden nicht allein! Wenn Sie sich entschuldigen und sagen, Sie würden jetzt Ihren Vorgesetzten holen, wird dies eine Diskussion in Gang setzen, die zu viel Zeit kostet. Und während Sie und der Verkaufsleiter oder der Schulungsleiter dann das Geschäft besprechen, hat sich Ihr Kunde den Panzer, den sie schon entfernt hatten, längst wieder neu angelegt. Unter Umständen müssen Sie wieder von vorn beginnen! Wenn es dazu nicht schon zu spät ist!

Ein erfolgreicher Verkaufsleiter, den ich kenne, hat den Leitsatz, daß er bei einem Abschluß nur *in seinem Büro* hilft. Warum? Damit er den großen Boß spielen kann? Weil er zu faul ist, woanders hinzugehen?

Nein, der Grund ist ein anderer: Wenn Sie die Unterstützung einer Autorität benötigen, dann brauchen Sie sie dort, wo deren *Gewicht* und *Prestige am meisten spürbar ist*. Nehmen Sie Ihren Kunden mit zum Chef. Stellen Sie ihn vor und erläutern Sie dann das Problem. Lassen Sie den Schulungsleiter oder den Verkaufsleiter seine Autorität dort ausüben, wo sie die größte Wirkung hat – von *seinem* Schreibtisch in *seinem eigenen* Büro aus.

Wenn Sie sich entschließen, weiter oben nach Unterstützung zu suchen, geben Sie dem Kunden das nicht zu verstehen. Wenn Sie sagen: „Herr Meier, ich weiß nicht, ob wir Ihnen die Lieferung einer so großen Menge Stahl innerhalb von 60 Tagen zusagen können. Lassen Sie uns zum Verkaufsleiter gehen und sehen, was er dazu meint", dann geben Sie ihm tatsächlich die Gelegenheit, sich davonzumachen.

Er kann dann einfach antworten: „Sprechen Sie mit ihm, und rufen Sie mich dann an", oder: „Ich möchte ihn nicht mit dem ganzen Zeug belasten. Sprechen wir ein anderes Mal darüber."

Viel besser wäre folgendes: „Warten Sie. Ich habe eine Idee. Kommen Sie mit mir, Herr Meier, und ich werde das jetzt sofort klären."

Dann gehen Sie hinaus und lassen die Tür offenstehen. Er wird Ihnen folgen, denn er ist ein höflicher Mensch. Er *will* vielleicht nicht, wird aber mitgehen. Bleiben Sie *nicht* stehen, werden Sie nicht langsamer. Gehen Sie direkt zu dem Mann, von dem Sie Hilfe erwarten, und lassen Sie ihn den Abschluß machen.

Wenn Sie im Büro des Kunden sind und nach Hilfe telefonieren, geben Sie das nicht zu erkennen. Fragen Sie, ob Sie das Telefon benutzen dürfen, rufen Sie Ihren Mann an, erläutern Sie ihm kurz das Problem und geben Sie Herrn Meier den Hörer. Er wird ihn nehmen, auch hier wieder, weil er nicht unhöflich sein will.

Es gibt noch eine andere Situation, wo eine höhere Stufe in der Hierachie Ihnen beim Abschluß helfen kann, doch in diesem Fall kommt es *noch mehr* auf Sie an, die Situation zu erkennen und sich *einzugestehen*, daß man alleine *nicht damit fertig wird*.

Jeder Verkäufer weiß, daß neue, nie zuvor dagewesene Umstände auftreten können, die den Abschluß vereiteln können. Es sind Dinge, die nie zuvor aufgetreten sind und mit denen Sie, trotz all der jahrelangen Erfahrung, nicht fertigwerden.

Erstens, gestehen Sie sich ein, daß Ihnen die Luft ausgegangen ist. Sitzen Sie nicht da und würgen an einem bereits abgesoffenen Motor herum. Sie machen damit wahrscheinlich noch viel mehr kaputt, und im besten Fall erreichen Sie *nichts*.

Zweitens, holen Sie sich Schützenhilfe von dem nächsthöheren Mann. Die Person auf dieser Stufe ist deshalb dort, weil sie herausragende Fähigkeiten hat oder mehr Erfahrung oder beides. Ihm kann früher das gleiche Problem begegnet sein – denken Sie daran, daß er als Verkaufsleiter oder Schulungsleiter jeden Tag mit den Problemen des Verkäufers zu tun hat –, und für ihn liegt die Lösung vielleicht unmittelbar auf der Hand. Wenn das Problem für ihn früher noch nicht aufgetaucht ist, so ist er vielleicht in der Lage, aufgrund seiner Erfahrungen eine Lösung zu finden, oder vielleicht auch nur deshalb, weil ein Außenstehender oft Dinge sehen kann, die man selbst nicht sieht.

Und auch dann, wenn er nur zu seinem Posten kam, weil er die Tochter des Chefs geheiratet hat, besitzt er doch eine wertvolle Waffe, die Sie nicht haben: *Autorität*.

„Wir werden es bauen, oder es wird uns den Kopf kosten!"

Es gibt da eine Geschichte, die in den Handelszeitungen des ganzen Landes erschienen ist und die diese Schützenhilfe von der Autorität hervorragend verdeutlicht. Sie zeigt zugleich, daß es unbedingt nötig ist, sich den *richtigen Partner* für die Schützenhilfe zu holen.

Günthers Firma ist eine der größten und erfolgsreichsten Baufirmen in der Gegend. Zwei Männer haben den Betrieb vor zehn Jahren mit einem Lieferwagen und zwei Satz Bauwerkzeugen gegründet, und heute ist er mehrere Millionen DM wert.

Günther verfolgte die Zeitungen genau und wartete, bis ein großes Flugzeugmotorenwerk die Auschreibung für den Bau eines Motorenwerkes in seiner Gegend ankündigen würde. Als die Ankündigung kam, rief er die Hauptverwaltung des Werkes an und bat um einen Termin für die Besprechung des Projektes.

Es stellte sich heraus, daß die Firma keine Angebote einholen wollte und daß die Kosten nicht der entscheidende Faktor waren. Sie wollten drei Leute in die Gegend schicken, die das Gelände erkunden sollten und die Firma finden sollten, die ihrer Meinung nach am besten geeignet wäre, das Projekt schnell durchzuziehen.

Wenn sie einen Betrieb gefunden hätten, würde man sich hinsetzen und über die Kosten, den Termin der Übergabe etc. sprechen. Was Günther nicht wußte – es gab eine unbewegliche 60 Tage-Frist für die Eröffnung. Das Werk mußte innerhalb von 60 Tagen nach Auftragsvergabe stehen und für die Inbetriebnahme bereit sein, andernfalls würde der Auftraggeber auf Tagesbasis gewaltige Verzugsstrafen bekommen.

In die engere Wahl kamen schließlich Günthers Firma und noch zwei andere. Günther traf sich mit den Vertretern des Werkes und beseitigte sämtliche Hindernisse. Er wollte den Job unbedingt bekommen. Dieser Auftrag wäre eine große Sache für seine Firma.

Nach vier oder fünf Stunden sagten ihm die Vertreter des Werkes, sein Betrieb sei der führende Bewerber um den Auftrag, doch sie seien besorgt bezüglich der Terminsituation. Konnte der Fälligkeitstermin eingehalten werden?

Dies war die Sache, über die sich Günther schon während der ganzen Besprechung Gedanken gemacht hatte. Er war ein Verkäufer, kein Stahl-, Beton- oder Baufachmann. Er wußte nicht, ob sie den Stahl, den Beton oder die tausend anderen Dinge, die sie benötigen würden, so kurzfristig bekommen konnten.

Wer konnte denn das Wetter voraussagen? Wer konnte garantieren, daß es in den ersten 30 Tagen nicht ununterbrochen regnen würde?

Er ließ den Bautechniker kommen. *Dieser* Mann wußte Bescheid mit dem Stahl und dem Beton und inwieweit die Wettersituation zu berücksichtigen war. Und *genau hier machte er seinen Fehler und verlor nahezu den Auftrag.*

Er hatte die kostbare Zeit dieser Männer bereits mehr als einen halben Tag in Anspruch genommen, und die Besprechung mit dem Bautechniker dauerte nochmals drei Stunden.

Der Bautechniker kannte sich aus und konnte vernünftigerweise zusichern, daß der Auftrag innerhalb der genannten Frist erledigt werden konnte. Doch er besaß *nicht* die Befugnis, für die Firma zu unterschreiben.

Einer der Vertreter der Flugzeugmotorenfabrik rettete Günther schließlich das Leben.

„Schauen Sie, wir möchten Ihrer Firma den Auftrag geben. Ihr finanzielles Angebot sieht gut aus, und Ihre Kundenreferenzen sind ausgezeichnet. Holen Sie jemanden her, der ja oder nein sagen kann, damit wir mit einem fix und fertig unterzeichneten Vertrag nach Hause fahren können. Wir haben langsam die Nase voll."

Im Büro des Seniorpartners nannte Günther die Forderungen, und der Bautechniker gab seine Vorstellungen an, ob der Auftrag realisierbar wäre.

„Günther, hast du jede Einzelheit des Auftrages durchdacht? Bist du sicher, daß alles in Ordnung ist?"

„Ja, deren Anwalt hier, Herr Jung, sagt, das ist alles, was wir zu diesem Zeitpunkt für eine bindende Vereinbarung auf beiden Seiten brauchen." Er wandte sich an den Bautechniker.

„Können wir dieses Werk nach den Spezifikationen bauen, einen Tag vor Fälligkeitstermin fertig haben und unsere übliche, schlüsselfertige, perfekte Leistung *garantieren*?"

„Die einzige Sache, die mich stört, ist das Wetter. Es ist jetzt die Zeit, wo die Stürme anfangen, weißt du, und wenn es zu regnen anfängt..."

„Egal. Können wir das Werk bauen, *Regen hin oder her*, wenn wir sieben Tage rund um die Uhr arbeiten?"

„Jetzt rechnest du mit Überstunden, Extraschutz und..."
„*Können wir das Werk bauen?*"
„Wir können es bauen."
Günthers Chef wandte sich den drei Männern der Flugzeugmotorenfabrik zu.

„Meine Herren, wir können, nein, wir *werden* Ihr Werk bauen. *Keine* Kürzungen, *kein* Sparen beim Material oder den Arbeitskräften. Aber es darf keine *Verzugsklausel* geben. Ich bin ein Bauunternehmer, und mein Partner ist ein Bauunternehmer.

Wir brauchen diesen Auftrag, und diese Gemeinde braucht Ihr Werk. Aber wir werden den Auftrag nicht von jemanden annehmen, der mit erhobenen Finger auf uns zeigt und sagt: 'Aber wenn ihr versagt...!' Wir werden Ihr Werk bauen und es Ihnen bis zum Fälligkeitstermin schlüsselfertig übergeben, oder es wird uns den Kopf kosten. Aber wir haben nicht die Absicht, zu versagen, deshalb ist eine solche Klausel nicht nötig."

Die drei Männer schauten sich an, nickten, und das Geschäft war geschlossen.

Es regnete 25 Tage während der Durchführung des Auftrages, und die Baustelle wurde zu einem Morast. Es gab keinen Stahl und der Beton, der nachmittags kommen sollte, kam mitten in der Nacht. Doch das Werk war zwei Tage vor Fristablauf gebaut und fertig zur Übergabe. Die Führungskräfte fanden ihre Parkplätze mit Namen versehen vor, als sie zur offiziellen Eröffnung kamen.

Und das wäre beinahe schiefgegangen, weil Günther sich wegen der Antwort auf die Frage: „Können wir es tun?" an die *falsche* Autorität gewandt hatte.

Der Bautechniker war in der Lage zu sagen, ob sie können oder nicht, doch er konnte nicht für die Firma sprechen. Kostbare Zeit ging verloren, und Günther hätte dabei fast den Auftrag verloren.

Er ist jetzt Verkaufsleiter der Firma mit fünf Leuten unter sich, und er sagt seinen Verkäufern, sie sollen den richtigen Mann hinzuziehen, wenn sie ihre eigene Grenze erreicht haben. Verschwendet keine Zeit!

Wendet euch *an die Autorität*!

Das Beispiel

Eine andere Art der Schützenhilfe, die sich oft genug bewährt hat, ist „das Beispiel".

Wenn der Verkäufer sich in einer Situation sieht, wo er den Abschluß nicht erreichen kann und fast sämtliche Munition, die verfügbar war, verschossen hat (denken Sie daran, Sie verschiessen niemals die ganze Munition, sonst würden Sie Ihren Partner, der Ihnen Schützenhilfe leistet, ganz schön auf dem Trockenen sitzen lassen), holt er einen anderen Verkäufer.

Bevor er den Verkaufsleiter oder den Schulungsleiter heranzieht, nimmt er lieber die Unterstützung eines anderen Verkäufers in Anspruch, um die Schützenhilfe wirkungsvoller und glaubhafter zu machen. Beim „Beispiel" sagt einer seinen potentiellen Kunden, ein anderer Verkäufer habe das gleiche Problem vor ein oder zwei Wochen gehabt und dieser Verkäufer sei in der Lage gewesen, die Schwierigkeit zur Zufriedenheit aller Betroffenen zu lösen. Mit „Problem" meint er natürlich den *Einwand*.

Manchmal haben Sie wirklich einen Verkäufer, der gerade die gleiche Schwierigkeit hatte und eine Lösung gefunden hat. Wenn das der Fall ist, umso besser.

Wenn nicht, so besteht der Trick darin, sich einen Mann zu besorgen, der erstens *gut im Abschließen* und zweitens schnell im Denken ist. Besorgen Sie sich jemanden, der in der Firma für schnelle Abschlüsse bekannt ist, der den Ball auffängt, im gleichen Moment zurückschlägt und die Sache in kurzer Zeit und ohne viel Worte über die Bühne bringt. Das ist von äußerster Wichtigkeit, denn Sie haben bereits beträchtliche Zeit in Anspruch genommen, es bleibt deshalb nur noch wenig Zeit übrig, wenn überhaupt, die mit Reden verschwendet werden kann.

In dem „Beispiel" arbeiten Sie mit einem subtilen Vorwand, der Teamwork zwischen dem Verkäufer und seinem Partner, den er heranholt, verlangt. Am besten wählt man einen Mann, der genauso vorgeht wie Sie; jemanden, den Sie kennen, mit dem Sie gut zusammenarbeiten können; jemanden, dessen Vorgehensweise Sie im voraus gut kennen, da Sie bis zum Abschluß beim Kunden bleiben müssen. Jetzt werden Sie zu einem wichtigen Partner für denjenigen, der Ihnen Schützenhilfe leistet, und er macht den Abschluß für Sie.

Auch hier gilt wieder, lassen Sie den Kunden nicht allein, wenn es sich vermeiden läßt. Holen Sie sich Ihren Partner herbei, ohne dem Kunden eine Chance zu geben, seine Einwände erneut zu verstärken.

Wenn Ihr Partner dann gekommen ist, sollte folgendermaßen vorgegangen werden:

„Jürgen, erinnerst du dich an das Geschäft vor ein paar Wochen, wo unser Kunde ein paar Wertpapiere auflösen wollte, um die Möbel zu bezahlen, die er kaufen wollte? Ich erinnere mich daran, daß dieses Möbelstück dort drüben das einzige war, das wir in dieser Art und Farbe da hatten."

„Ich weiß, daß du es ihm verkauft hast, aber wie seid ihr klargekommen? Was war mit den Wertpapieren, die ihr einen Monat früher eingelöst habt?"

Hiermit haben Sie Ihrem Partner einen Tip gegeben, wo genau Sie Hilfe brauchen, ohne daß Sie offen gesagt haben, daß Ihr Kunde auf sein Bargeld warten will, daß dies Ihre einzige Chance für den Abschluß ist und Sie Angst haben, daß er Ihnen durch die Lappen geht.

„Ja, ich erinnere mich daran. Herr Fuger. Netter Bursche. Ein Junggeselle. Es mußte dieser Grünton für seine Wohnung sein, etwas anderes hätte nicht gepaßt."

Für Ihren Kunden hat sein eigener Einwand jetzt nicht mehr viel Gewicht. Es wirkt nun so, als ob es dumm wäre, diesen Einwand für einen Grund zum Warten zu halten. Dabei ist Taktgefühl sehr wichtig!

„Kein Problem. Ich kann Ihnen zeigen, wie man das innerhalb von fünf Minuten über die Bühne bringen kann. Überhaupt kein Problem.

Herr Meier, Sie wollen Wertpapiere für diesen Kauf auflösen? (Hier könnte der Partner natürlich in manchen Fällen den Kunden darauf hinweisen, seine Wertpapiere besser zu behalten und die Sache über einen Kredit zu finanzieren, wobei sich zwei Fliegen mit einer Klappe schlagen ließen. Oder er läßt das außer acht und kommt gleich zum Kern der Sache.)"

„Ja. Finanzierung ist für mich nicht drin. Ich möchte dieses Möbelstück (dieses Haus, diese Versicherung) kaufen, aber ich kann keine weitere monatliche Ratenzahlung gebrauchen."

„Ich verstehe Sie sehr gut. Wer kann Zahlungsverpflichtungen schon gebrauchen, Herr Meier? Nun, ich kann Ihnen zeigen, wie man es machen könnte, damit es zu keinerlei Verzögerungen kommt. Sie können dieses Möbelstück bekommen, bevor es Ihnen jemand anders wegschnappt, und wir machen den Abschluß gleich hier auf der Stelle."

Hier kommt jetzt ein Vorwand zum Zuge, der natürlich nichts Unethisches oder Falsches ist. Er läßt den Kunden lediglich in dem Glauben, daß dieser Mann etwas tut, was niemand anderer in der Firma machen kann, und daß er es nicht für jeden tun würde.

„Herr Meier, wir haben eine besondere Regelung, die wir Leuten in Ihrer Situation anbieten, und von der wir es uns nicht leisten können, sie jedem anzubieten."

Dann erzählt er ihm etwa über das Stundungsangebot oder den 30 Tage-Kredit, der nur 1% Zinsen ausmacht. Wenn der Kunde hierauf stutzt, sagt er ihm natürlich höflich, daß er noch nicht fertig ist.

„Sehen Sie, Herr Meier, wenn mein Kollege Ihnen bereits einen festen Preis gemacht hat, kann ich Ihnen dieses eine Prozent auch vom Verkaufspreis abziehen, und dann sind Sie wieder beim alten Preis für das Möbelstück. Wie es so schön heißt, Herr Meier, viele Wege führen nach Rom."

Ihr Partner hat nicht gesagt, *Sie hätten das nicht tun können*. Er überläßt es dem Kunden anzunehmen, das hätte er gesagt. Er hat nicht *gesagt*, er habe mehr Befugnis als der Verkäufer, denn das ist nicht der Fall, aber er läßt den Kunden annehmen, daß es so ist.

Der Kunde sieht plötzlich, daß er etwas bekommt, was nicht jeder Kunde bekommt, und daß er es von jemanden bekommt, der das gleiche kürzlich bei einem anderen, *bevorzugten Kunden* gemacht hat, und daß es außerdem sehr gut funktioniert hat.

In dem „Beispiel" degradiert Ihr Partner Sie oder setzt Sie herab, aber Sie profitieren davon. Er kann Sie als den neuen Mann darstellen und sich als den alten Profi. Er könnte andeuten, daß Sie heute Probleme mit dem Denken haben. Er könnte mit Ihnen ärgerlich werden, weil Sie ihn mit so etwas belästigen, wo doch die Lösung so offensichtlich ist. Er hat viele Möglichkeiten.

Von Ihrer Seite aus ist es wichtig zu *kooperieren*. Gehen Sie auf die Art ein, wie Ihr Partner an die Sache herangeht. Wenn er Sie dumm nennen möchte und Sie wissen, er kann den Abschluß erreichen, dann setzen Sie sich hin und *schauen dumm aus*.

Vor allem lassen Sie *ihn* die Zügel führen. Geben Sie keine Kommentare, es sei denn, er vermittelt Ihnen, daß er einen Kommentar von Ihnen will, indem er zum Beispiel eine Pause macht, die deutlich nach einem Kommentar Ihrerseits verlangt. Nehmen Sie diesen Hinweis auf und *folgen Sie ihm.*

Ich bin hier, weil er der Beste ist

Alfred versuchte seit ein paar Wochen, einem potentiellen Kunden eine Klimaanlage, eine Sprechanlage und eine zentrale Luftaufbereitungsanlage zu verkaufen.

Er hatte die Standardeinwände bezüglich Kosten und Bedarf überwunden, war bereit für – wie er hoffte – den letzten Besuch, den Besuch für die Unterschrift. Er bat einen der Verkaufsschulungsleiter, ihn zu begleiten, weil er neu war und sich noch nicht so sicher fühlte.

Als sie zu Hause beim Kunden ankamen, öffnete die Ehefrau die Haustür und bat sie hinein. Der Kunde saß im Zimmer über einem Stapel von Prospekten. Dies war ein leicht zu erkennendes Gefahrensignal für den Schulungsleiter, und er hörte zu und wartete auf seine Chance, denn er wußte, was kommen würde.

Nachdem Alfred nochmals die Details durchgegangen war und der Ehefrau die Geräte genauestens erläutert hatte, ließ der Mann die Bombe fallen.

„Meine Herren. Ich danke Ihnen, daß Sie heute abend hierher gekommen sind, und ich bin sicher, daß Sie die besten Geräte und die günstigsten Preise haben, aber ich möchte mir dieses Modell noch einmal anschauen", und er fuchtelte mit dem Prospekt vor Alfreds Nase herum, „bevor ich mich entscheide."

Alfred blieb der Mund offen stehen. Er war bis zu diesem Augenblick *überzeugt* gewesen, das Geschäft in der Tasche zu haben.

Nicht so der Schulungsleiter. Er hatte die Prospekte gesehen und wußte, was kommen würde. Das altbekannte Schreckgespenst: „Ich möchte mich noch umsehen." Ein Einkaufsbummler.

Alfred schaute den Schulungsleiter an und brachte das Wort „Hilfe" zum Ausdruck, doch das wäre gar nicht nötig gewesen. Sein Partner war bereits in die Bresche gesprungen, und sein Verstand arbeitete auf Hochtouren. „Herr Meier, ich weiß nicht, ob Sie wissen, was meine Aufgabe ist. Ich schule Alfred darin, ein guter, zuverlässiger Verkäufer zu werden – jemand, auf den sich seine Kunden verlassen können.

Und er leistet gute Arbeit für unsere Firma. Nun, es gibt Männer, die mehr verkaufen, aber es gibt niemanden in unserem Verkaufsstab, der sich besser um seine Kunden kümmert, als er es macht.

Nun, Herr und Frau Meier, was will ich damit sagen? Ich bin nicht hier, um Alfred beim Verkauf zu unterstützen. Er wird den Abschluß tätigen oder nicht. Ich bin lediglich hier, um zu schauen, wie er an die Sache herangeht, nicht um ihm zu helfen, Sie dazu zu bringen, zu kaufen.

Doch um Ihretwillen muß ich etwas sagen, und ich möchte wiederholen, daß ich mich normalerweise *nicht* in das Geschäft zwischen meinen Verkäufern und deren Kunden einmische. In diesem Fall habe ich jedoch das Gefühl, daß ich es tun muß.

Herr und Frau Meier, ich bin ein Verkaufsprofi und ein ehrlicher Geschäftsmann, wie Alfred. Ich war zwei Jahre lang Verkäufer bei der Firma, von der Sie diese Prospekte haben. Ich verließ die Firma, als ich feststellte, daß das Gerät, das Alfred Ihnen verkaufen will *(verkaufen* und nicht nur *zeigen)*, ein besseres Produkt ist, selbst wenn es etwas teurer ist.

Wir schärfen unserem Verkaufspersonal ein – und wir stehen dazu , daß wir das Beste haben, was man für Geld kaufen kann und den besten Service, den ein Kunde bekommen kann, egal, ob er gestern gekauft hat oder vor zehn Jahren.

Ich hoffe, Sie vergeben mir, daß ich mich eingemischt habe, doch ich konnte einfach nicht anders. Wir haben nun genug von Ihrer Zeit in Anspruch genommen. Alfred, gehen wir und lassen die Herrschaften beschließen, was sie tun wollen? Du kannst sie morgen anrufen."

„Bitte bleiben Sie", bat die Ehefrau. „ich werde diese Anlage benutzen müssen und bin den ganzen Tag in diesem Haus, also habe ich da ein Wort mitzureden."

Und zu ihrem Mann sagte sie: „Liebling, ich glaube, ich möchte *diese* Anlage. Sie gefällt mir, und unser Gast ist ein Profi. Er würde sie nicht verkaufen, wenn er nicht festgestellt hätte, daß sie besser ist als die billigere Anlage."

Sie haben die Anlage gekauft.

Dies war ein „*Beispiel*", allerdings etwas umgekehrt. Der Schulungsleiter verwendete ein Beispiel aus seiner eigenen Erfahrung; nicht, um den Gegner auszuschalten, sondern *um sein eigenes Produkt anzupreisen*, und es trug den Sieg über ein *billigeres Produkt* davon.

„Schicken Sie nicht den So-und-So!"

Bei den Automobilhändlern, für die ich arbeitete, gab es lange Zeit eine stehende Redewendung, von der alten Dame zu sprechen, die einem unserer Verkäufer gesagt hat: „Schicken Sie mir nicht den So-und-So, diesen Dane." Nur „So-und So" hat sie nicht gesagt.

Sie kam eines Morgens an, und ich behandelte sie, wie ich alle meine potentiellen Kunden zu behandeln versuchte: höflich und zuvorkommend, so weit es in meiner Macht stand. Ich weiß bis heute nicht, ob ich irgend etwas gesagt habe, das sie beleidigte, oder ob ihr irgend etwas an meinem Äußeren nicht gefallen hat. Aus irgendeinem Grund verabscheute sie mich zutiefst.

Ich war mit ihr den ganzen Vormittag und den halben Nachmittag beschäftigt – ohne Erfolg. Ich hätte wissen müssen, daß da irgend etwas nicht stimmte, denn sie hatte den Wagen gefunden, den sie haben wollte, und der Preis schien auch in Ordnung zu sein.

Und doch wollte sie einfach nicht zugreifen. Sie erzählte mir fortwährend, sie wolle noch eine Weile warten. So sehr ich es auch versuchte, ich schaffte es einfach nicht, ihr den Wagen zu verkaufen. Schließlich ging sie.

Am späten Nachmittag dann rief eine Frau an und verlangte nach einem Verkäufer. Nicht einen bestimmten Namen, sondern einfach einen Verkäufer und bloß nicht „den so-und-so Dane".

Die Frau an der Telefonzentrale fand das sehr lustig und konnte es kaum erwarten, mir davon zu erzählen. Ich sagte ihr, sie solle ihr einen anderen Verkäufer geben, und er sprach mit ihr, um zu erfahren, was sie wollte.

Sie bat ihn, den Wagen, den sie ausgesucht hatte, vorbeizubringen, *genau den*, den ich ihr hatte verkaufen wollen, und den Scheck mitzunehmen. So einfach war das.

Mein Kollege fragte sie, ob sie die Dame sei, mit der ich an diesem Tag gesprochen hatte, und sie gab zu, es zu sei, doch sie wollte das Geschäft nicht mit mir machen. Er fragte, was los sei, doch sie lehnte es ab, sich darüber zu äußern, sagte nur, sie nähme den Wagen zu dem Preis, den ich ihr genannt hätte, doch daß sie lieber woanders kaufen würde, ehe sie den Kauf mit mir machen würde.

Ich sagte ihm, er solle ihr sagen, er wäre in etwa einer Stunde mit dem Wagen da, und dann legte er auf. Nachdem wir alle über die eigenartige Reaktion, die die Frau auf meine Bemühungen gezeigt hatte, herzhaft gelacht hatten, kamen wir überein, daß dies mein Abschluß sei und ich dem anderen Verkäufer 50 DM für die Lieferung des Wagens und das weitere Verhandeln mit der Frau geben würde.

Ich würde mich ihr fernhalten und keine Anstrengung unternehmen herauszufinden, was los sei, oder zu versuchen, sie irgendwie zu besänftigen. Ich kannte das Problem, und ich wußte, daß es nicht mein Fehler war. Ich wußte sogar, daß ich nichts tun konnte, um ihre Meinung zu ändern. Es handelte sich um einen *Zusammenstoß von zwei Persönlichkeiten,* ganz einfach. In diesem Fall allerdings war die Antipathie einseitig, während sie normalerweise meist auf beiden Seiten auftritt. Ich fühlte im Gegensatz zu ihrer deutlich zum Ausdruck gebrachten Aversion gegen mich keine Antipathie ihr gegenüber.

Mein Name, die Zigaretten, die ich rauchte, die Farbe meines Anzugs – irgend etwas davon konnte der Grund für ihre Abneigung sein. Ich war sicher, daß sie keinen triftigen Grund hatte, mit jemand anderem zu verhandeln. Ich hatte alles in meiner Macht stehende getan, um sie beim Kauf zufriedenzustellen und sie dabei höflich und zuvorkommend zu behandeln.

Ein Zusammenstoß von Persönlichkeiten ist das eigenartige und unvorhersehbare Etwas, das jemanden dazu bringt, unmittelbare Abneigung zu empfinden, egal wie unfair oder voreingenommen das gegenüber der anderen Person sein mochte. Glücklicherweise war mir dies schon früher begegnet, und ich wußte, wie ich damit umzugehen hatte.

Ich mag keine langen Haare, Schnurrbärte, Hippietypen oder junge Leute, die mich „Alter" oder „Mann" nennen. Doch ich versuche, sie als Kunden zu sehen, und daß *ihr Geld ebensoviel wert ist* wie das eines anderen.

Ich habe einmal mit einem Burschen zusammengearbeitet, dem besten Verkäufer, den ich je kannte – aber er hatte etwas gegen

Pfeifen. Sobald er sah, wie ein potentieller Kunde eine Pfeife aus der Tasche nahm, wurde er wild, egal, wie gut er den Mann vorher hatte leiden können. Diese Wut hatte ihn wer weiß wie viel Abschlüsse gekostet, bis er schließlich lernte, dies zu erkennen, und auf die einzig mögliche Art damit fertig zu werden.

Ich kenne Verkäufer, die Anstoß an jeder nur erdenklichen menschlichen Schwäche und Angewohnheit nahmen – und Kunden mit demselben Merkmal.

Ein Kunde erzählte mir einmal, er würde nie mit einem Verkäufer ein Geschäft machen, der schwarze Brillengläser trüge, da er diesen Leuten nicht trauen würde. Ein anderer sagte mir, wenn ein Mann Kaugummi kaue, so sei das ein Zeichen von Unreife; und mehrere Verkäufer sagten mir das gleiche von ihren Kunden.

Was tun bei so einem offensichtlichen Zusammenstoß von Persönlichkeiten? Sich Schützenhilfe holen, ist die *einzige* Lösung. Wenn der Verkäufer das Gefühl hat, Abneigung gegenüber einem Kunden zu empfinden, aus welchen Grund auch immer, egal, ob berechtigt oder nicht, so sollte er sich augenblicklich Schützenhilfe holen und *von der Bildfläche verschwinden*. Niemand kann gut verkaufen, wenn er Abneigung gegen seine Kunden empfindet, und es gibt keinen Grund, einen möglichen Abschluß zu verlieren, wenn man sich Schützenhilfe holen und zurückziehen kann.

„Er ist zu jung für mich"

Frau Winter war eine gute Seele, die Art Frau, die ich immer gerne bedient habe. Doch sie hatte eine starke Ablehnung gegenüber der jüngeren Generation. Sie sei unvernünftig, oberflächlich, und man könne mit ihr nicht viel anfangen.

Wenn ich gewußt hätte, daß sie an diesem Morgen kommen würde, hätte ich nie zugelassen, daß Uwe sie sich schnappt. Er war ein netter Kerl und ein guter Verkäufer, aber er war jung.

Er erwischte sie, als sie zur Tür hereinkam, und erzählte mir später, daß sie alles bemängelt hatte, was er sagte, über alles beleidigt war und darüber streiten wollte.

Glücklicherweise kam er zu mir, noch bevor zuviel Schaden angerichtet war, und bat mich um Hilfe. Er erläuterte mir die Situation: er hatte sein Bestes versucht, sie mit Rücksicht auf ihr Alter respektvoll zu behandeln, doch er kam einfach nicht zu ihr durch.

„Uwe, ich werde dir mal vorführen, was ein Zusammenstoß von Persönlichkeiten ist, damit du künftig danach Ausschau halten kannst und weißt, womit du zu tun hast, wenn es dir begegnet. Dieser Fall ist einseitig, sie gegen dich, doch ich habe auch schon erlebt, daß beide Personen auf den ersten Blick Abneigung voreinander verspüren. Ich werde mit dir zu ihr zurückgehen und ihre Abneigung dazu verwenden, den Abschluß zu machen. Mit anderen Worten, ich werde diesen Zusammenstoß von Persönlichkeiten dazu verwenden, *den Verkauf für dich zu erreichen*. Denk daran, alles was ich sage, dient dazu, dir den Abschluß zu bringen, und es *ist nicht dein Fehler*. Es liegt einfach an der Art, wie sie ist."

Mit einem besorgt und niedergeschlagen dreinschauenden Uwe bei ihr angekommen, sprach ich mit Frau Winter.

„Guten Morgen, Frau Winter. Schön, Sie zu sehen."

Ich sah geradezu, wie sie sich in ihrem Stuhl zurechtsetzte und sich jetzt viel bequemer und sicherer fühlte, als zu der Zeit, als Uwe alleine mit ihr verhandelt hatte.

„Guten Morgen. Es ist wirklich gut, Sie zu sehen. Nicht, daß ich etwas gegen diesen jungen Mann hätte, natürlich nicht. Nur..."

„Sie brauchen sich doch nicht zu entschuldigen, Frau Winter. Uwe ist jung und muß noch eine Menge lernen. Sie haben sich bei dem Gespräch mit einer jüngeren Person einfach nicht am richtigen Platze gefühlt. Aber mich kennen sie doch, nicht wahr?

Nun, ist dies der Wagen, den Sie gerne haben möchten?" Ich nahm die Unterlagen und schaute sie mir an.

„Das ist der Wagen, den ich möchte, wenn *Sie* der Meinung sind, ich sollte ihn nehmen. Mir gefällt die Farbe, und er hat Automatik, darüber hinaus vertraue ich Ihrem Urteil. Oh, und dem des jungen Mannes natürlich."

Sobald sie die Möglichkeit hatte, dem „jungen Mann" eins auszuwischen, ergriff sie die Gelegenheit. Aus irgendeinem Grund – Unwille gegen seine Jugend vielleicht – war sie entschlossen, von einer älteren Person zu kaufen und ihm zu zeigen, daß sie ihm nicht traute oder mit ihm keine Geschäfte machen wollte.

Dies bewahrheitete sich auch später, als sie mit einem Problem hereinkam. Als Uwe versuchte, ihr zu helfen, dankte sie ihm einfach und suchte nach mir. Nicht, weil sie mich besonders gut leiden konnte, sondern weil ich ihrem eigenen Alter näher war.

Zufällige Schützenhilfe

Dies ist eine Methode der Schützenhilfe ohne Unterbrechung der Abschlußprozedur. Sie ist relativ einfach, sehr schnell und problemlos, doch man kann sie nicht in jeder Situation, die Schützenhilfe erfordert, verwenden.

Die zufällige Schützenhilfe kann nur dann verwendet werden, wenn es egal ist, von wem man gerade Schützenhilfe in Anspruch nehmen will. Sie kann in vielen Fällen von „Zusammenstoß von Persönlichkeiten", dem „Beispiel" und der „Autorität" verwendet werden, vorausgesetzt, die Schützenhilfe ist nicht von einer bestimmten Person erforderlich.

Hierbei wartet der Verkäufer einfach auf den Erstbesten, der vorbeikommt, und holt sich von ihm Schützenhilfe, ohne Einführung oder festgelegten Plan. Es liegt dann an ihm, der betreffenden Person kurz darzulegen, was los ist und wo und wie er Hilfe braucht.

Ein genialer Trick, den ich in einer Großstadt gesehen habe, war ein Summer unter dem Schreibtisch des Verkäufers. Er konnte mit seinem Knie darauf drücken, und dann klingelte das Telefon. Sein Telefon war direkt mit denen der anderen Büros gekoppelt, einschließlich dem des Verkaufsleiters, und wenn er den Hörer abnahm läutete es in dem Büro, das er haben wollte.

Sobald der Verkäufer seinen Hörer abnahm, nahm er also kein Gespräch entgegen, sondern machte vielmehr selbst einen Anruf, und wenn der andere, den er haben wollte, antwortete, war es einfach, so zu tun, als sei man angerufen worden und zu sagen: „Ach übrigens, wenn ich dich schon am Apparat habe, kannst du vielleicht mal einen Augenblick hereinkommen? Ich möchte gern, daß du mir etwas zeigst", oder: „Ich denke, daß du dieses Problem hier besser lösen kannst, weil du mehr Machtbefugnis hast als ich."

In den meisten Fällen war das immer zufällige Schützenhilfe, da man eigentlich von jedem erwartete, daß er den Hörer abnahm, wenn es läutete, weil wieder ein Verkäufer Hilfe brauchte.

„Sie sind sehr klug, Herr Meier!"

Jeder Verkäufer lernt sie kennen, die Besserwisser und schlauen Köpfe. Sie sind eine unausweichliche Tatsache im Leben eines jeden Verkäufers.

Es ist jedoch keine unausweichliche Tatsache, daß man ihnen nichts verkaufen kann; ihre Einstellung liegt oft darin *begründet*, daß sie kaufen können und *das auch wissen*.

Was auch immer der Grund für ihren Kampfgeist sein mag, der manchmal auf der Furcht basiert, etwas von einem Verkäufer angedreht zu bekommen, der scharfsinniger ist als sie selbst, laufen Sie nicht davon, wenn Sie einem von ihnen begegnen – *verkaufen* Sie ihm die Sache.

Wir haben bereits die Arten besprochen, wie man die Einwände einer Person auffängt und sie als Gründe für den Kauf wieder ins Spiel bringt. Sie können mit dem Krieger, dem neunmalklugen Besserwisser, genauso verfahren und auch noch Ihren Verkauf tätigen.

Dies wird erreicht, indem Sie ihm einfach zustimmen und immer wieder und wieder betonen, wie klug er ist. Wenn Sie das also tun, wo genau kommt dann die Schützenhilfe ins Spiel? Die Schützenhilfe legt das Fundament, wiegt ihn in einer falschen Sicherheit, bis es zu spät ist und er unterschrieben hat.

Bei der anfänglichen Konversation sehen Sie sich an, womit Sie es zu tun haben. Verlieren Sie *nicht* die Geduld oder ärgern sich zu sehr über ihn, und beleidigen Sie ihn nicht. Genau das *will* er ja.

Wenn er Ihnen sagt, daß Ihr Produkt, Ihre Dienstleistung, Ihre Versicherung oder was auch immer minderwertig sei, zu teuer oder nicht das Richtige für ihn, lassen Sie ihn in dem Glauben, *er würde Sie von seiner Meinung und seinen Vorstellungen überzeugen*.

Wenn er ausgeredet hat und ihm langsam die Luft ausgeht, entschuldigen Sie sich, und sagen Sie ihm, daß Sie gleich zurück sind. Wenn Sie so tun können, als wären Sie ein bißchen aufgeregt und verwirrt, umso besser. Wenn ich diese Art Schützenhilfe verwende, sage ich dem Mann meistens: „Sie haben wahrscheinlich recht, mein Herr. Ich bin noch nicht so lange in diesem Verkaufsgeschäft, und ich muß sicher noch eine Menge lernen.

Und Sie wissen offensichtlich, wovon Sie sprechen. Sie sind nicht von gestern. Oh, Herr Meier, entschuldigen Sie mich einen Augenblick. Ich bin sofort wieder da." Dann gehen Sie. Sagen Sie ihm nicht, wohin Sie gehen oder warum Sie gehen. Er weiß es. Zumindest *glaubt* er es zu wissen.

„Junge, Junge, dem habe ich es aber gegeben", wird er denken. „Er wird schon sehen, mit wem er es zu tun hat. Wahrscheinlich holt er jetzt den Chef. Nun, aus dem werde ich auch Kleinholz machen. Die legen mich nicht aufs Kreuz. Jede Wette, daß ich das beste Geschäft meines Lebens abschließe, wenn ich so weitermache. Mit diesen Verkäufern muß man hart umspringen, die müssen wissen, daß sie einen nicht ins Bockshorn jagen können."

Erkennen Sie das Schema? Durch seine aufgesetzte Prahlerei wird er genau in das Bockshorn gejagt, von dem er so heftig *wegzukommen* sucht, sobald Sie mit dem Partner, der Ihnen Schützenhilfe geben wird, zurückkommen und ihn vorstellen.

Sie stellen ihn nicht als den Chef oder Verkaufsleiter vor, es sei denn, er ist tatsächlich der Verkaufsleiter. Ein anderer Verkäufer tut es auch, denn ihr Kunde hat *sich selbst davon überzeugt,* daß er Sie so stark erschüttert hat, daß Sie Verstärkung von höherer Stelle brauchen. Lassen Sie ihn *genau in diesem Glauben,* egal, ob Sie das nun getan haben oder ob der Mann, den Sie hereinbringen, sogar neuer ist als Sie.

Instruieren Sie den Mann kurz, den Sie sich als Schützenhilfe holen, auf dem Weg zurück. Sagen Sie ihm, daß Sie da einen Naseweis haben, und er wird schon wissen, wie er mit ihm umzugehen hat.

„Herr Meier, ich bin Bernd Peterson. Les sagte mir, daß Sie sich auskennen, was das Kaufen (von Traktoren, Investmentfonds oder Aluminium) betrifft.

Um die Wahrheit zu sagen, Herr Meier, viele Leute glauben, daß man einer Person, die ihr Geschäft versteht, schlechter etwas verkaufen kann, aber das stimmt gar nicht, nicht wahr?

Sie und ich, wir wissen, worum es geht und wissen auch, daß einer intelligenten Person, die merkt, was vor sich geht, leichter etwas verkauft werden kann als dem Typen, der wirklich nicht weiß, was er will, oder wie er vorgehen soll, um es zu bekommen.

Das stimmt allerdings nur, wenn man ein gutes Produkt oder eine gute Dienstleistung zu verkaufen hat. Was man nicht schaffen kann, ist, Sie auf den Arm zu nehmen, nicht wahr, Herr Meier?

Nun, wie ich die Sache sehe, brauchen Sie diesen ... und wenn wir ihn auf den ... setzen und ihn uns so anschauen... Sehen Sie das nicht auch so, Herr Meier, oder haben Sie einen besseren Vorschlag?

Bitte, sagen Sie ruhig, was Sie denken. Sie wissen offensichtlich genauso viel über die Sache wie ich – oder sogar noch mehr. Les, während Herr Meier und ich alles noch einmal durchgehen, um sicherzustellen, daß es wirklich das Richtige für ihn ist, wie wär's, wenn du uns rasch einen Kaffee besorgen würdest. Wie wäre es mit einer Tasse Kaffee, Herr Meier?"

So können Sie sichergehen, daß er ganz auf Ihrer Seite ist: wenn man richtig mit ihm umgeht, wird dieser Bursche darum *kämpfen*, für den Kaffee zu bezahlen!

Lassen Sie sich also von dem „Schlaumeier-Typ" nicht übers Ohr hauen. Gehen Sie auf ihn ein, schmeicheln Sie ihm, stimmen Sie mit ihm überein, und verdienen Sie sich dann die Provision für diesen Abschluß.

Sie werden auch feststellen – und ich bin sicher, Sie haben das schon beobachtet –, daß er eine ganz andere Person sein wird, sobald der Verkauf abgeschlossen ist. Er hat, *genau wie Sie*, die ganze Zeit geschauspielert.

Diese Beispiele über die Schützenhilfe sind nur fünf von vielen Vorgehensweisen. Sie können natürlich auch Ihre eigenen entwickeln und perfektionieren; der Punkt, der dabei zu beachten ist, besteht darin, daß *ein prägnanter, detaillierter Plan ein Muß ist*.

Egal, woher der Plan kommt oder wer ihn sich ausgedacht hat, folgen Sie ihm buchstabengetreu, sobald er sich als erfolgreich erwiesen hat, und Sie werden feststellen, wie Sie immer schneller und leichter zu Ihren Abschlüssen kommen.

Wie einst ein großer Autor mit etwas anderen Worten zum Ausdruck brachte: „Der Plan ist das Entscheidende." (Shakespeare)

4
Verkaufsabschluß mit Doppelteam: Der Profi für den Verkaufsabschluß

Gehen lassen und verlieren

Gerd kam als Verkaufsleiter zu uns, und eine Woche, bevor er anfing, sagte mir der Vizepräsident und Geschäftsführer der Firma, er hoffe, er habe damit keinen Fehler begangen.

Wir hatten eine konservative, geruhsame Verkaufsagentur, und der Geschäftsführer begann zu fürchten, daß Gerd, ein lossprudelnder, agiler Verkäufer, da vielleicht nicht hineinpassen würde.

Er irrte sich. Gerd paßte sich unserer Verkaufsmethode an, und indem er – nur bei den Kunden – seine Persönlichkeit auf erstaunliche Weise veränderte, ging er ganz sanft mit ihnen um.

Die übrige Zeit war er der natürliche, dynamische, stets vernünftige Gerd, und innerhalb von drei Monaten profitierten seine Firma und sein Verkaufsstab sehr stark davon.

In seiner zweiten Woche fanden wir am Montagmorgen einen Schreibblock vor – mit Spalten und Überschriften für Kundennamen, Adressen, mit welchem Verkäufer er gesprochen hatte und warum er gekommen war.

Bei der Verkaufsbesprechung sagte uns Gerd, jeder solle über seine Besucher eine Liste führen mit einer Erklärung dafür, warum sie nicht mit jemand anderem gesprochen hätten, bevor sie wieder gegangen sind. Die meisten von uns waren über derartigen Kinderkram ziemlich verärgert.

Wenn sie nur Informationen wollten oder bereits Kunden waren, gut, aber wenn sie potentielle Kunden waren, dann sollten sie nicht gehen, ohne mit jemand anderem als dem einen Verkäufer gesprochen zu haben.

Als die Liste in der ersten Woche praktisch ignoriert worden war, schlug Gerd bei der nächsten Verkaufsbesprechung vor, daß jeder Verkäufer, der einen potentiellen Kunden ohne „doppelte Bearbeitung" (wie er es nannte) gehen ließ, 20 DM Strafe pro Person zahlen müsse.

Seit dem Zeitpunkt, wo wir sein Büro an diesem Montagmorgen verlassen hatten, bis zum Geschäftsschluß am Samstag um 13 Uhr hatten wir so viel verkauft wie im ganzen letzten *Monat*.

In den zwei Jahren, in denen Gerd bei uns war, lernten wir eine ganze Menge; die wichtigste und wertvollste Lektion war die Bedeutung des Doppelteams.

Was ist ein Doppelteam?

Wie läßt sich der Doppelteam-Abschluß mit dem Abschluß mit Schützenhilfe vergleichen, der im letzten Kapitel behandelt wurde?

Es ist so ziemlich dasselbe, mit einer großen Ausnahme: der Abschluß mit Schützenhilfe ist meistens eine spontane Entscheidung, um bei einem schwierigen Abschluß Hilfe zu bekommen.

Bei dem Doppelteam handelt es sich um eine im voraus geplante Verkaufsabschlußmethode, bei der man den Abschluß mit zwei Verkäufern *beginnt*, manchmal, weil man Schwierigkeiten erwartet, da man z.B. mit dem Gebiet nicht vertraut ist, manchmal einfach, weil die Firmenrichtlinien dies verlangen.

Das Endresultat eines effektiven Doppelteams ist das gleiche wie die einer gut durchgeführten Schützenhilfe: der Kunde, der den konzentrierten Bemühungen zweier Verkäufer ausgesetzt ist, gibt schneller und leichter nach als nur bei einer Person. Vier Augen sehen nun mal mehr als zwei!

„Camel, bitte!"

Ich beobachtete ein ausgezeichnetes Beispiel für das Doppelteam in Aktion in einem Schreibwarengeschäft.

Mein Verkaufsleiter und ich besuchten ein Seminar des großen, begeisternden Autors und Verkaufsberaters Napoleon Hill.

Als wir den Vortragsraum verließen und zum Hotel zurückgehen wollten, stellte Jochen fest, daß er keine Zigaretten mehr hatte, und wir gingen in das Schreibwarengeschäft an der nächsten Ecke.

Hinter der Theke, wo es Tabak gab, stand eine Dame mittleren Alters und fragte uns, was wir wünschten. Ein junger Mann stand neben ihr.

„Camel Filter, bitte."

Die Frau drehte sich zu dem jungen Mann um und sagte: „Camel Filter." Er nahm eine *Stange* Camel Filter aus dem Regal und legte sie auf die Theke.

„Oh, ich wollte nur... nun, egal. Haben Sie auch Streichhölzer?"

„Streichhölzer", sagte sie wieder über die Schulter zu dem Jungen. „Mein Herr, wir haben ein Angebot in dieser Woche. Wenn Sie einen Augenblick Zeit haben, möchte ich es Ihnen gerne zeigen." Die Frau trat zur Seite, der junge Bursche griff unter die Theke und holte das „Angebot" hervor, ein Feuerzeug mit zwei supergroßen Gasbehältern und einer Schachtel Feuersteine, die an Schachtel geklebt war.

„Das ist das Feuerzeug, mein Herr, garantiert ewig haltbar, mit Gas und Feuersteinen für ein Jahr, alles zusammen zum Sonderpreis.

Das Feuerzeug ist übrigens bereits gefüllt, und der Feuerstein ist auch drin, Sie brauchen es also nur aus der Schachtel herausnehmen", sagte die Frau.

Als wir den Laden verließen, hatte Jochen fast vierzig Mark ausgegeben. Wir lachten die ganze Zeit auf dem Weg zurück zum Hotel darüber, wie er hier einem Doppelteam zum Opfer gefallen war. Wir fragten uns, ob ihnen wohl der Laden gehörte oder ob sie bloß auf Provision arbeiteten.

Er hatte eigentlich nur Zigaretten für vier Mark die Packung kaufen wollen und hatte zehnmal soviel ausgegeben, als er den Laden endlich verließ.

Das war nicht zufällig geschehen. Diese zwei stellten ein *wohl durchdachtes*, glatt ablaufendes *Doppelteam* dar, wodurch sie ihre Umsätze sicher *ins Unermeßliche steigerten*.

Im Gegensatz zur Methode der Schützenhilfe (die beiden tätigen wahrscheinlich nur selten Verkäufe, die die Zeit, die sie für eine

Schützenhilfe aufwenden müßten, rechtfertigen würde) waren sie in ihrem Vorgehen wahrscheinlich schon so geübt, daß sie ein effektives Doppelteam bildeten.

Und wenn ich mich nicht sehr täusche, so erfuhren alle Kunden vor und nach uns die gleiche Behandlung. Die Frau und der junge Mann arbeiteten offensichtlich auf der Grundlage, daß man niemals etwas verkaufen kann, das man zuvor nicht zur Sprache gebracht hat.

Und sie fügten dem einfach hinzu: Vier Augen sehen mehr als zwei.

An dieser Stelle wird deutlich, daß sie ein Doppelteam bilden sollten, wo immer es möglich ist.

Mit wem?

Die nächste Frage wird sein: „Ja, aber *mit wem* könnte ich ein Doppelteam bilden? Wer ist am besten geeignet dafür, und wodurch ist er am besten geeignet? Die Rolle und Identität Ihres Partners ist sehr wichtig und verdient besondere Beachtung, wenn Ihre Bemühung, ein Doppelteam zu bilden, Früchte tragen soll.

Es gibt einige allgemeine Regeln darüber, was man tun und lassen sollte, die beim Bilden eines Doppel-Teams zu befolgen sind und die den Regeln für die Schützenhilfe sehr nahe kommen.

Bilden Sie *nie* ein Doppelteam mit einer Person, die *Sie nicht leiden können* oder in deren Gegenwart Sie sich nicht wohl fühlen! Eine gute Faustregel wäre hier, den Burschen zu nehmen, mit dem Sie einen Kaffee trinken gehen oder zum Essen gehen würden.

Wählen Sie *nie* jemanden, *zu dem Sie kein Vertrauen haben*, egal wie gut Sie mit ihm zurechtkommen. Wenn er beim Abschließen von Geschäften nicht gut ist, dann kann er Ihnen nicht helfen.

Stellen Sie *immer sicher*, daß Ihr Partner die Situation kennt, daß er *alles über den potentiellen Kunden weiß*, was Sie auch wissen, so daß er mit Ihnen ein wirkungsvolles Team bilden kann und seine Unterhaltung nicht mit einem falschen Kommentar eröffnet.

Stimmen Sie Ihren Partner immer auf den potentiellen Kunden ab. Nehmen Sie also nicht einen Jäger als Partner im Doppelteam für einen Kunden, der aktiv im Verein für die Erhaltung der Tierwelt oder ein aktives Mitglied im Tierschutzverein ist.

Wenn Sie diese Grundregeln anwenden, werden Sie feststellen, daß der Partner für das Doppelteam genauso wie der Partner für die Schützenhilfe wechseln kann, doch daß Sie – falls nötig – auch bei *einem Partner* bleiben können, vorausgesetzt, Sie passen zueinander, und Sie *informieren ihn vollständig* vor dem Kontakt.

Die Erfahrung zeigt, daß es am besten ist, das Doppelteam flexibel zu halten; das heißt, nehmen Sie den Partner, der für den Kunden und die Situation in dem Augenblick am besten geeignet ist.

Sie werden feststellen, daß zwei oder drei Abschlußtermine mit jedem der Typen, die es in einer Verkaufsorganisation gibt, beide Seiten für eine reibungslose und wirkungsvolle Zusammenarbeit vorbereiten wird.

Ein Verkäufer

In vielen Fällen ist die am besten geeignete Person für ein Doppelteam ein anderer Verkäufer. Nicht nur, weil er leichter verfügbar ist und gerne beim Abschluß helfen wird, sondern weil er es jeden Tag macht.

Der Verkaufsleiter hat andere Verpflichtungen und ist vielleicht nicht erreichbar, wenn er gebraucht wird. Er macht auch nicht jeden Tag Abschlüsse, wie es der aktive Verkäufer tut, wodurch der Verkaufsleiter einen Vorteil verliert.

Wenn Sie sich Schützenhilfe von einem anderen Verkäufer holen, legen Sie Betonung darauf, wo sie hingehört. Betonen Sie nicht ständig die Autorität, die der andere Verkäufer normalerweise gar nicht hat. Erwähnen Sie nicht ununterbrochen, daß er um vieles besser im Verkaufen ist, denn der Kunde will keinen Verkäufer mit hohen Abschlußquoten, von dem er überrumpelt wird.

Betonen Sie einfach die Tatsache, daß ihr Kollege vor ein paar Tagen ein ähnliches Problem in einer Verkaufssituation gehabt hat, das er innerhalb kürzester Zeit ohne Schwierigkeiten gelöst hat.

Betonen Sie, daß er schon lange dabei ist und besser informiert ist als alle anderen Verkäufer. Halten Sie das alles so allgemein wie möglich, und heben Sie die Möglichkeiten für den Kunden, einen guten Kauf zu tätigen, hervor.

Den Kunden mit Hilfe des Doppelteams in die Zange nehmen

So wie der Fußballtrainer der Abwehr und dem Tormann seine Mannschaft sagt, sie sollen den gegnerischen Stürmer aufs Korn nehmen, sobald er aufs Tor zumaschiert, so bearbeiten die beiden Verkäufer den Kunden im Doppelteam und jagen ihm den Ball ab, indem sie ihn in die Zange nehmen.

Sie sollten sich dabei vollkommen auf die Zusammenarbeit konzentrieren. Der Verkäufer könnte beginnen und den Kunden in eine bestimmte Richtung führen und so dem Partner Gelegenheit geben, ein Gefühl für die Situation und das Problem zu bekommen.

Die Partner sollten sich gegenseitig *niemals unterbrechen*, sondern auf ein Zeichen des anderen warten, welches zeigt, daß er nun an der Reihe ist. Wenn das Gespräch aber ins Stocken kommt, sollte er das Heft sofort in die Hand nehmen.

Auf diese Art und Weise bekommt der Kunde keine Gelegenheit, seine Rechtfertigungen zu wiederholen, weil er zu sehr damit beschäftigt ist, dem Redeschwall zuzuhören, der zunächst von der einen und dann von der anderen Seite auf ihn niederprasselt.

Getrennt marschieren, vereint zuschlagen

Ich erinnere mich an zwei Burschen, die mit Immobilien höherer Preiskategorien handelten.

Sie arbeiteten selten getrennt, erledigten Hausverkäufe meistens zusammen, und sie hatten eine fast idiotensichere Abschlußmethode, die so einfach wie verläßlich war.

Ihre Doppelteam-Verfahrensweise ließ sich vergleichen mit dem alten militärischen Prinzip von „getrennt marschieren, vereint zuschlagen".

Sobald sie ein Haus besichtigten, zeigten sie dem Ehepaar die wichtigsten Sachen wie Schlafzimmer, Bad, etc. zusammen, weil dies Dinge waren, an denen beide interessiert sind.

Da sie das Haus für die Ehepartner auch unter Berücksichtigung ihrer individuellen Interessen ausgewählt hatten, gab es selbstverständlich auch Punkte, die für jeden *getrennt* ausschlaggebend im waren.

Wenn der richtige Augenblick gekommen war, würde man plötzlich auf das Arbeitszimmer zu sprechen kommen. Durchaus nicht zufällig ist der Ehemann in solchen Fällen ein Professor oder Schriftsteller, der sich gerne einmal zurückzieht oder eine Vorliebe für eine sortierte Bibliothek hegt.

Während nun der eine des Teams dem Ehemann das Arbeitszimmer schmackhaft macht, zeigt der andere der Ehefrau die Küche, in der Platz ist für einen bequemen Sessel und einen Fernseher, so daß sie sich auch mal ausruhen kann, während die Waschmaschine oder der Wäschetrockner läuft.

Ob es nun um einen Grillplatz im Garten für den Hobbykoch oder den Swimming Pool für den Sportfan geht, diese beiden Verkäufer hatten herausgefunden, daß „getrennt marschieren, vereint zuschlagen" auch für den Verkauf von Häusern gilt.

Sobald das Ehepaar die Einrichtungen für ihren persönlichen Komfort und ihre Bequemlichkeit gesehen hat, können sie viel leichter mit dem Preis und den Abzahlungen konfrontiert werden.

Das Obige ist ein perfektes Beispiel für den zusätzlichen Vorteil, den man aus einem Doppelteam ziehen kann, besonders wenn beide mit dem Ziel, eine *reibungslose Partnerschaft* zu gewährleisten, zusammenarbeiten.

Ein Doppelteam mit dem Verkaufsleiter bilden

Ein ausgezeichnetes Beispiel für den Abschluß durch ein Doppelteam erfolgte vor einigen Jahren mit großartigem Erfolg an meiner Frau und mir, als wir bereits mit unserer eigenen Firma im Verkauf tätig waren.

Eigentlich war es meine Idee, und so betraf es eher meine Frau als mich.

Ich war im richtigen Alter für einen potentiellen Versicherungskunden. Ich war noch jung, hatte eine Frau und vier Kinder, alle unter zehn, und ich verdiente sehr gut.

Jens rief mich eines Tages an und sagte, er wolle mich an diesem Nachmittag besuchen. Ich willigte ein, denn ich hatte ohnehin in den vergangenen Monaten immer wieder an eine weitere Absicherung gedacht.

Er kam bei mir im Büro vorbei und präsentierte mir einen vollständigen Versicherungsplan, der alle meine Bedürfnisse für die nächsten zwanzig Jahre hinsichtlich Ausbildung der Kinder, einem angemessenen Einkommen für die Familie im Falle meines Todes und eine schöne Rente für mich im Alter deckte.

Ich sagte Jens, er müsse nicht mir etwas verkaufen, meine Frau sei diejenige, die den Plan angreifen würde. Sie hatte eine gute Stelle im öffentlichen Dienst, und sie, die Kinder und ich waren alle bei bester Gesundheit; wahrscheinlich wäre sie mit der zusätzlichen finanziellen Belastung nicht einverstanden. Ich wußte das genau, denn jedes Mal, wenn ich etwas derartiges vorgeschlagen hatte, gab es Streit und meine Frau vertrat den Standpunkt, daß ich nicht alle Zahlungen übernehmen sollte, falls sie aus irgendeinem Grund einmal zu arbeiten aufhören sollte.

Jens schlug vor, abends bei mir zu Hause vorbeizukommen und seinen Geschäftsführer mitzubringen, ein Typ, der – wie er sagte – ein sehr überzeugender Verkäufer sei, der „sich gut mit den Frauen versteht".

Wir versuchten alle drei zwei Stunden lang, meine Frau zu überzeugen, doch sie blieb bei ihrem Standpunkt. Ich erinnerte sie daran, daß wir über meine Möglichkeiten sprachen, eines Tages in Pension zu gehen, daß wir dies den Kindern schuldig seien; kurzum, wir brachten eine vernünftige und logische Argumentation vor, die einen Stein hätte zum Erweichen bringen müssen. Aber nicht sie. Sie sah einfach nicht die Möglichkeit, daß ich sterben könnte oder sie vielleicht für immer zu arbeiten aufhören müßte.

Als sie sich entschuldigte, um in der Küche Kaffee zu kochen, wartete der Chef von Jens ein paar Minuten und gab mir dann zu verstehen, daß er ihr folgen wolle, um alleine mit ihr zu reden. Ich ließ ihn gehen. Es dauerte zehn Minuten, und als sie herauskamen – er trug das Tablett mit dem Kaffee, und sie folgte ihm mit einem Teller Plätzchen –, sagte meine Frau: „Les, bist du sicher, daß du diese Belastung auf dich nehmen willst, selbst wenn ich aufhören müßte zu arbeiten?"

Ich versicherte ihr, daß ich dies für uns alle wollte. Der Geschäftsführer und sie steckten etwa zehn Minuten lang ihre Köpfe zusammen, während Jens und ich mit hochgezogenen Augenbrauen dasaßen und uns fragten, wie er das in so kurzer Zeit geschafft hatte, wo wir zu dritt nicht in der Lage gewesen waren, es in zwei Stunden zu schaffen.

Der Geschäftsführer erzählte es mir am nächsten Tag am Telefon, als er mich anrief, um einen Termin für eine ärztliche Untersuchung zu vereinbaren.

„Ich hatte das Gefühl, daß sie sich nicht wohl fühlte, als wir alle drei gleichzeitig auf sie einredeten; so, als ob sie sich die Sache nicht richtig anschauen konnte oder wollte, bevor sie nicht die Gelegenheit dazu gehabt hat, es für sich in ihrer gewohnten Umgebung zu überdenken.

Ihre Küche ist ihr Reich, und so habe ich mir gedacht, das sei der beste Platz, wo ich mit ihr darüber sprechen könnte, dort, wo sie sich die ernsthaftesten Gedanken macht, während sie spült oder kocht.

Und während ich ihr dann geholfen habe, die Tassen aus dem Schrank zu holen und den Kaffee zu machen, habe ich ihr von einem Freund erzählt, ein Mann etwa in deinem Alter, der in etwa den gleichen Umständen lebte und der vor einem Monat bei einem Autounfall ums Leben gekommen ist. Seine Frau hatte eine Rückenkrankheit und mußte aufhören zu arbeiten; sie konnte nicht einmal ihr zweijähriges Kind hochheben.

Ich erzählte ihr, daß ich die Witwe ein paar Tage nach dem Tode ihres Mannes besucht hatte und sie sich nun fragte, wie es mit ihr und den Kindern weitergehen solle.

Es war eine sensationelle Überraschung, ja fast Freude, als ich ihr einen Scheck über fast 300 000 Mark auf den Tisch legen konnte. Nun wußte sie, wie es weitergehen soll und daß sie und die Kinder sehr gut von der Versicherung würden leben können, ohne das Kapital antasten zu müssen."

Wenn man das hört, könnte man vermuten, daß dies überhaupt nichts mit einem Doppelteam zu tun hat und daß er den Abschluß hätte alleine machen können; aber das wäre falsch.

Er machte den Abschluß, *weil Jens da war*, der mich draußen hielt, *während er mit meiner Frau alleine sprach*. Wenn der andere nicht dagewesen wäre, wäre ich wahrscheinlich auch in die Küche spaziert, und wir hätten wieder zu viel Druck auf meine Frau ausgeübt. Kein Abschluß, bevor sie nicht die Möglichkeit gehabt hatte – wie er sagte – in *ihrer eigenen, vertrauten Umgebung* darüber nachzudenken.

Der Profi beim Verkaufsabschluß

Anstatt sich auf ein sporadisches Doppelteam zu verlassen, das entweder Glück oder Pech hat, gibt es bei vielen großen Verkaufsorganisationen Profis für Verkaufsabschlüsse, die mit dem Doppelteam erzielt werden.

Diese Männer sind ständig in Bereitschaft, und ihre einzige Aufgabe ist es, einen Abschluß zu tätigen, obwohl sie in manchen kleineren Firmen auch einfach nur normale Verkäufer sind, die eine Extrabezahlung bekommen, wenn sie speziell beim Abschluß in Aktion treten.

Es sind auf jeden Fall immer Männer mit *erwiesener* Fähigkeit, Männer, die besondere Fertigkeiten beim Tätigen von schwierigen Verkaufsabschlüssen bewiesen haben. Der Verkäufer ist gut beraten, sich deren Unterstützung zu holen, *wann immer er das Gefühl hat, daß es von Nutzen sein könnte.*

Der richtige Profi ist *auf den Abschluß hin orientiert.* Er muß sich nicht mit Quoten (außer wenn es um Gesamtabschlüsse geht), Kundensuche, Aufrechterhalten von Umsätzen oder nachfassende Tätigkeit bei potentiellen Kunden befassen.

Seine einzige Aufgabe bestehen darin, zusammen mit dem Verkäufer auf den Abschluß hinzuarbeiten, wobei ihn nichts anderes beschäftigen oder seine Zeit in Anspruch nehmen sollte, außer dem Abschluß und der besten und effektivsten Methode, diesen zu erreichen.

Folgen – nicht führen

Wenn Sie mit jemandem ein Doppelteam bilden, der ein Profi für Verkaufsabschlüsse ist, so *folgen Sie ihm, ohne zu versuchen, ihn zu führen.*

Bevor Sie mit dem potentiellen Kunden zusammenkommen, sollten Sie ihren Partner darauf vorbereitet haben, was ihn an Einwänden erwartet und um was für einen Kunden es geht. Sie sollten ihm einige kurze Hintergrundinformationen über den Kunden gegeben haben, so daß er in der Lage sein wird, seine Talente so wirksam wie möglich einzusetzen.

Derjenige, der sein Geschäft versteht und seine Leute kennt, wird den Verkäufer dazu benutzen, seine Ziele zu erreichen oder einem Beispiel Nachdruck zu verleihen. Er wird wissen, wie er es anstellen muß, um Sie das Heft in die Hand nehmen zu lassen, seine Argumente zu bekräftigen und sich dann wieder zurückzuziehen. Aber Sie müssen auch in der Lage sein, den Punkt zu erkennen, an dem Sie übernehmen sollen und wann Sie sich wieder zurückziehen sollen, um ihm wieder die Unterhaltung zu überlassen.

Er ist ihr Mitspieler! Wenn er Ihnen den Ball zuspielt, übernehmen Sie ihn, aber spielen Sie ihn sobald wie möglich wieder zurück zu ihm. Wenn Sie beide versuchen, die Unterhaltung zu lenken, so wird Ihr potentieller Kunde hierhin und dorthin gezogen, aber es wird nie zu einem Abschluß kommen.

Wie man eine Doppelteam-Aktion zunichte machen kann

Nehmen wir an, Richard, der Profi in Verkaufsabschlüssen, und Max, der Verkäufer, bilden ein Doppelteam. Sie versuchen, Herrn Sanders ein Stück Land für den Bau einer Fabrik zu verkaufen. Das Gelände befindet sich in einem relativ neuen Industriegebiet, und drei oder vier Firmen sind bereits dort angesiedelt.

„Herr Sanders, die Vereinigten Papierfabriken werden Ihre Nachbarn sein. Sie sind seit sechs Monaten dort und sind sehr froh über ihren Standort dort..."

Max unterbricht ihn: „Jawohl, das sind sie, obwohl wir einigen Ärger damit hatten. Das mit der Wasserversorgung klappte nicht, aber sie hatten einen festen Vertrag, demzufolge sie anfangen mußten. Wir waren Tag und Nacht damit beschäftigt, diese blöden Kerle von der Wasserversorgungsbehörde..."

„Oh ja, Herr Sanders. Die werden wirklich gute Nachbarn sein. Sie arbeiten auf einem verwandten Gebiet. Sie sagten doch, Sie stellen Papierwischtücher für die Industrie her, nicht wahr? Sie beide können sicher bei Materialversorgung und vielen Dingen zusammenarbeiten. Der Einkaufsleiter bei den Vereinigten Papierfabriken ist ein großartiger Bursche. Er..."

„Oh ja, das ist er. Als ich mit ihm den Abschluß machen wollte, sind wir vier oder fünf Mal Essen gegangen, und er hat es nie zugelassen, daß ich die Rechnung bezahle. Wir sind inzwischen richtig gute Freunde geworden. Letztes Wochenende sind wir Angeln gegangen..."

Können Sie erkennen, welche Richtung diese Unterhaltung einschlägt? Max *läßt die Unterhaltung nicht nur so dahintreiben*, er verfehlt Sinn und Zweck sogar ganz. Wenn er ruhig wäre und Richard erlauben würde, die Sache in die Hand zu nehmen, was ja der eigentliche Grund für seine Anwesenheit ist, hätte Richard eine weitaus bessere Chance, ihm dabei zu helfen, Herrn Sanders Unterschrift auf den Kaufvertrag zu bekommen.

So wäre es besser: „Herr Sanders, die Vereinigten Papierfabriken werden Ihre Nachbarn sein etc. etc. etc. Sie sind wirklich froh darüber, sich dort angesiedelt zu haben. Einer Ihrer wichtigsten Leute ist Max' Partner beim Fischen geworden, nicht wahr, Max?"

„Jawohl. Er heißt Georg Meyer. Er ist der Einkaufsleiter. Sie könnten sich sicher im Falle von Lieferschwierigkeiten aushelfen, da Sie ja in verwandten Geschäftsbereichen tätig sind. Sie werden Georg bestimmt ebenfalls mögen."

„Da bin ich ganz sicher. Nun, Herr Sanders, lassen Sie sich von Max über die Strecke informieren, die die Bundesbahn demnächst in dieses Gelände verlegen will."

„Ich habe heute mit den Verantwortlichen gespochen, und sie rechnen damit, daß etc., etc., etc."

In diesem Fall übernimmt Richard das Zuspielen des Balles, Max nimmt ihn auf und wirft Richard den Konversationsball zurück, sobald er das, was Richard erwähnte, beantwortet hat.

Doppelteam mit jedermann

In einer Automobilvertretung arbeitete ich mit einem Burschen zusammen, der buchstäblich *mit jedem* ein Doppelteam bildete. Mit seinen Kunden, den Mädchen im Büro, dem Kaufmann um die Ecke, dem Polizisten, einfach mit jedem. Und so machte er das:

Wenn er einen potentiellen Kunden hatte, kombinierte er die Probefahrt damit, sich einen Partner für ein Doppelteam zu holen. Manchmal bereitete er es im voraus vor, und manchmal geschah es aus einer augenblicklichen Eingebung heraus.

Wenn er seinen potentiellen Kunden, dessen Frau und Kinder mit zu einem Hamburger-Stand nahm, wo man mit dem Wagen vorfahren konnte und direkt am Wagen serviert bekommt, kam die Bedienung her und sagte: „Guten Tag, Herr Keller. Der Wagen ist wirklich toll, den Sie mir verkauft haben. Und er verbraucht so wenig Benzin. Glauben Sie mir, das ist wichtig, wenn man so wenig Geld verdient wie ich. Was möchten Sie?" Das brachte mehr als zwei Stunden Verkaufsgespräch.

Natürlich gab er, wenn er das nächste Mal dort wieder einen Kaffee trank, ein großzügiges Trinkgeld, doch diese Art Hilfe war mindestens doppelt so viel wert.

Manchmal verabredete er ein Treffen mit einem Karosseriebauer und sagte seinem Kunden beiläufig: „Wenn Sie nicht gerade in großer Eile sind, ich möchte kurz bei dem Karosseriebauer vorbeigehen." Wenn der Karosseriebauer dann kam, stellte er ihm den potentiellen Kunden vor und sagte zu ihm: „Axel, wie sieht's aus mit dem Wagen von Herrn Löw? Ist er fertig? Ich hab' ihm den Wagen um vier Uhr versprochen, wie du weißt."

„Ja, ich weiß. Ich werd' dich auch nicht in Schwierigkeiten bringen. Mensch, wenn ich mir mal einen von diesen neuen Wagen leisten kann, die du verkaufst, dann werd' ich ihn auf jeden Fall von *dir* kaufen. Mit den Wagen *deiner Kunden* läßt du niemanden Blödsinn machen. Ja, er ist in ein paar Minuten fertig, okay, du Leuteschinder?"

Der Kaufmann um die Ecke begrüßt ihn einfach mit: „... von dir kaufe ich am liebsten", und der Polizist auf seinem Rundgang sagt: „Der Gebrauchtwagen, den Sie mir für meine Tochter verkauft haben, läuft gut, Herr Keller. Ich weiß ihn auch zu schätzen. Wir hätten uns keinen schlechten Wagen erlauben können, wo sie ins College geht und so weiter. Mit meinem Gehalt sowieso nicht."

Doppelteam überall. Kein großer, lange vorbereiteter Plan, aber dennoch ist das die Doppelteam-Methode. Man verwendet *die Äußerungen* einer anderen Person oder anderer Personen *als Hilfe für den Abschluß*.

Um das Ganze zusammenzufassen: *Planen Sie* die Verwendung des *Doppelteams*. Wenn es um ein Treffen mit Ihnen, Ihrem Partner und dem Kunden geht, stellen Sie sicher, daß die Person, die speziell auf den Abschluß hinarbeiten soll, *die Tatsachen kennt*, die Probleme kennt und kurz über den Typ von Person unterrichtet wurde, mit dem sie konfrontiert werden wird.

Lassen Sie ihn die Unterhaltung führen! Sie folgen und ergreifen das Wort nur dann, wenn es *unbedingt erforderlich wird*. So kann ihr Partner seinen Angriff reibungslos durchführen, ohne unnötige Abweichungen von dem Ziel – dem Abschluß.

Verwenden Sie die Doppelteam-Methode jederzeit. Sprechen Sie mit dem Inhaber Ihrer Stammkneipe, der Sekretärin, Ihren anderen Kunden oder jeder anderen beliebigen Person, die Ihnen mit einem oder zwei Sätzen zusätzliche Verstärkung geben kann. Sie werden überrascht sein, wie wirkungsvoll dies sein kann.

5
Der Abschluß durch einfühlsames Erzählen: Wie Sie mit einer Geschichte den großen Erfolg erzielen

Werbung allein führt nicht unbedingt zum Verkauf des Produktes

Mit den Werbespots im Fernsehen, wo sich hübsche Mädchen in Bikinis an einen Porsche anlehnen und mit ihren makellos manikürten Fingernägeln liebevoll über den Kotflügel streichen, lassen sich keine Autos verkaufen.

Wenn in der Werbung zwei Autos gezeigt werden, die zusammenstoßen, und die Versicherung die Ansprüche des einen umgehend reguliert, während der Kunde der anderen Versicherung monatelang auf seine Zahlung warten muß, dann lassen sich damit keine Versicherungen verkaufen. Die Werbung *schafft Interesse an der Firma*, in der Hoffnung, daß jemand, der gerade zuschaut, eine Versicherung braucht oder dazu verlockt wird, die Versicherung zu wechseln, vielleicht wegen nicht zufriedenstellendem Service in der Vergangenheit.

Die Vertreter der Herstellungsfirmen werden Ihnen sagen, daß mit der Werbung *Interesse geschaffen* wird, das den Zuschauer bei der Überlegung unterstützt„ ob er den Porsche kaufen soll, aber es lassen sich keine Autos damit *verkaufen*.

Das ist richtig. Wenn mit Hilfe der Werbung allein Autos verkauft werden könnten, wäre ein umfangreiches Händlernetz mit durchdachten Ausstellungsräumen und sorgfältig geplanten Verkaufsbüros gar nicht mehr erforderlich. Man bräuchte dann nur ein Mädchen, das an einem Schreibtisch sitzt und Aufträge entgegennimmt, sowie eine Halle auf der Rückseite des Gebäudes, wo die Wagen ausgeliefert werden, sobald die Kunden ihre Wahl getroffen haben.

Es gäbe dann noch viele andere Dinge, die sich der Händler sparen könnte, einschließlich Ihrer Person Er würde Sie und Ihre Verkäuferkollegen nicht brauchen, wenn die Werbung den Verkauf für ihn übernähme.

Die Werbung beseitigt also nicht den Bedarf an Verkäufern, sondern schafft ihn vielmehr. Wenn der Zuschauer sich nun überlegt, eine Versicherung abzuschließen oder die Versicherung zu wechseln, dann bekommt ein Verkäufer damit einen potentiellen Kunden.

Erzählen Sie eine Geschichte

Gleichermaßen läßt sich sagen, daß der Verkäufer *nicht* unbedingt einen Verkaufsabschluß machen wird, wenn er einen potentiellen Kunden hat. Hier kommt die Verkaufskunst ins Spiel. Jetzt kann sich der Verkäufer also entweder eine Verkaufsprovision verdienen, oder er verliert das Geschäft an einen schlaueren, besser vorbereiteten Konkurrenten.

Wie haben Sie Ihre Arbeitsstelle, Ihre Frau oder die Beförderung erhalten, die Sie unbedingt haben wollten? Sie haben eine Geschichte erzählt; Sie haben *gezeigt*, daß Sie der Mann für Ihren Chef oder Ihre Frau sind; Sie haben in diesem Fall sich selbst *verkauft*.

Warum verfolgt ein Experte für Pferderennen, der neue Pferde für seinen Stall braucht, die wichtigsten Rennen? Warum schauen sich Profifußballer die aufgezeichneten Spiele ihrer Gegner an? Warum fragen potentielle Käufer nach einem Beweis für Ihre Behauptung, es sei das klügste, Ihr Produkt zu kaufen?

Für alle Fragen gilt die gleiche Antwort: der Rennstallbesitzer muß *Bescheid wissen*, bevor er kauft, die Fußballer müssen *Bescheid wissen*, wie sie gegen Ihre einzelnen Gegner spielen müssen, und die potentiellen Käufer müssen *Bescheid wissen*, daß Ihr Produkt das richtige Produkt für sie ist.

Manchmal brauchen Sie dem Kunden einfach nur zu sagen, daß Ihr Produkt das Beste ist. Manche Menschen sind sehr gutgläubig und glauben einfach alles. Sie gefallen ihnen einfach, oder die Farbe des Wagens, den Sie ihnen zeigen, gefällt ihnen; sie haben vielleicht schon von der Prämienhöhe oder der Versicherung, die Sie vertreten, gehört; das Haus, das Sie ihnen zeigen, hat vielleicht einen Kamin oder einen Grillplatz im Garten, der genau ihren Geschmack trifft. *Manchmal*.

Wie oft hat ein potentieller Kunde schon zu Ihnen gesagt: „Das war nicht das Richtige für mich, aber ich habe mich von dem Verkäufer dazu überreden lassen, es zu kaufen?" Oft genug.

Und wie oft haben die Kunden schon gesagt: „Das ist offensichtlich das Richtige für mich, der Preis ist auch in Ordnung, aber ich glaube, ich überlege es mir nochmal?" Oft genug.

Wie oft haben Sie schon einen Kunden gehen lassen mit der ängstlichen Verzögerungstaktik „bloß Aufschieben, so lange es noch möglich ist"? Wenn Sie ihn dann später wieder angesprochen haben, bekamen Sie zu hören: „Unmittelbar, nachdem ich bei Ihnen weggegangen bin, habe ich es woanders gekauft." Wenn Sie für jedes Mal, wo Ihnen so etwas passiert ist, eine Mark oder – noch besser – einen *Verkaufsabschluß* bekämen...

Wir wissen, daß man bei diesem Typ von Kunden nur sehr schwer einen Abschluß tätigen kann. Hier ist höchste Verkaufskunst erforderlich. Hier müssen Sie eine Extraanstrengung, ein *zusätzliche Argument* einführen, um den Abschluß *jetzt* zu machen, bevor die Konkurrenz ihn sich schnappt.

Da gibt es diejenigen Kunden, die eigentlich *wollen*, die wissen, daß sie *sollten*, aber die sich nicht so recht entscheiden können, es zu wagen. Für diese ist die Geschichte gedacht. Diese Kunden *flehen Sie geradezu an*, ihnen eine Geschichte zu erzählen. Sie *warten geradezu darauf*, eine Geschichte zu hören, die helfen soll, die Kaufentscheidung zu treffen, die für Sie beide so überaus wichtig ist.

Was machen Sie, der Verkäufer, also? Sie machen sich sein Interesse zunutze und reduzieren die Fernsehwerbung auf die Stufe des Persönlichen: „Ich unterhalte mich mit Ihnen." Sie *erzählen* ihm genau und in allen Einzelheiten etwas über das, was in der Fernsehwerbung nur angedeutet werden konnte. Sie geben ihm etwas, womit er sich *identifizieren* kann. Sie erzählen ihm über die Erfahrung eines Nachbarn mit Ihrem Produkt, über die Firma in seinem Viertel, die Ihre Lastwagen bereits benutzt, oder den Burschen, der hier in der Straße wohnt und der Ihnen einen Brief geschrieben hat, wie froh er über diese Versicherung ist, die er bei Ihnen abgeschlossen hat. *Helfen Sie dem Kunden* dabei, sich damit zu *identifizieren*, helfen Sie ihm, seinen Bedarf für Ihre Produkte *hier und jetzt* zu erkennen.

Erzählen Sie ihm eine Geschichte, und beobachten Sie, wie Sie damit gewinnen.

Angesichts der Entscheidung, ob man kaufen soll oder nicht, steht ein Mensch plötzlich ganz alleine da, erschreckt, verletzlich, geschüttelt von Unentschlossenheit. Dann kommen Sie daher und bieten Hilfe an, indem Sie ihm Geschichten von Menschen erzählen, die die gleiche Entscheidung zu treffen hatten, und Sie erzählen ihm, wie diese zur richtigen Entscheidung zu kommen.

Ob bewußt oder unbewußt, er wird für Ihre Hilfe dankbar sein. Er wird sich freuen über eine Geschichte, die ihm zeigt, wie jene Person eine Entscheidung getroffen hat, und er wird dankbar sein für den Beweis, daß es eine gute Entscheidung war.

Die Geschichte muß natürlich auf die Situation passen. Es kann etwas Aufregendes sein, einfach ein paar Aussagen über die Vorzüge des Produktes mit Beispielen, wie es von irgendeiner Firma oder einer anderen Person verwendet wird, oder sie kann auch die Form einer Demonstration oder eines Tests Ihres Produkts annehmen.

Die subtile Schauergeschichte

Karl rief mich eines Tages am späten Nachmittag an und bat mich, mit ihm noch etwas trinken zu gehen, bevor ich nach Hause ging. Er sagte, er habe da einen Problemkunden, bei dem er meine Hilfe benötigte. Ich verabredete mich mit ihm und seinem potentiellen Kunden in einem Lokal in der Innenstadt. Ich bat Karl, gegenüber dem Mann nichts über den Verkauf einer Versicherung zu erwähnen. Er hatte eine vollständige Akte über den Kunden, einen Geschäftsmann, angefertigt, einen Geschäftsmann, um die 200 000 DM für einen Auftrag in Aussicht und ungefähr nochmal soviel für die nächsten paar Jahre. Ich sagte ihm, er solle sich mit dem Kunden an der verabredeten Stelle treffen, und ich würde „zufällig" vorbeikommen. Sobald er mich sehen würde, solle er mich an ihren Tisch einladen, mich die Unterhaltung führen lassen und meine Stichworte aufgreifen.

Ich habe nie Versicherungen verkauft. Ich glaube daran, ich habe ziemlich viel davon, denn viele meiner Freunde verkaufen Versicherungen, doch ich habe das nie gemacht. Soviel jedoch weiß ich: der potentielle Kunde für eine Versicherung unterscheidet sich in nichts von irgendeiner anderen Person, die etwas kaufen will. Wenn er die richtige Geschichte zum richtigen Zeitpunkt mit dem richtigen Nachdruck – abgestimmt auf seine Bedürfnisse und Wünsche – zu hören bekommt, wird er anbeißen.

Ich kam ins Lokal und sah Karl und seinen Kunden bei einem Gläschen gemütlich plaudern. Auf dem Weg zum Treffen hatte ich mir eine Strategie zurechtgelegt, wie ich Karl, zum Abschluß des Geschäfts verhelfen konnte, möglichst hier und jetzt.

Er hatte seine „Hausaufgaben" gut gemacht und folglich einen guten Plan entwickelt. Der potentielle Kunde war jung, verheiratet und hatte drei Kinder. Er hatte eine gute Arbeitsstelle als leitender Angestellter in einer großen, florierenden Baufirma und seine Zukunft schien rosig auszusehen.

Was ebenfalls wichtig war, war die Tatsache, daß er Karls Firma durch einen Fragebogen kontaktiert hatte, der von der Hauptverwaltung aus verschickt worden war und mit dem Interesse nach weiteren Versicherungen zum Ausdruck gebracht werden konnte.

Er hatte also Interesse gezeigt, der Bedarf war da, und er war auch in der Lage zu kaufen; es war Karl bisher einfach nur noch nicht gelungen, ihn rumzukriegen. Der potentielle Kunde war unentschlossen zwischen der Versicherung von Karls Firma und der eines Konkurrenten, die – da bin ich sicher – bestimmt genauso attraktiv war.

Als ich an Ihnen vorbeiging, griff Karl nach meinem Arm.

„Hallo, Les! Wie geht es dir? Was macht deine Familie?"

Wir plauderten ein paar Minuten und Karl stellte seinen „Freund" vor.

„Setz dich doch zu uns, Les. Wir trinken gerade ein Gläschen. Komm, hol dir einen Stuhl."

„Nun, ich möchte da nicht in irgendein vielleicht wichtiges Gespräch hineinplatzen..."

„Du platzt in gar nichts herein. Komm, setz dich!"

Der potentielle Kunde griff nach einem Stuhl und rückte ihn für mich zurecht. Ich konnte seine Gedanken förmlich sehen:
„Er wird es nicht wagen, die Versicherung anzusprechen, wenn sein Freund hier sitzt, also habe ich mindestens noch ein oder zwei Tage Zeit, um mir das alles zu überlegen, ohne ihn zu beleidigen."

Unentschlossenheit!

Karl hatte mir von einem gemeinsamen Freund erzählt, um die dreißig Jahre alt, der am Tag zuvor gestorben war. Glücklicherweise lebte er hundert Meilen von uns entfernt, so daß keine Gefahr bestand, daß sein potentieller Kunde – nennen wir ihn der Einfachheit halber Tom – wußte, daß unser verstorbener Freund eine Menge Versicherungen abgeschlossen hatte.

„Karl, ich nehme an, du hast von Erwins tödlichem Herzinfarkt gestern gehört. Wirklich schlimm! Er war ein netter Kerl. Aber man kann nie wissen, wann die Zeit für einen gekommen ist, nicht wahr, Tom?"

„Das stimmt. Das weiß man nie", antwortete Tom.

„Karl, wenn ich mich recht erinnere, hast du ihm doch verschiedene Versicherungen verkauft, nicht wahr? War er genügend abgesichert, oder war er wie ich, den man dauernd bedrängen muß, damit er sich und seine Familie genügend absichert? Er hatte doch auch zwei Kinder, oder?"

Karl nahm dieses Stichwort wunderbar auf. Während ich Tom beobachtete, der den Blick gesenkt hatte und in sein Glas starrte, sagte Karl: „Nein, ich habe das Gefühl, seine Familie und ihn ziemlich im Stich gelassen zu haben. Vielleicht habe ich ihn nicht genügend bedrängt. Vielleicht hätte ich..."

„Ach, Karl", mischte Tom sich ein, „was meine Versicherungssituation angeht und das, was du da für mich ausgearbeitet hast... Nicht, daß ich Angst hätte, nein, aber träte die Versicherung sofort in Kraft, wenn ich dir jetzt einen Scheck über die ersten Raten geben würde?" Er griff nach seinem Scheckheft. „Weißt du, ich bin 43, und ich habe drei Jungen."

„Oh, Tom, ich wollte Sie nicht erschrecken. Ich..." Ich tat so, als sei ich überrascht, daß er ein Kunde von Karl war.

„Machen Sie sich nichts daraus! Ich bin froh, daß dieses Thema aufkam. Die nächste Runde, meine Herren", er grinste, als er den

Scheck ausstellte, „geht auf meine Rechnung." Seine Unentschlossenheit war verflogen.

Der Zeitpunkt war richtig, und die Geschichte ergab einen Sinn. Es war ein Beispiel, mit dem sich Karls potentieller Kunde *identifizieren* konnte, eine Situation, in die *auch er* einmal kommen konnte. Innerhalb weniger Minuten kam es zu dem Abschluß, hinter dem Karl wochenlang hergewesen war.

Der Sprung ins kalte Wasser

Die Dame war eine schon etwas ältere Witwe. Ich war gerade Schulungsleiter in einer großen Automobilverkaufsagentur, und mein Verkäufer, ein neuer Mann, war beim Abschluß auf Schwierigkeiten gestoßen.

Die Frau besaß einen alten Wagen, der schon über 160 000 Kilometer gelaufen war, doch er sah noch wie ein neuer Wagen aus und lief auch so. Sie konnte sich nicht entschließen, ihren alten Wagen für 6000 DM in Zahlung zu geben, solange er noch so gut lief. Sie war nicht im geringsten daran interessiert, ihren Nachbarn zu imponieren und sagte, daß sie nicht unbedingt einen neuen Wagen bräuchte.

Als Axel hereinkam und mir erzählte, daß er Schwierigkeiten mit ihr habe und sich gerade selbst eingeredet habe, sie brauche keinen neuen Wagen, verwendete ich den „Sprung ins kalte Wasser", wie ich diese Methode nenne, um einen solchen Abschluß zu bekommen.

Ich sagte ihm, er solle sie in mein Büro bringen, sie sich setzen lassen und mich dann die Sache in die Hand nehmen lassen.

Er solle ihr nur sagen, daß der Verkaufsleiter sie kurz sehen möchte, bevor sie geht. Als die beiden hereinkamen, stand ich an meinem Schreibtisch und las die *Tageszeitung*.

Er stellte sie vor, bat sie, Platz zu nehmen, und setzte sich dann selbst. Ich kam langsam hinter meinem Schreibtisch hervor, stirnrunzelnd und immer noch mit der Zeitung in der Hand.

Ich warf die Zeitung auf den Tisch und sagte: „Frau Müller, ich weiß wirklich nicht, was in diesem Land los ist. Gerade habe ich hier in der Zeitung wieder über ein übles Verbrechen gelesen. Die haben einen alten Mann halb zu Tode geprügelt und ihn auf offener Straße liegen lassen. Ich weiß wirklich nicht, was..."

„Mein Gott, ist er tot?" unterbrach sie mich.

„Nein, Gott sei dank nicht. Sein Wagen hatte offensichtlich eine Panne, und sie – vier junge Burschen, wie er aussagte – hielten an, um ihm zu helfen. Zumindest dachte er das, bis es schon zu spät war. Der arme Alte vertraute diesen Rowdies!

Aber nun zu Ihnen, Frau Müller. Axel sagte mir, Sie haben einen wunderschönen Wagen ausgewählt, und der Preis ist auch in Ordnung. Sie haben das Geld dafür, warum also können wir Ihnen den Wagen nicht verkaufen?

Wissen Sie, wir sind der Meinung, daß es nicht nur unsere Aufgabe ist, das Produkt der Firma zu *verkaufen*, sondern unsere Kunden zugleich zu *beraten* und uns ihrer *anzunehmen*, so gut es uns möglich ist.

Ich sage den Verkäufern, insbesondere in so einem Fall wie dem Ihren – Sie sind Witwe und haben niemanden, der sich um Sie kümmert –, jede Hilfe und jeden Rat anzubieten, den sie können. Ihr Wagen ist schon über 160 000 km gelaufen und..."

„Junger Mann", sie stand auf und zeigte auf meinen Verkäufer, „bitte machen Sie diesen neuen Wagen bis 15 Uhr für mich fertig. Ich werde mich nicht von irgendwelchen jungen Rowdies zusammenschlagen lassen, nur weil ich mit meinem Auto eine Panne habe. Ich komme dann um 15 Uhr, und Sie sorgen dafür, daß mein neuer Wagen startklar ist und ich keine Panne mit ihm haben werde, haben Sie verstanden?"

Sie ging, und Axel hatte einen Abschluß, der fast verloren gewesen war. Er hatte gleichzeitig eine gute Demonstration bekommen, wie eine Geschichte die Meinung eines potentiellen Kunden ändern kann, der beschlossen hatte, daß der alte Wagen es eigentlich noch eine Weile tun würde.

In beiden Fällen war die Geschichte zwar brutal, aber beide Situationen verlangten nach einem radikalen Abschluß, wie den „Sprung ins kalte Wasser" oder die „Schauergeschichte".

Im zweiten Beispiel stand in der Zeitung tatsächlich eine Geschichte über einen alten Mann mit einem alten Wagen, der eine Panne gehabt hatte. Und er war niedergeschlagen und ausgeraubt worden, wie ich es erzählt hatte.

Aber damit das „kalte Wasser" nicht zu kalt wurde und sich die Kundin nicht zu sehr erschrecken und vielleicht ganz mit dem Autofahren aufhören würde, erzählte ich ihr nicht, daß er in *unserer Stadt*, nur einige Häuserblocks von hier entfernt, überfallen worden war.

Ich ließ sie statt dessen annehmen, daß es in einer anderen Stadt geschehen war, hunderte Kilometer entfernt.

Die Geschichte im ersten Fall war zwar hart, aber harmloser als die beim „Sprung ins kalte Wasser". Ich habe sie deshalb beträchtlich herabgemildert, und viel von dem Schockeffekt wurde durch unsere Besorgnis um die Kundin aufgefangen, ohne daß dadurch die Wirkung im Hinblick auf den Abschluß gemindert worden wäre.

Meine kleine Rede über ihre eventuelle Hilflosigkeit beeindruckte sie - und zeigte ihr, daß wir um ihre Sicherheit genauso *besorgt* waren, wie wir ein Interesse daran hatten, ihr den Wagen zu verkaufen. Sie konnte erkennen, daß wir *bereit* waren, *auch in Zukunft* nach ihr zu sehen.

Der Beweis für dieses Nebenprodukt war die Tatsache, daß sie Axel jedes Mal anrief, sobald sie ein kleines Problem hatte, und in den nächsten zwei Monaten verkauften wir drei neue Wagen und einen Gebrauchtwagen an ihre Familie und an Freunde von ihr.

Zeigen und darüber sprechen

Vor einigen Jahren wurde eine „neue Lehrmethode" im ganzen Land großartig verkündet. Diese Neuerung war vielleicht neu für das Gymnasium, doch in Wirklichkeit handelte es sich um eine der ältesten Verkaufstechniken der Welt. Die Lehrer nannten es „Zeigen und darüber reden", aber sie wußten, was es tatsächlich bedeutet, nämlich Demonstration, kurz: „Demo".

Diese Lehrmethode ähnelt der Verkaufsmethode sehr. Der Lehrer bittet die Schüler, etwas, das sie selbst interessiert, mit in die Schule zu bringen und der Klasse etwas darüber zu erzählen.

Das kann eine Pflanze sein, die der Schüler gezogen hat, etwas, das er selbst gebastelt hat, ein Haustier oder irgendein anderer Gegenstand von Interesse.

Wenn dieser Schüler dann vor der Klasse steht und über seinen Alligator erzählt, den er sich als Haustier hält, oder über das Modellflugzeug, das er selbst gebaut hat, dann *verkauft* er; er macht einen *Verkaufsabschluß*.

Wenn es um ein Modellflugzeug geht, so wird er sehr wahrscheinlich bei dem einen oder anderen seiner Klassenkameraden Interesse am Bau von Modellflugzeugen wecken. Wenn es um ein Haustier geht, dem er Tricks beigebracht hat, wird er wahrscheinlich auch einige dafür interessieren, dem eigenen Haustier etwas beizubringen.

Er verkauft in dem Augenblick; er macht in dem Moment eine sorgfältig vorbereitete Verkaufspräsentation. Und wenn er dies richtig macht, so macht er hier einen Verkaufsabschluß, gerade so, als ob er dieses Haustier oder Modellflugzeug *verkaufen* und nicht nur einfach darüber sprechen wollte.

Demonstration über den Alpen

Einer meiner Freunde hat eine Flugzeugvertretung. Es ist keine große Firma, denn er hat nur den Verkauf und die Konzession für Teile und Service für ein Bundesland, doch es ist ein solides Geschäft und wird gut geführt.

Wir unterhielten uns eines Tages anläßlich eines Clubtreffens, und er erzählte mir, daß das Reparatur- und Ersatzteilgeschäft zwar gut, der Verkauf aber schlecht lief; sie hätten eigentlich noch nie den Umsatz erreicht, den sie für einen Laden dieser Größe hätten haben müssen.

Es interessierte mich, und ich fragte ihn, wie er in seinem Verkaufsgeschäft vorging. Wie fand er potentielle Kunden? Konzentrierte er sich auf Handelsfirmen, Einzelpersonen oder Fliegerclubs? Hatte er einen Verkäufer angestellt? Und so weiter...

Er sagte mir, sie hätten einen Verkäufer, der auch Pilot sei, und daß sie ihre potentiellen Kunden aus den üblichen Quellen bekämen; Empfehlungen von der Muttergesellschaft, nach schwer beschädigten Maschinen in der Werkstätte Ausschau halten und durch Kontaktieren von Handelsfirmen. Er sagte, daß sie jedoch hauptsächlich an Firmen und weniger an Einzelpersonen oder Clubs verkauften, doch es gäbe einfach nicht genug Kunden.

Es gab keinen klar erkennbaren Grund dafür, warum der Umsatz so niedrig war, und so bot ich ihm an, einmal bei ihnen vorbeizuschauen, mit dem Verkäufer zu sprechen und meinen Finger auf die Wunde zu legen.

Seine Firma zu besichtigen, brachte keine Aufschlüsse. Alles war ordentlich - moderne Gebäude, angemessene Serviceeinrichtungen und eine schöne Betonstartbahn ausreichender Länge für jedes denkbare Flugzeug, das in Frage kam. Die Empfangsdame war attraktiv und freundlich, und der Verkäufer war ein gutaussehender junger Mann, der sehr eifrig schien und über jedes Flugzeug, das er verkaufte, sehr gut informiert war. Ich bekam jedoch einen Anhaltspunkt, als er mir erzählte, er haben einen Plan zur Steigerung des Umsatzes entworfen, doch sein Chef, mein Freund, habe ihn verworfen, weil es zu teuer sei.

Wir gingen auf eine Tasse Kaffee in sein Büro, und während wir warteten, bis sein Chef vom Essen zurückkam, umriß er seinen Plan. Meiner Meinung nach würde er nicht unbedingt höhere Umsätze garantieren, doch mit anfänglichen Kosten von 8000 DM, um ihn in die Tat umzusetzen, könnte es ein Schritt in die richtige Richtung sein, wenn einige Zahlen, die mein Freund Dieter nennen konnte, tatsächlich das waren, was ich glaubte.

Wir gingen hinaus auf die Landebahn, wo er mir sein Demonstrationsflugzeug zeigte, ausreichend für sechs Passagiere, mit der neuesten Funk- und Navigationsausrüstung. Es hatte darüberhinaus eine komplette Büroausstattung mit Computer, Telefax, Drucker, Kopierer und allem, was sonst noch zu einer guten Büroausstattung so dazugehört.

Die Demonstration war der Schlüssel zu seiner Idee. Während wir uns noch unterhielten, kam Dieter zu uns und fragte, ob ich das Flugzeug schon gekauft hätte.

„Nein, Dieter, noch nicht. Aber ich glaube, dieser junge Mann hier hat die Lösung gefunden, oder zumindest einen Teil der Lösung für deinen rückläufigen Umsatz. Ich bin nicht darauf aus, ein Flugzeug zu kaufen, aber wenn ihr mir ein paar Minuten zuhört, wette ich, daß ich euch helfen kann, ein paar mehr zu verkaufen."

„Wie?" Er war gleich mißtrauisch, sehr auf der Hut und rechnete damit, daß ich vorschlagen würde, er solle Geld ausgeben, was er sich seiner Meinung nach nicht leisten konnte.

„Gehen wir in dein Büro. Ich brauche ein paar Zahlen und Fakten aus deinen Unterlagen." Ich steuerte mit ihm geradewegs auf das Büro zu.

Ich fragte nach den Unterlagen über seinen Werbeetat im vergangenen Jahr, die Umsätze, Bruttoeinnahmen und seine Gewinn- und Verlustrechnung.

„Nun, bevor du mir erzählst, daß das alles zu teuer ist", sagte ich, „zeig mir eine Rechnung für einen von diesen Sechssitzern, eine Ausführung in Grundausstattung, ohne Extras, so daß ich ausrechnen kann, wieviele wir in den ersten 30 Tagen verkaufen müssen, um zu rechtfertigen, daß du jetzt 8000 Mark herausrücken sollst."

Der Plan bestand darin, Käufer von vier der größeren Fabriken und Industriefirmen in der Gegend zu kontaktieren und sie einzuladen, auf Dieters Kosten ein Wochenende lang an die Adria zu fliegen, ohne weitere damit verbundene Verpflichtungen.

Dieter zeigte mir die Zahlen, die ich sehen wollte, und ich sah, daß ein Verkauf eines 100 000 DM teuren Flugzeugs den angebotenen Flug mehr als rechtfertigen würde. Er gab seine Einwilligung, war aber immer noch skeptisch und sagte, wir würden einen Bonus von je 1000 Mark bekommen, wenn es zu einem Verkauf kommen würde.

Ich instruierte den Piloten, was er den Käufern erzählen sollte, wenn er sie anrief. Er sollte sagen, daß es „normales Geschäft" sei, daß sie keine großen Pläne machen sollten wegen ihrer Abwesenheit vom Büro – sie würden sehen, daß dies nicht nötig ist.

Die Leute gingen an Bord, nachdem sie einen Rundgang durch den Betrieb gemacht hatten und flogen dann Richtung Süden über die Alpen zur Adria.

Ein paar Minuten nach dem Start wollte uns der Verkaufsleiter einer großen Chemiefirma bloßstellen, oder zumindest glaubte er, das zu können.

„Ich habe vergessen, einen Brief an die Hauptverwaltung zu diktieren. Ich muß wohl warten, aber der Brief wird zu spät kommen, und ich werde Ärger kriegen. Es ist nämlich sehr wichtig."

„Sie brauchen nicht zu warten, und es gibt auch keinen Ärger. Fräulein Weller, würden Sie den Brief bitte aufnehmen?" Während München unter uns vorbeiglitt, fand er nun heraus, warum das Mädchen an Bord war.

Bevor unsere Gäste an Bord gingen, hatten der Pilot und ich die ganze Büroeinrichtung abgedeckt und versteckt, so daß es praktisch unmöglich festzustellen war, daß es irgend etwas dieser Art an Bord gab.

Nachdem der Brief fertig getippt und ausgedruckt war, schickte ihn Fräulein Weller per Telefax direkt an den Empfänger, mit der Erklärung, ein unterzeichnetes Bestätigungsschreiben würde folgen.

„Herr Nielson, hier haben Sie auch noch eine Kopie für Ihre Unterlagen", sagte sie, nachdem sie kurz beim Kopierer gewesen war.

Herr Nielson schüttelte ungläubig den Kopf, als sie ihm eine saubere Kopie des Schreibens überreichte.

Weitere Briefe, ein Telefonat mit der Gattin eines der Direktoren, um sie daran zu erinnern, eine Bankeinzahlung zu tätigen, und eine Drei-Weg-Unterhaltung zwischen einem unserer Passagiere, dessen Rechtsanwalt in der einen Stadt und seiner Zweigniederlassung in einer anderen; und das alles in 3000 Meter Höhe über den Alpen.

Und so ging das den ganzen Flug. Wir erfragten für die Männer Aktiennotierungen, einen lokalen Wetterbericht und sogar die jüngsten Bundesligaergebnisse, alles Dinge, die auf einem normalen Verkehrsflug unmöglich gewesen wären.

Das Wochenende an der Adria war eine Mischung aus Geschäft und Vergnügen, und als es Zeit für den Rückflug wurde, überlegten sich zwei der Geschäftsleute ernsthaft, ob sie nicht Flugstunden nehmen sollten, und ein dritter – der Verkaufsleiter der Chemiefirma – sagte uns, er würde den Kauf eines Flugzeuges beantragen, sobald er zuhause sei.

Auf dem Rückflug hatte ich eine weitere gute Idee. Um zu zeigen, daß das moderne Flugzeug leicht zu fliegen ist, überließen wir jedem für kurze Zeit die Steuerung, und mit nur wenigen Minuten an Unterweisung flog jeder das Flugzeug wie ein Profi.

Einige Monate später rief mich mein Freund Dieter an und erzählte mir, sie planten den „Gastflug für Geschäftsleute", wie er und der Piliot ihn getauft hatten, jetzt einmal im Monat, um das Geschäft weiter anzukurbeln.

„Zeigen" ist oft ebenso wichtig wie „darüber sprechen", besonders bei den umfangreicheren Verkäufen, bei denen es um Grund und Boden, ganze Industriezweige, militärische Bereiche oder auch nur große Geldsummen geht.

In diesen Fällen hat es der Verkäufer oft mit professionellen Käufern zu tun, Männern, die auf dem Gebiet genauso gut informiert sind wie der Verkäufer selbst. Sie wissen, was sie wollen, und nehmen das direkte Verkaufsgespräch oft mit einem Vorbehalt auf; sie wollen *sehen*, was sie vielleicht kaufen werden, und sie wollen es *vorgeführt* bekommen.

Vorausplanung zahlt sich aus

Ich erinnere mich an ein anderes Beispiel von „zeigen und darüber sprechen", das ein gutes Geschäft und eine dicke Provision für einen unternehmerischen Verkäufer brachte, der bereit war, eine Verkaufsdemonstration einige Zeit und Anstrengungen zu verwenden.

Norbert kam gerade frisch vom Gymnasium und war erst achtzehn Jahre alt, doch er war ein cleverer, vernünftiger Bursche, der während der letzten zwei Jahre in den Sommerferien gezeigt hatte, daß er ein ausgezeichneter Verkäufer werden würde.

Ein junger leitender Angestellter, der Geschäftsführer einer Kette von acht Billigläden seines Vaters in fünf Städten, erzählte Norbert eines Tages, daß sie noch nie ein zufriedenstellendes Verkaufstreffen hätten abhalten können.

Er erläuterte, daß bei so vielen Läden in einem Umkreis von 320 km ein telefonischer Zusammenschluß zu teuer sei und zuviel Raum für mißverstandene Anweisungen lasse. Er suche nach einer Methode, wie man Verkaufstreffen mit sieben oder acht der leitenden Angestellten an einem Ort abhalten könne, ohne daß man in einem Hotel zusammenkommen müße.

„Jedes Mal, wenn wir uns in einem Hotel treffen, kostet das die Firma zwei- oder dreihundert Dollar, und es müssen vorher immer Einladungen geschrieben und weggeschickt werden... und so weiter."

Das brachte Norbert zum Nachdenken. Warum sollte man nicht einen Bus mit Dusche, Küche, Büroausstattung und Telefon ausrüsten? Es wäre ein fahrbares Büro und ein fahrbarer Treffpunkt, an dem man dann bei den jeweiligen leitenden Angestellten die Verkaufstreffen abhalten konnte.

Er schrieb einige Briefe und hatte innerhalb von ein bis zwei Wochen die Fakten vorliegen. Ein solches komplett ausgestattetes, fahrbares Büro würde alles in allem 50 000 DM kosten.

Er nahm die Prospekte und Briefe mit zu dem Geschäftsführer der Billigläden und zeigte ihm seine Pläne.

„Kann ich mir so einen Wagen anschauen, Norbert?" fragte dieser. „Es hört sich so an, als sei das genau das Richtige für uns, doch ich würde mir gerne einen anschauen, bevor ich eine Entscheidung treffe."

Norbert hatte sich auf diese Frage vorbereitet. „Es gibt einen solchen Wagen in einer Kleinstadt, etwa vierzig Kilometer von hier entfernt. Der Eigentümer ist ein Bauunternehmer, der dort in der Nähe mehrere größere Grundstücke erschließt. Er fährt zwischen 80 und 150 Kilometer pro Tag und nimmt seine Sekretärin und seinen Buchhalter immer mit."

An dem Wochenende besichtigten sie das fahrbare Wohnbüro und unterzeichneten einen Vertrag für ein Fahrzeug, das so ausgerüstet werden sollte, wie es der Geschäftsführer wollte, und Norbert bekam eine Provision von über 2000 DM.

Dies ist ein noch besseres, erfolgreiches Beispiel dafür, was man damit erreichen kann, wenn man sich der zusätzlichen Mühe unterzieht, sein Produkt vorzuführen.

Erzählen Sie ihrem Kunden eine Geschichte, die ihn betreffen könnte, die ihm *hätte* passieren können, und er wird jedes Mal zur Feder greifen und den Kaufvertrag unterzeichnen. Dadurch, daß Sie ihm eine Geschichte erzählen, helfen Sie ihm, eine Entscheidung zu treffen; Sie rechtfertigen damit seine Entscheidung, Ihr Produkt zu kaufen, und genau das will er ja: daß man ihm bei der Entscheidung hilft, die Sache über die Bühne bringen. Er verlangt nach Hilfe, um diesen großen Abschluß zu besiegeln.

Zeigen, darüber erzählen oder beides

Es gibt viele Varianten der „Schauergeschichte", des „Sprungs ins kalte Wasser" und der „Demonstration", und keine zwei Verkäufer werden sie auf die gleiche Art und Weise verwenden.

Arbeiten Sie sich Ihre eigene Variante aus! Die einen legen sie gerne vorher für jeden Typ fest; den „ich werde nochmal auf Sie zurückkommen"-Typ, den Profi oder den, dem man mit einem einfachen Verkaufsgespräch etwas verkaufen kann. Die anderen „improvisieren" lieber, das heißt, sie machen ihren Plan während der Verhandlung, ohne sich irgend etwas Genaueres überlegt zu haben, bevor sie den Kunden besuchen.

Die Art, wie Sie es tun, ist nicht wichtig, solange Sie es einfach *tun*. Tun Sie es auf Ihre eigene Art, indem Sie das Gespräch oder die Demonstration Ihrem Kunden anpassen, aber denken Sie daran: *ERZÄHLEN SIE EINE GESCHICHTE.*

6
Alle die dafür sind, bitte mit dem Kopf nicken: Drei grundlegende Voraussetzungen, die unbedingt vorhanden sein müssen, und vier Arten, wie man sie beim Abschluß verwendet

Meinen Sie nicht auch?

Eines der verblüffendsten Beispiele für Massenhypnose habe ich bei einem Verkaufsseminar erlebt. Der Mann vorne am Rednerpult war ein erfolgreicher Hochschulabsolvent, ein sehr erfolgreicher Manager und eine Autorität in der Psychologie, die auf die Verkaufskunst anwendbar ist.

Er erzählte uns, daß er irgendwann im Laufe des ersten Tages des Seminars, das drei Tage dauern sollte, uns alle vom Rednerpult aus „hypnotisieren" werde und daß wir nicht in der Lage sein würden zu sagen, wann er es getan hat, und daß wir uns nicht dagegen würden wehren können.

Natürlich meinte er nicht Hypnotisieren in dem Sinne, daß wir auf Kommando wie Hunde bellen würden oder etwas ähnliches, aber trotzdem, wir würden hypnotisiert werden.

Irgendwann am Nachmittag, nachdem er ein paar Standardvorträge gehalten hatte, die man bei allen Verkaufsschulungen dieser

Art zu hören bekommt, änderte er plötzlich die Taktik, kaum wahrnehmbar und sehr übergangslos, doch er änderte sie.

Die Änderung war für den einen deutlicher wahrzunehmen als für den anderen, doch es handelte sich um nichts Radikales oder Aufsehenerregendes, und so vergaßen die meisten von uns, was er über die Massenhypnose gesagt hatte. Bis zum dritten Tag.

Bislang hatte er uns erzählt, wie wichtig es ist, den potentiellen Kunden dazu zu bringen, positiv zu denken, ihn in Kaufstimmung zu halten oder einer Ja-Stimmung. Das war das Thema seiner Vorträge an den beiden letzten Tagen gewesen.

Nach der Mittagspause am dritten Tag gestand er uns, daß die eine Videokamera, die angeblich dazu da war, Aufnahmen für die Schulleitung zu machen, in Wirklichkeit Teil seiner Demonstration von Massenhypnose sei.

Bei der Änderung seiner Taktik hatte er uns mit Fragen eingelullt, die leicht positiv zu beantworten waren, und ab und zu hatte er etwas Lächerliches eingeflochten.

Während die Kamera durch den Raum schwenkte, sahen wir uns selbst, wie wir *zu allem, was er sagte, zustimmend nickten*. Die Kamera ging gelegentlich zu ihm hinüber und zeigte, wie er seinen Kopf nickend auf und ab bewegte, während er besänftigend und ruhig redete.

Wir waren so damit beschäftigt, ihm zuzustimmen, daß einige von uns, ich eingeschlossen, sogar weiter mit ihm nickten, als er sagte: „Wenn ein Kunde nicht unterschreiben will, sollten sie ihm als letztes Mittel eine runterhauen, nicht wahr? Natürlich." Oder: „Es gibt Leute in dieser Stadt, die kommen aus dem All. Sie wissen so gut wie ich, daß das stimmt, nicht wahr? Natürlich." Nicken, Nicken, Nicken – und wir nickten mit... hypnotisiert, wie er es gesagt hatte.

Wir befanden uns *nicht* im Halbschlaf. Wir waren *nicht* betrunken. Wir waren *nicht* tatsächlich hypnotisiert. Wir reagierten lediglich auf ein sorgfältig vorbereitetes, gut durchgeführtes, auf *positives Denken* gerichtetes Verkaufsgespräch, das uns veranlaßte, allem und jedem zuzustimmen, was er sagte, und dabei waren wir sogar noch gewarnt worden.

Sie können Ihrem potentiellen Kunden erzählen, wie dringend er Ihr Produkt oder Ihre Dienstleistung braucht; Sie können ihm das Produkt bis zur Vergasung vorführen; Sie können Zugeständnisse machen, bis Ihre Firma Geld drauflegt, wenn Sie den Abschluß letztlich macht, doch wenn seine Einstellung gegen den Kauf gerichtet ist, werden Sie den Abschluß *nie* machen.

Der kalte Kontakt ist nicht kalt

Die Notwendigkeit, den potentiellen Kunden zu einer empfänglichen positiven Einstellung zu bringen, gilt mehr für den „kalten Kontakt" als für einen Kunden, der zu Ihnen gekommen ist oder sich mit Ihnen im Hinblick auf den Kauf verabredet hat.

Normalerweise ist das, was man einen „kalten Kontakt" nennt, kein kalter, sondern ein „kühler" Kontakt.

Unter „kühl" verstehe ich, daß der Verkäufer, der von einem kalten Kontakt spricht, meint, daß vom potentiellen Kunden selbst eine Anfrage oder ein echtes Interesse an dem Produkt oder der Dienstleistung kam.

Doch normalerweise hat der Verkäufer einen Grund, sich diesen potentiellen Kunden auszuwählen, also ist der potentielle Kunde nicht kalt, sondern kühl. Selbst bei solchen Personen hat er gewisse Informationen, etwas, worauf er sich konzentrieren kann, wenn man sich trifft und auch später, wenn es auf den Abschluß zugeht.

Es stimmt allerdings auch, daß die Vorbereitung, das „Aufwärmen" dieses potentiellen Kunden mehr Zeit und Anstrengung erfordert, als bei einem, der von allein Interesse an dem gezeigt hat, was der Verkäufer anzubieten hat.

Drei grundlegende Dinge, die unbedingt vorhanden sein müssen

Egal, ob ihr potentieller Kunde „heiß" ist oder Sie sich einem sogenannten „kalten Kunden" nähern, das Verkaufsgespräch hat immer drei konstante Aspekte: *Sie steuern die Unterhaltung, Sie bieten eine Auswahl an*, die nicht in einem Ja-oder-Nein besteht, und *Sie bringen Ihr Verkaufsgespräch in einer positiven Form*, mit Kopfnicken.

„Meine Damen und Herren Geschworenen..."

Warum sollte man die Unterhaltung steuern? Vergleichen Sie es mit einer Geschworenen-Gerichtsverhandlung.

Der Verteidiger hält sein Plädoyer. Unter dem Gesetz hat er gemäß der Verfassung das Recht, die Geschworenen mit aller ihm zur Verfügung stehenden Kraft, mit seiner Stimme, mit Zeugen und allen anderen Dingen, die ihm einfallen, von der Unschuld seines Mandanten zu überzeugen, ohne dabei unterbrochen zu werden. Deshalb muß der Staatsanwalt still sein, die Geschworenen müssen zuhören, und die Zuschauer müssen Ruhe bewahren. Der Verteidiger wäre in der Tat ein Dummkopf, würde er dem Staatsanwalt zu diskutieren erlauben, während er sein Plädoyer hält. Er würde seine Verantwortung gegenüber seinem Mandanten vernachlässigen, wenn er den Geschworenen erlauben würde, ihn zu unterbrechen, und er wäre kein guter Verteidiger, wenn er es zulassen würde, daß Störungen von außen wie beispielsweise lärmende Zuschauer sein Schlußplädoyer unterbrechen.

Der potentielle Kunde stellt die Geschworenen dar. Der Verkäufer muß ihn überzeugen, daß sein Argument und sein Verkaufsgesichtspunkt stimmt und den Tatsachen entspricht und daß sein Produkt das beste für den Kunden ist.

Die Zuschauer könnten mit jeglicher Störung oder Unterbrechung von außen verglichen werden, die die Gedankenkette und den Fortschritt in Richtung auf den Abschluß unterbrechen könnte, und der Staatsanwalt könnte die Person sein, die zusammen mit dem Kunden gekommen ist, oder irgendein voreingenommener Bekannter, der sich in der Nähe befindet und dem man nicht gestatten darf, die Entscheidung des potentiellen Kunden zu beeinflußen.

Diese Umstände und Möglichkeiten *müssen vom Verkäufer gesteuert* werden. Natürlich muß er die Fragen seines potentiellen Kunden beantworten oder zumindest höfliche Beachtung schenken, doch er darf es nicht zulassen - er sollte es besser nicht zulassen -, daß der Kunde die Unterhaltung führt, sonst wird man nie zum Ziel, dem Abschluß, kommen.

Ja und Nein

Warum ist eine Unterscheidung zwischen Ja- und Nein-Antworten so wichtig?

Im Wörterbuch ist „Nein" definiert als das „Wort, um Verweigerung, Ablehnung, Nichtübereinstimmung auszudrücken, so wie

'Ich will nicht', was eine endgültige und unwiderrufliche Entscheidung, dies oder jenes nicht zu tun, beinhaltet." Sehr *endgültig*, nicht wahr?

„Ja" wird definiert als „das Wort, das Zustimmung oder Einverständnis zum Ausdruck bringt, wie 'Ich werde dies oder jenes tun'".

Dies klingt nicht so endgültig, nicht wahr? Und es *ist auch nicht* so endgültig.

Sie haben sicher schon oft festgestellt, daß der Kunde, der nein gesagt hat, auch genau das meinte und nichts anderes. Haben Sie schon viele dieser Leute erlebt, die zurückgekommen sind, ihre Meinung geändert haben und jetzt „Ja" sagten? Bestimmt nicht viele.

Diese beiden Wörter sind auf mehr als eine Art direkte Gegensätze. Wenn ein potentieller Kunde „Nein" sagt, dann *meint* er „Nein", und der Verkäufer wird es schwer haben, dessen Meinung zu ändern und ihn zu einer positiven Antwort zu bewegen, falls es ihm überhaupt gelingen sollte.

Aber wenn der Kunde „Ja" sagt, dann meint er sehr wahrscheinlich „vielleicht" oder im besten Fall „ja, es sei denn, ich ändere meine Meinung".

Wir sehen hier also, daß das logische Vorgehen darin bestehen muß, das schicksalhafte Wort, das die Tür zu weiteren Verhandlungen zuschlägt und das Geschäft zumindest für den Augenblick, verlorengehen läßt, zu vermeiden. Aber wie?

Welche der Möglichkeiten, Herr Engert?

Der einfachste Weg, das verheerende Nein zu vermeiden, besteht darin, *eine Auswahl anzubieten*. Sie lenken die Unterhaltung, warum fragen Sie Ihren Kunden also nicht, welche der beiden Möglichkeiten oder der drei oder vier ihm lieber ist, anstatt ihn zu fragen, ob er die eine nun möchte oder nicht. Was hört sich aus dem Mund des Verkäufers besser an?

„Herr Engert, *kann ich* den Kaufvertrag fertigmachen und ihn vorbeibringen?" oder: „Herr Engert, wann kann ich Ihnen den Kaufvertrag zur Unterschrift vorbeibringen? Ich hätte heute Nachmittag Zeit, wir könnten es auch heute Abend bei Ihnen zu Hause machen, je nachdem, wann es Ihnen besser paßt."

Im ersten Beispiel hat der Verkäufer eine wunderbare Gelegenheit gegeben, „nein" zu sagen, und er wird seine ganze Vorarbeit und sein Verkaufen erneut beginnen müssen, falls ihm Engert überhaupt noch eine zweite Gelegenheit für einen Besuch bietet.

Im zweiten Beispiel sind die Dinge nicht so festgelegt, daß Herr Engert *nicht* „nein" sagen *kann*, aber es wird wesentlich schwieriger für ihn, „nein" zu sagen; hier hat er eher eine *Auswahl* angeboten bekommen als ein Ultimatum.

Hat er einen Anlasser?

Die dritte Voraussetzung für ein erfolgreiches Verkaufsgespräch ist die „Kopfnick-Redeweise": *eine positive, gelenkte Unterhaltung*.

Welches Verkaufsgespräch würde wohl am wahrscheinlichsten zu einem Abschluß führen, wenn Sie wegen einem Schraubenzieher in einen Eisenwarenladen gehen und zu den Motorrasenmähern hinübergehen würden, nur, „um sich mal umzusehen"?

„Guten Morgen, was wünschen Sie?"

„Ich schau mich nur um, danke. Ich wollte eigentlich einen Schraubenzieher kaufen."

„Oh, das ist ein netter kleiner Rasenmäher hier. Er hat zwar keinen selbsttätigen Anlasser, aber das kann man ja auch nicht erwarten von einem Rasenmäher, der nur 200 Mark kostet, nicht wahr?"

„Ja, ich denke, Sie haben recht. Wo gibt es die Schraubenzieher?"

„Die gibt es in einer anderen Abteilung. Dort darf ich nicht bedienen. Wegen der Provision, Sie wissen schon, ha-ha-ha. Nun, dieser Rasenmäher hier hat ein... oh, Sie gehen den falschen Weg zur Abteilung, wo es Schraubenzieher gibt!"

Das berührt Sie gar nicht, nicht wahr?

Wie wäre es mitfolgender Unterhaltung?

„Guten Morgen. Darf ich Ihnen diesen Rasenmäher zeigen? Er ist ein hervorragendes Gerät, und es gibt ihn zum Sonderpreis in dieser Woche."

„Hat er einen selbsttätigen Anlasser?"

„Dieser Rasenmäher hier ist nur für kleine Rasenflächen gedacht. Dafür leistet er ausgezeichnete Arbeit, und man kann ihn unheimlich leicht anlassen, und durch die niedrige PS-Zahl ist es ein Kinderspiel, ihn zu bedienen. Durch einen Magneten startet er sofort."

„Nun, ich denke schon, daß er für meinen kleinen Rasen groß genug ist. Ein Anlasser ist wahrscheinlich gar nicht nötig. Wofür ist dieser Knopf hier?"

„Das ist der Choke. Sie ziehen ihn etwa zur Hälfte heraus, ziehen an dem Seil – es ist unzerbrechlich und rostfrei, mit Kunststoff umhüllt –, und dann geht es los."

„Er läuft gut, nicht wahr? Nicht zu laut?"

„Er hat einen Schalldämpfer. Einer der ersten auf dem Markt mit einem Schalldämpfer.

Wie wollen Sie bezahlen, bar oder auf Rechnung? Er kostet nur 200 Mark diese Woche, keine zusätzlichen Kosten und keine Anzahlung, wenn Sie ihn auf Rechnung bezahlen wollen anstatt bar."

„Nun, eigentlich wollte ich nur einen Schraubenzieher kaufen, aber..."

„Ja, erinnern Sie mich daran, bevor Sie gehen. Und wo wir gerade dabei sind, lassen Sie mich Ihnen das Beste zeigen, was Sie jemals an Grasauffanggeräten gesehen haben. Das gemähte Gras braucht nicht mehr zusammengerecht zu werden, es wird einfach hier in diesem..."

Dreimal dürfen Sie raten, welcher Verkäufer einen Verkauf getätigt hat...

Vier grundlegende Methoden für den Abschluß

Wenn Sie darum bemüht sind, daß die Einstellung des Kunden positiv gegenüber dem Kauf ist, die Unterhaltung in die Richtung lenken, die Sie haben wollen, wenn Sie eine Auswahl anbieten und kein Ultimatum stellen, ist das alles schön und gut, aber es sind ungefähre Richtlinien. Sie *führen nicht unbedingt zum Abschluß*.

Gespräche mit Verkäufern und Managern haben gezeigt, daß es *vier* Methoden gibt, die zum Abschluß *führen*, die das Geschäft zu einem schnelleren Abschluß bringen und die mit ihren Varianten für jeden Abschluß, den Sie tätigen wollen, Gültigkeit haben.

Die erste und wahrscheinlich grundlegendste Methode besteht darin, als Verkäufer die Betonung auf Dinge und Merkmale der

Dienstleistung oder des Produktes zu legen, an denen der potentielle Kunde Interesse gezeigt hat, und sich nicht darauf zu konzentrieren, Einwände zu überwinden.

Erinnern Sie sich daran, wie der Verkäufer, der den Rasenmäher verkauft hat, über den Kommentar bezüglich der Lautstärke des Motors hinwegging. Er hätte darauf eingehen können mit Fragen, wie weit die Nachbarn entfernt sind oder wie gern der Kunde seinen Rasen am frühen Morgen mäht.

Das wichtigste war für ihn, bei dem Merkmal *zu bleiben*, das dem potentiellen Kunden *gefiel* oder bedeutend erschien. Er ignorierte die Frage nach dem selbsttätigen Anlasser nicht und beantwortete sie beiläufig, ohne sich anmerken zu lassen, daß er gehört hat, und ohne eine große Sache daraus zu machen.

Er erzählte dem potentiellen Kunden einfach etwas über den Rasenmäher und zeigte ihm dann oder ließ ihn vielmehr selbst erfahren, daß der Mäher auch ohne einen selbsttätigen Anlasser sehr leicht startete. Dann sprach er lang und breit über den Schalldämpfer, als der Mann andeutete, daß es schwierig werden könnte, wenn der Rasenmäher zu laut wäre. Das Ergebnis war ein Kauf. Sie werden auch feststellen, daß der Verkäufer nicht nach dem Kauf gefragt hat. Er hat den Mann nicht gefragt, *ob er den Mäher kaufen wolle oder nicht*, sondern nur, *wie er ihn zahlen wolle. Er bot eine Auswahl an.*

Dann, um dem Kunden deutlich zu machen, daß er den Kauf für abgeschlossen hielt (positives Denken), ging er zu dem Grasauffanggerät über. Natürlich versuchte er soviel zu verkaufen wie er konnte, doch das primäre Ziel war, den Mann von dem Rasenmäher wegzubringen in der Annahme, der Kauf wäre endgültig, und zwar, indem er zu einem damit in Zusammenhang stehenden Produkt überging.

Was ist, wenn ich krank werde?

Diese Methode kann genauso gut beim Verkauf von Versicherungen verwendet werden.

„Herr Müller. Mein Name ist Erich Zoller von der Nord-Süd-Versicherungsgesellschaft. Wie ich erfahren habe, sind Sie an einer Lebensversicherung interessiert?

Ich hole mir nur gerade meinen Stuhl, damit ich Ihnen zeigen kann, was ich für Sie ausgearbeitet habe. Diese Aufstellung hier erstreckt sich, wie Sie sehen können, von heute bis zu dem Alter, in dem Sie sich aus dem Arbeitsleben zurückziehen werden.

Nun, ich möchte Sie bitten, mir noch einige Fragen zu beantworten, damit ich sicher gehen kann, daß wir den vorteilhaftesten Plan für Sie aufgestellt haben."

Sobald der Verkäufer die Informationen hat über die Anzahl der Kinder, den Pensionsplan der Firma, die Anzahl der Jahre bis zur Pensionierung etc. hat, beginnt er, den Plan zu erläutern.

„Nun, zunächst Herr Müller, habe ich diese Zahlung hier über 20 Jahre ergänzt ..."

„Wie hoch ist Ihre Prämie?"

„An diesem Punkt ist die Prämie zweitrangig, doch wir werden in ein paar Minuten darauf zurückkommen. Hier, das ist die..."

„Wenn ich nun erwerbsunfähig werde, wer zahlt dann die Prämien? Meine Arbeit ist nicht unbedingt risikoreich, aber wir Elektrotechniker kommen manchmal mit ganz schön gefährlichem Zeug in Berührung."

„Okay, Herr Müller. Falls Sie *durch* Ihre Arbeit oder *auch außerhalb* der Arbeit erwerbsunfähig werden, werden die Prämien automatisch für Sie gezahlt, und die Police bleibt unverändert. Nun, hier gibt es einen weiteren Vorteil, wenn Sie...etc. etc."

Der Verkäufer hat herausgefunden, was der Kunde will, die Dinge, die ihm gefallen oder die wichtig für ihn sind. Von da an wird er besonderes Gewicht auf diese Dinge legen, und er wird viel leichter zu einem Abschluß kommen, als wenn er seinen Kunden zu beschwatzen versuchen würde, um seine Einwände zu überwinden.

„Die ganze Prämie, Herr Müller, beträgt nur 200 Mark monatlich für Ihre Lebensversicherung inklusive Kapitalwertbildung und Dividendenauszahlung. Wenn Sie arbeitsunfähig werden würden, würden die Prämien für Sie bezahlt werden." Er nannte seinem Kunden die Höhe der Prämie, doch die Betonung lag auf den *positiven Faktoren*: dem *Kapitalwert* und den *Dividenden*, der *Prämienbefreiung* und der *Summe*, die er bekommen würde, für „nur" 200 Mark.

„Wie funktioniert das hier, Herr Schmidt?"

Eine weitere grundlegende und effektive Methode für den Abschluß durch positive Einstellung besteht darin, ihren Kunden selbst beschreiben zu lassen, was sie verkaufen wollen.

Ein Verkäufer, der einem Landwirt Traktoren verkaufen will, weiß sicher, wie die Anhängerkupplung funktioniert, oder wie man den Pflug daran befestigt - aber warum es sich nicht von dem Kunden nochmal zeigen lassen?

„Herr Schmidt, dies ist unser Modell, der 4-Zylinder-Diesel, nach dem Sie gefragt hatten. Er hat eine hydraulische Zugstange und Dreipunktaufbau, aber offen gestanden, er ist gerade hereingekommen, und das ganze Zubehör ist so neu, daß ich noch nicht die Zeit hatte, mir das alles ganz genau anzuschauen, um zu sehen, wie es funktioniert.

Wollen mal sehen, nun, ich glaube, dies gehört hier an das... nein, Unsinn... ich glaube, ich muß den Mechaniker holen, damit er uns zeigt..."

„Lassen Sie mich es einen Moment anschauen. Mir ist noch nie eine Traktorausrüstung untergekommen, bei der ich nicht früher oder später durchgeblickt habe.

He, dieser neue Drehsitz ist gut. Wissen Sie, junger Mann, ich frage mich schon seit dreißig Jahren, warum man den Sitz nicht so machen kann, daß man den Pflug besser sehen kann.

So kommt man auch leichter herunter, und das ist in meinem Alter auch nicht unwichtig."

Das ist der *Schlüssel:* der Landwirt ist stolz auf sein Wissen über die Landmaschinen und will selbst erfahren, daß dieses das sicherste, bequemste und geeignetste Modell für ihn ist. Ein paar provozierende Fragen, und der Verkäufer wird den Landwirt dazu bringen, daß er sich selbst diesen Traktor verkauft. Alles, was er tun muß, besteht darin zu fragen, wozu dies oder jenes da ist, auf den gepolsterten, wetterfesten Sitz hinzuweisen, auf die Scheinwerfer für die Arbeit in der Dunkelheit („Sie sind noch nicht so alt und gebrechlich, daß Sie nicht auch noch nach Einbruch der Dunkelheit arbeiten, möchte ich wetten"), und der Verkauf ist so leicht wie das Ausschreiben eines Auftrages.

„Ich glaube, ich blicke nicht durch, Herr Enzmann..."

Neulich war ich mit einem Freund zum Essen verabredet, der die besten Investmentfondspläne verkauft, die ich je gesehen habe. Als ich in sein Geschäft kam, sagte mir seine Sekretärin, daß noch ein Kunde bei ihm sei, daß es jedoch nur noch wenige Minuten dauern könnte. Als er den Mann hinausbegleitet hatte und sie sich beide die Hand gaben und lächelten, wußte ich, daß er einen Abschluß gemacht hatte oder zumindest nahe daran war.

Auf dem Weg zum Aufzug und im Restaurant, während wir auf unser Essen warteten, erzählte er mir etwas über diesen Kunden.

„Das war der härteste Brocken, den ich jemals hatte, bis ich ihn mit der Methode 'was bedeutet das?' weich gemacht habe.

Weißt du, die Methode, wo du so tust, als ob es da eine Klausel gäbe, die du nicht ganz verstehst und dann dem Kunden sagst, es sei besser, jemanden dazuzuholen, bevor man ihm etwas falsches erzählt.

Ich hielt diesen Burschen nämlich für ein schlaues Kerlchen, dem es eine wahre Freude sein würde, mir zu zeigen, wie dumm ich war, eine so klare und deutliche Sache nicht zu verstehen, und so funktionierte es schließlich.

Es war in der gestaffelten Anlagetabelle, wie sie von unserer Planungsabteilung empfohlen wird, und ich verstand genau, was da stand, aber das ließ ich ihn nicht wissen.

Ich mußte lachen, als er mir zu erklären begann: 'Sie nehmen die ersten sieben Monate und investieren achtzehn Mark monatlich, nach der anfänglichen Investition von dreitausend Mark, und für das zweite Quartal nehmen Sie...' und dann wechselte er zum Ende hin die Formulierung: '... und im dritten Jahr werde ich nur noch ein paar Dollar zusätzlich zum ursprünglichen Betrag investieren, weil mir die Zinserträge aus den ersten Investitionen dazu verhelfen.' Es war einfach toll, wie er *sich die Sache selbst* verkaufte.

Plötzlich war ich es, der Verkäufer, der ihm Fragen über den Plan stellte; unsere Positionen waren vollkommen vertauscht. Ich hätte ihm fast den Plan abgekauft", lachte er.

Lustig? Ja, aber auch todernst, wenn Sie an den Scheck über dreitausend Märker denken, den Gary kassiert hat, und die Provisionen, die in den nächsten Jahren nachkommen würden.

Für ein paar Dollar mehr könnten Sie...

Mit der Demonstration können Sie mehr erreichen, um zum Abschluß zu gelangen, insbesondere bei dem schwierigen Kunden, als mit sämtlichen Verkaufsgesprächen und Tricks, die Sie aufbringen können.

Der Grund ist einfach. Würden Sie einen Wagen für 4000 Mark, ein Haus für 30 000 Mark kaufen oder eine Versicherung für 90 Mark im Monat abschließen, bevor Sie nicht gesehen haben, was Sie für Ihr Geld bekommen?

Nein, das würden Sie nicht tun, und die meisten Ihrer Kunden auch nicht. Ich habe ein paar Dinge verkauft, hier einen Wagen und dort einen Traktor oder ein kleines Paket, ohne daß der Kunde es gründlich und sorgfältig auseinandergenommen hätte, aber nur deshalb, weil der Kunde mich kannte oder weil er nicht so sorgfältig war, wie er eigentlich hätte sein sollen.

In den meisten Fällen sollten Sie also die Demonstration verwenden, *doch halten Sie sie zunächst zurück*; behalten Sie die Demonstration als zusätzliches Argument, falls der Kunde dem Angebot, das Sie machen, ausweicht.

Natürlich ist es nicht möglich, eine Versicherungspolice zu demonstrieren oder einen Investmentfonds, aber man kann „demonstrieren", indem man dem Kunden darüber erzählt oder zeigt, was ein anderer davon hatte und wie glücklich er über den Kauf war.

In vielen Fällen ist es auch möglich, den neuen Kunden mit dem anderen, der bereits gekauft hat, bekannt zu machen, was im Grunde auch einer Demonstration gleichkommt.

Mit der Demonstration das Hindernis überwinden

Mein Schwiegervater ist Landwirt und hat etwa 200 Morgen Land, das er bebaut. Ich besuchte ihn an einem Wochenende, als er einen Verkäufer erwartete, der ihm einen Traktor vorführen sollte, dessen Kauf er erwogen hatte.

Es fuhr ein Wagen heran, ein Typ stieg aus und fragte nach meinem Schwiegervater. Er stellte sich als der Verkäufer der Firma vor und sagte uns, der Lastwagen mit dem Traktor sei unterwegs. Ich war überrascht, daß er eine Art Khakianzug trug, schwere, braune Stiefel und eine Lederjacke, gar nicht wie die Verkäufer, die ich sonst so kannte.

Als der Lastwagen mit dem Traktor ankam, sprang er auf, ließ die Rampe herunter und fuhr den Traktor vom LKW. Er ließ den Motor laufen und folgte meinem Schwiegervater, der um den Traktor herumging, die Reifengröße prüfte, die Zugstangenaufhängung und den Benzintank.

„Uli," trug der Vertreter dem LKW-Fahrer auf, „fahr ihn ins Feld und befestige den Pflug, während ich mich mit diesem Herrn unterhalte. Okay? Und achte darauf, daß Öl und Benzin in Ordnung sind. Ich werde ihn wahrscheinlich da lassen, oder wie denken Sie?"

„Ich wollte ihn erst einmal fahren," erwiderte mein Vater, „um zu sehen, wie er läuft..."

„Dafür haben wir noch später genügend Zeit. Ich möchte Ihnen vorher noch ein paar technische Daten zeigen, damit Sie richtig beurteilen können, was Sie da bekommen."

(Wieder positive Denkweise!)

„Mein Sohn, wenn du einen Traktor gesehen hast, kennst du alle. Auf all diese Zahlen gebe ich nichts."

„Mein Herr", er führte uns zurück zum Haus, „was kostet es Sie, einen Traktor sagen wir eine Woche lang laufen zu lassen? Ich meine damit, sechs Tage pflügen, egal wieviel Stunden?"

„Nun, das Benzin kostet mich etwa 80 bis 100 DM die Woche, denke ich, aber das müßte ich überprüfen, ich weiß es nicht genau. Warum?"

„Zwei dieser Traktoren brauchen in der ganzen Woche nur halb so viel Kraftstoff und machen die doppelte Arbeit. Wo Sie jetzt zum Beispiel eine Schneidmaschine mit sechs Messern verwenden, könnten Sie bei diesem Traktor eine mit zwölf verwenden."

„Junger Mann, erzählen Sie mir nicht, daß diese Traktoren soviel..., nein, das ist lächerlich."

Ich wußte, worauf der Verkäufer hinauswollte. Es war ein Dieseltraktor, genau das, was mein Schwiegervater sich schon vor fünf Jahren hätte anschaffen sollen, aber er konnte sich den Anschaffungspreis erst jetzt leisten. Ich versuchte, den Verkäufer zu unterstützen und zu sehen, wie seine Reaktion sein würde.

„Es ist ein Dieseltraktor", erklärte ich. „Und wie ich dir schon lange gesagt habe, so einen hättest du dir schon vor Jahren anschaffen sollen. Laß dir von diesem jungen Mann zeigen, was ich dir schon jahrelang erzähle."

„Hör zu, Les, mach du deinen Job, und ich mach meinen. Mir muß niemand erzählen, was für Traktoren ich brauche."

Der junge Mann merkte, daß mir mein Schwiegervater übelnahm, daß ich ihm erzählte, wie er es richtig machen sollte, und schüttelte – unter Verkäufern – seinen Kopf, um mir zu verstehen zu geben, daß er wußte, was er tat, und mit der Situation auch ohne mich fertig werden würde.

„Eine Frage: Kommt Ihnen vielleicht Benzin abhanden? Fahren die Leute, die bei Ihnen beschäftigt sind, zum Teil Autos? Vielleicht, nun, bedienen sie sich selbst, wie das überall so üblich ist."

„Und ob die das tun! Die bestehlen mich eiskalt, soviel ist sicher. Ich wünschte, ich wüßte, wie ich die zu fassen kriege..."

„Verschweigen Sie ihnen einfach, daß es ein Dieseltraktor ist. Eine Tankfüllung davon, und Sie werden nicht nur wissen, wer Ihr Benzin gestohlen hat, sondern können auch aufhören zu versuchen, sie zu erwischen. Ich garantiere Ihnen, daß die mit ihren Autos keine drei Meter weit kommen mit dem Diesel!"

„Ja, aber dazu brauche ich auch Spezialtanks..."

„Wir besorgen ihnen die Tanks und übernehmen die Wartung. Wir sorgen dafür, daß kein Wasser hereinkommt, daß sie ihren Schutzanstrich haben und sauber sind, für Sie alles kostenlos. Und wir kaufen Ihnen Ihre alten Benzintanks einschließlich des Benzins, daß Sie noch haben, zu dem Preis ab, den Sie dafür gezahlt haben."

Dieser Junge war ein Verkäufer. Und das Beste daran war, er hatte noch immer die Demonstration in Reserve.

Nachdem mein Schwiegervater dann mit den zwölf Messern der Schneidemaschine durch ungepflügten Boden in hoher Geschwindigkeit durchgegangen war und die Maschine dabei ruhig und kaum hochtourig gelaufen war, kam er strahlend zurück.

In weniger als einer Stunde war das Traktorgeschäft abgeschlossen, und der Verkäufer konnte einen ansehnlichen Scheck über eine Anzahlung mit nach Hause nehmen.

„Ich habe einen gekauft, und ich bin zufrieden damit..."

Es gibt eine Variante der Demonstration, die bei dem Kunden angewendet wird, der selbst das, was er sieht, fühlt oder schmeckt, nicht glaubt.

Er ist ein Typ, der einem Verkäufer gegenüber eine so große Furcht oder so großes Mißtrauen hat, daß er sich mit dem, was er sieht, nicht anfreunden und seinen eigenen Augen nicht trauen will. Und glauben Sie mir, das ist *wirkliche Furcht*, echtes Mißtrauen.

Dieser Bursche muß einem äußeren Einfluß ausgesetzt werden, wie beispielsweise dem eines früheren Kunden, der das Produkt oder die Dienstleistung, die Sie verkaufen, gekauft hat und damit zufrieden ist. Ihr Kunde wird normalerweise auf jemanden hören, der so ist wie er, jemand, der nichts gewinnt, wenn er erzählt, ob er mit einer Sache zufrieden ist oder nicht.

Als ich Schulungsleiter bei der erwähnten Automobilverkaufsagentur war, half ich einmal einem unserer Verkäufer, einem schwierigen Kunden einen Kombi zu verkaufen, wobei ich zusätzliche Unterstützung von der Frau des Kunden erhielt.

Der Kunde war verheirateter Familienvater mit fünf Kindern. Er sagte, es sei ihm klar, daß er einen Kombi braucht, aber man hatte ihm erzählt, daß solche Autos nach ein paar Monaten zu klappern anfangen würden, und wenn er *etwas* nicht ausstehen könnte, dann so etwas. Und außerdem würde ihn verständlicherweise die Tatsache stören, daß unser Wagen 2000 Mark teurer wäre als das ausländische Modell, das er ebenfalls in Betracht gezogen hätte.

Der Verkäufer brachte den Mann, seine Frau und die fünf Kinder zu mir und erklärte mir das Problem. Wir hatten ihm eine mittelgroße Limousine gezeigt, und der Kunde hatte erwogen, einen ausländischen Wagen im „Busstil" zu kaufen, weil er gehört hatte, diese seien „klappersicher" und billiger.

Ich sprach nochmal die Nachteile seiner Erwägung an, das heißt, das, was ich für die Nachteile bei dem ausländischen Modell hielt: die schlechtere Straßenlage, das eventuelle Ersatzteilproblem etc. – aber es nützte alles nichts. Sie hatten beschlossen, daß ein herkömmlicher Kombi zu laut und zu teuer wäre, obwohl der Verkäufer und ich da anderer Meinung waren.

Es war Freitagabend; ich entschuldigte mich einen Moment und rief einen Kunden an, dem ich sechs oder sieben Monate vorher einen solchen Kombi verkauft hatte. Er hatte sieben Kinder, vier davon unter zehn Jahre alt.

„Herr Katt, wann habe ich Sie und Ihre Frau das letzte Mal zum Abendessen eingeladen?"

„Herr Dane, Sie wissen, wie man eine Unterhaltung anfängt. Was führen Sie im Schilde? Und vergessen Sie das Abendessen nicht!"

„Wie sind Sie mit Ihrem Kombi zufrieden, Herr Katt? Sie *und* Ihre Frau?"

„Ich habe Ihnen im letzten Monat, als wir zur Inspektion vorbeikamen, gesagt, daß es der beste Kauf war, den wir je gemacht haben. Warum?"

„Ich habe ein Ehepaar hier, das genauso denkt, wie Sie und Ihre Frau gedacht haben. Sie erwägen den Kauf eines ausländischen Busmodells, und ich kann die beiden anscheinend nicht davon abbringen."

„Der größte Fehler, den sie je machen können. Sagen Sie ihnen, daß ich das gesagt habe. Meine Frau würde ihnen das gleiche sagen. Sagen Sie diesen Leuten..."

„*Sie* werden es ihnen sagen."

„Was?"

Ich erklärte ihm, daß er „zufällig vorbeikommen" solle, sobald es ginge, und die Kinder mitbringen solle, damit mein Kunde sehen könne, daß er und seine Familie mit dem Wagen zufrieden sind und es ihnen nicht leid tut, nicht das ausländische Modell gekauft zu haben.

Ich sagte ihm, wie er es machen solle. Er solle einfach in mein Büro kommen und uns mit irgendeiner Entschuldigung unterbrechen, und ich würde dann alles weitere machen.

Es funktionierte prima. Die beiden Frauen kamen ins Gespräch, die beiden Männer fachsimpelten und noch ehe man es sich recht versah, fuhren sie im Kombi von Herrn Katt davon, und er erzählte pausenlos von den vielen Vorteilen seines Kombis gegenüber dem ausländischen Modell, und der Verkäufer und ich versuchten solange, die zehn Kinder zu bändigen und sie bei Laune zu halten, bis ihre Eltern zurückkamen.

Nach etwa zehn Minuten kamen sie zurück. Als sie ausstiegen, sagte die Frau des unschlüssigen Kunden: „Das einzige, was mich stört, ist, daß wir von jedem hören, daß die Wagen anfangen sollen zu klappern, wenn sie ein bißchen älter sind. Und glauben Sie mir, wenn wir so viel Geld für einen Wagen bezahlt haben, dann wird er zumindest *ein paar Jährchen* laufen müssen, bis *wir* uns einen neuen leisten können."

Frau Katt machte den Abschluß für uns, indem sie antwortete: „Meine Liebe, wenn es Ihnen so geht wie uns, wenn Sie den Wagen voller Kinder geladen haben, dann würden Sie überhaupt nichts hören, selbst wenn es klappern würde, warum sich also nicht gleich den zusätzlichen Komfort, den man gerne haben möchte, leisten?"

Der Einfluß von außen brachte es. Sicher, wir haben die Katts darauf angesetzt. Aber sie haben *die Wahrheit gesagt*, so wie es für sie zutraf, und sie *versuchten ernsthaft*, dem anderen Ehepaar *zu helfen*.

Mit dieser Entwicklung hatten wir nicht unbedingt gerechnet. Uns blieb gar nichts anderes übrig, als die ganze Familie Katt zu dem versprochenen Essen einzuladen.

Der Fall meines Schwiegervaters ist ein gutes Beispiel für die in Reserve gehaltene Demonstration und das Festmachen des Abschlusses, sobald der Kunde auszuweichen anfängt, weil er nur ungern eine alte Gewohnheit ändern will, selbst wenn es eine positive Veränderung ist.

Der Verkauf des Kombis zeigt die klaren Vorteile, die sich bieten, wenn man sich bei dem Abschluß Einfluß von außen zunutze macht, sobald der Kunde ausweicht oder ein anderes Produkt oder eine andere Dienstleistung in Erwägung zieht.

Zusammenfassend zu diesem Kapitel möchte ich sagen, daß Sie die Unterhaltung *auf die richtigen Punkte bringen* müssen, daß Sie sie in eine Richtung lenken müssen, in die Sie sie haben wollen, und dabei die Einzelteile des Panzerkleides beim Kunden entfernen und immer die Kontrolle darüber behalten.

Während Sie die Unterhaltung lenken und sie dabei auf dem Pfad halten, der direkt zum Abschluß führt, müssen Sie den potentiellen Kunden jeder Gelegenheit, „nein" zu sagen, berauben. Desgleichen müssen Sie ihm eine Alternative liefern, eine Auswahl, sonst werden Sie das Ziel, ihn von einer negativen Antwort abzuhalten, verfehlen. Zu verhindern, daß der Kunde „nein" sagt, ist Teil der Kontrolle und der Lenkung des Gesprächs auf den Abschluß hin.

Die dritte Grundregel, die befolgt werden muß, *um einen reibungslosen Übergang zum Abschluß zu gewährleisten*, ist ebenfalls Teil der Kontrolle: Wenn Ihr Kunde in einer empfänglichen Stimmung zu sein scheint, dann müssen Sie darauf bedacht sein, daß er in dieser Stimmung bleibt und es zu keiner Entfremdung oder Stimmungsänderung kommt, durch die Ihr Abschluß mit Sicherheit sehr erschwert, wenn nicht gar völlig unmöglich werden würde.

Wir haben verschiedene Methoden besprochen, wie man die drei grundlegenden Voraussetzungen, die bei einem erfolgreichen

Abschluß unbedingt vorhanden sein müssen, verwirklichen kann und wie diese Dinge dabei miteinander in Verbindung stehen, und Ihnen fallen sicher noch mehr Methoden ein, oder sie sind Ihnen schon eingefallen.

Bilden Sie sich zu Beginn des Gespräches ein Urteil über den Kunden; finden Sie seine Einstellung heraus, lenken Sie ihn in Ihre Richtung, bieten Sie ihm eine Auswahl und nicht ein Ja oder Nein an, und sobald die Einzelteile seines Panzerkleides des Widerstands gegen den Kauf einmal entfernt sind, wird der große Abschluß reibungsloser, leichter und häufiger erreicht werden.

7
Ein Abschluß bleibt nicht immer ein Abschluß: Sechs Methoden, um sich gegen einen Rückzieher des Kunden zu schützen

Wann ist ein Abschluß kein Abschluß?

Ein Abschluß ist dann kein Abschluß, wenn der Kunde zwei Stunden später oder am nächsten Tag kommt und dem Verkäufer sagt, er solle die ganze Sache stoppen, denn er habe sich entschlossen, noch etwas damit zu warten, oder das Produkt sei vielleicht doch nicht das Richtige für ihn.

Wir wissen alle, daß so etwas vorkommt. Es passiert nur allzu oft, und es läßt sich mit Sicherheit sagen, daß in den meisten Fällen der Verkäufer schuld daran ist. Hätte er beim Abschluß gründliche Arbeit geliefert, alles vollständig gelöst und geliefert, wo immer es möglich war, dann hätte es wahrscheinlich keinen versuchten Rückzieher gegeben.

Der gut ausgebildete Verkäufer wird jedoch selbst im Fall eines versuchten Rückziehers die Sache bereinigen, ohne die gesamte Abschlußprozedur noch einmal zu wiederholen; ohne den doppelten Aufwand an Zeit und Arbeit wird er seinen Kunden dieses Mal definitiv festnageln.

Ob Sie nun Friedhofsgelände, Autos oder Investmentfonds verkaufen, es gibt zwei grundlegende Vorsorgemöglichkeiten, die standteil jeder Abschlußprozedur sind. Diese beiden Vorsorgemöglichkeiten gegen den Rückzieher werden eine Meinungsänderung oder einen Rückzieher des Kunden eher verhindern als alle Worte oder Taten, sobald ein Rückzieher einmal aufgetreten ist.

Mit Brief und Siegel (und Lieferung)

Es könnte sehr gut sein, daß die erste der beiden Schutzmaßnahmen zugleich die wichtigste ist, da sie in der Reihenfolge nach der Kaufentscheidung des Kunden als erste kommt.

Sie ist aus zwei Gründen richtig: sie kommt direkt nach der Unterzeichnung des Kaufvertrages durch den Kunden, und sie gilt für jeden Abschluß. Die zweite Schutzmaßnahme ist dann vielleicht gar nicht mehr nötig oder möglich.

Wenn der Kunde den Kaufvertrag unterschrieben hat oder gesagt hat, daß er das von Ihnen angebotene Produkt oder die angebotene Dienstleistung nehmen will, dann machen Sie die Papiere fertig...und zwar alle Papiere.

Immer und immer wieder erlebe ich Verkäufer, die den Fehler begehen zu glauben, der Papierkram könne warten, nur weil Herr Lorenz den Kaufvertrag bereits unterzeichnet oder gesagt hat, er würde kaufen.

Eine Stunde, nachdem der Verkäufer dann gegangen ist und in sein Büro zurückkommt, hatte der Kunde sich das Ganze nochmal durch den Kopf gehen lassen, rief an und sagte: „Warten Sie noch mal mit der Sache. Ich möchte nochmal darüber nachdenken!" oder: „Ich werde später wieder auf Sie zurückkommen."

Normalerweise wird der Verkäufer sagen: „Was will er? Er hat einen Kaufvertrag unterzeichnet, und ich werde..."

Sie werden – was? *Gar nichts werden Sie, und das wissen Sie auch.* Wenn er beschließt zurückzutreten, dann können Sie normalerweise dagegen sehr wenig tun. Streng genommen ist ein Vertrag ein Vertrag, aber wir wissen alle, daß, solange ein Geschäft nicht *völlig abgewickelt* ist, die Waren *geliefert* und *bezahlt* worden sind, der Vertrag eigentlich *nur für den Verkäufer* wirklich bindend ist, nicht für den Käufer.

Wie oft haben Sie es schon erlebt, daß eine Firma vor Gericht gegangen ist oder überhaupt davon gesprochen hat, daß ein Kunde den Kaufvertrag unterzeichnet hat und danach zurückgetreten ist?

Sicher sehr selten, es sei denn, es ging hier um den halbherzigen Apell an die Ehre desjenigen, der unterschrieben hat.

Die Lösung ist: Wickeln Sie das Geschäft *komplett* ab, *ohne daß noch irgendein unerledigter Zipfel hängenbleibt.* So haben Sie eine viel bessere Chance, daß die Vereinbarung gilt, als wenn Sie noch tausend Dinge später oder am nächsten Tag im Büro dafür erledigen müssen.

Das mobile Büro

Vor einigen Jahren war ich im Urlaub, weit von zu Hause entfernt, wir hatten gerade unterwegs in einem Restaurant Rast gemacht, und ich war recht überrascht, als mir plötzlich jemand auf die Schulter klopfte und sagte: „Kannst du mit deinem Hintern nicht zu Hause bleiben, Les?"

Es war ein Mann aus meinem Heimatort, der Verkaufsleiter eines Bootsherstellers, der eine Verkaufsreise machte.

Als ich Bert, wie er hieß, meiner Familie vorgestellt hatte, setzte er sich auf einen Kaffee zu uns an den Tisch und erklärte, daß die Verkäufe in den letzten Monaten ziemlich gesunken seien und er dabei wäre zu versuchen, sie wieder nach oben zu bringen.

„Wir machen diese Verkaufsreise hier – die meine Idee war, nachdem ich bei der Firma als Verkäufer eingestiegen bin – jetzt seit fünf Jahren, und in letzter Zeit beginnen die Verkäufe zu fallen. Die Leute, die die Reise normalerweise machen, kommen mit einer Menge Aufträge zurück, aber dann trifft eine Stornierung nach der anderen ein.

Ich habe die Situation analysiert, und wenn du mit dem Essen fertig bist, werde ich dir erzählen, was die Schwierigkeit war und wie wir die Stornierungen fast komplett gestoppt haben."

Ich wußte ein wenig über seine Firma, beispielsweise, daß sie im Vergleich zu anderen Herstellern eher klein war, aber sie hatte ein gutes Produkt und einen ausgezeichneten Kundendienst, und sie hatte auch die Vertretung für zwei führende Hersteller von Außenbordmotoren und mehrere von Innenbordmotoren.

Ich wußte, daß sie diese Verkaufsreise zweimal im Jahr machten, wobei sie die bei der vorhergehenden Reise verkauften Boote auslieferten und dabei wieder neue Aufträge entgegennahmen.

Draußen erzählte Bert mir dann, wie sein Verkäufer die Abschlüsse getätigt hat. Er nahm einfach den Auftrag entgegen, ließ ihn sich unterschreiben, bekam einen Scheck über eine Anzahlung und sagte dem Kunde dann, daß er ihm die Papiere zuschicken und er sie in „ein bis zwei Wochen" sicher haben würde.

„Dieses „in ein bis zwei Wochen" *brach uns das Genick.* In Wirklichkeit sagten wir dem Kunden damit, daß er ein oder zwei Wochen Zeit habe zurückzutreten, und nichts auf der Welt hätte ihn hindern können, genau das zu machen."

Er führte mich zu einem Lastzug. Dieser hatte einen Anhänger, der fünf Reihen hoch, drei Reihen breit und vier Reihen lang beladen war. Er hatte 60 Boote auf dem Anhänger, meiner Schätzung nach 5000 DM pro Boot.

An der Rückseite befand sich eine Kabine aus Sperrholz mit einer aufklappbaren Tür, die er aufschloß, und zum Vorschein kam ein vollständiges Büro. Es gab eine Schreibmaschine, Fächer mit Auftragsformularen, Verträgen, Empfangsbescheinigungen und eine Liste mit den Seriennummern jedes Bootes und jedes Motors, das die Firma auf Lager hatte.

„Ich rufe jeden Abend zu Hause an, gebe die Aufträge durch und bringe meine Lagerbestandsliste auf den neuesten Stand. Wenn ich also einen Auftrag bekomme, kann ich auf diese Weise dem Kunden das genaue Boot nennen und muß nicht einfach schreiben: 'ein rotes mit weißer Zierleiste, vier Meter zwanzig, Anglerboot.'

Das Ziel hierbei ist, daß der Kunde sehen kann, daß er ein bestimmtes Boot gekauft hat, daß es *bereits gebaut* und *für ihn bestimmt* ist.

Dann mache ich die ganze Transaktion fertig – bis auf die Lieferung. Ich wünschte, das wäre auch noch möglich. Ich bin mit einem Verkauf nie zufrieden, bevor die Sache nicht Brief und Siegel hat und ausgeliefert worden ist, aber Brief und Siegel ist zumindest schon ein Schritt in die richtige Richtung.

Bei meiner letzten Verkaufsreise habe ich 184 Boote verkauft und nur vier durch Stornierungen verloren, und die kamen von einem Händler, dessen Geschäft zwei Tage, nachdem ich ihn besucht hatte, abgebrannt ist. In diesem Fall hatte ich das komplette Geschäft abgeschlossen, und wir hätten ihn auch darauf festnageln können, wenn unser Chef so entschieden hätte. Diese einfache Änderung, den Kauf an Ort und Stelle fertig zu machen, hat für uns Wunder bewirkt."

Manchmal ist der Kunde in Eile oder will den Papierkram und das Unterschreiben erst später erledigen, aber das kann zu Problemen führen.

Wenn er sagt, er sei in Eile oder habe noch einen anderen Termin, fängt es bereits an mit dem „die Sache noch einmal überdenken", und er bereitet sich vielleicht schon auf den Rückzug vor.

Bereiten Sie sich schon so weit wie möglich vor, füllen Sie alle Unterlagen, so weit es geht, schon im voraus aus, die genauen Spezifikationen des Kaufs und alles, was jetzt schon erledigt werden kann, so daß Sie den *Kauf* an Ort und Stelle dann *abwickeln* können.

Wenn er bar zahlen kann, warum dann nur eine Anzahlung nehmen? Lassen Sie sich den vollen Betrag auszahlen. Wenn er keine Schecks dabei hat, besorgen Sie ihm welche, und wenn Sie irgendwelche Zweifel haben, gehen Sie sofort zur Bank und lösen Sie sie ein, bevor er Gelegenheit hat, Zahlungen zu stoppen. Sie können später ein Dutzend Erklärungen dafür abgeben, warum Sie das getan haben. Eine einfache Sache wie diese wird aber den Rückzugsversuch vereiteln, wenn er die Bank anruft und erfährt, daß Sie seinen Scheck eingelöst haben. Es wird ihn zumindest daran erinnern, daß er mit Ihnen ein *Geschäft abgeschlossen hat*, daß Sie in gutem Glauben gehandelt haben und sich nie hätten träumen lassen, daß er sein Wort nicht hält.

Die „Scheinlieferung"

Bert erwähnte die zweite Schutzmaßnahme. Es ist nicht immer möglich, aber wo es möglich ist, *liefern Sie*, sobald Sie können!

Natürlich gibt es Situationen, wie es bei Bert der Fall war, wo Sie nicht an Ort und Stelle liefern können, aber falls Sie können, fügen Sie diese Schutzmaßnahme der ersten hinzu, und *liefern Sie*.

Im Falle einer Versicherungspolice, die erst von der Hauptverwaltung genehmigt werden muß, eines Autos, das bestellt werden muß oder eines Investmentfonds, der aufgestellt werden muß, können Sie nicht liefern, aber bei vielen Produkten und Dienstleistungen können Sie es. Oft können Sie zumindest eine „Scheinlieferung" vornehmen, wenn Sie keine wirkliche Lieferung machen können.

Ich verwendete die „Scheinlieferung", als ich Autos verkaufte. Ich hatte wie alle Verkäufer einen Vorführwagen, und wenn ich einen Verkauf getätigt hatte, den ich noch nicht liefern konnte, setzte ich den Kunden (eigentlich ist er noch ein potentieller Kunde) in meinen Wagen.

Wenn er protestierte und sagte, er wolle mich nicht meines Transportmittels berauben oder an den Vorführwagen gebunden werden, dann bestand ich noch mehr darauf. Ich bestand darauf, weil das oft genug der Anfang war von *„die Sache noch einmal überdenken"*, was die Entscheidung für den Kauf angeht. Ich wußte, wenn ich ihn in meinen Vorführwagen hineinbekommen würde, wäre ich näher daran, diesen Rückzugsgedanken zu verhindern. Ich wußte, daß ich, indem ich ihn an mich und meine Firma *band*, das also, wovor er am meisten Angst hatte, eine bessere Chance hätte, daß er wirklich kauft. Und er wußte das auch.

„Ich werde mit kommen"

Ein weiterer Trick, den mir ein Versicherungsverkäufer zeigte, ist sehr wirksam, um das Schreckgespenst des „die Sache nochmal überdenken" schon im voraus zu bekämpfen. Er erledigte den ganzen Papierkram so weit wie möglich, ließ sich die erforderlichen Unterschriften geben und bereitete alles vor, so gut es ging.

Wenn er dann den Termin für die ärztliche Untersuchung machte, sagte er dem Kunden, sobald der Termin feststand, er würde ihn, sagen wir, eine halbe Stunde vorher abholen.

„Ich finde den Arzt schon. Sie brauchen nicht..."

„Das ist schon in Ordnung, Herr Winter. Das gehört zu meinem Beruf. Und außerdem müßte ich den Doktor selbst für ein paar Minuten sprechen, ich schlage also zwei Fliegen mit einer Klappe."

Dann ging er gleich zu etwas anderem über oder verabschiedete sich von dem Käufer, damit dieser nicht weiter darauf bestehen konnte, nicht abgeholt und zur ärztlichen Untersuchung gebracht zu werden.

Dadurch erreichte er drei Dinge: Er verhinderte einen späteren eventuellen Sinneswandel, und *er erkannte auch den möglichen Rückzieher frühzeitig*, falls sich da einer anbahnte. Und wenn dem tatsächlich so war, war er eher in der Lage, gegen ihn vorzugehen, da er vorgewarnt war. Und er *band den Käufer* in *viel stärkerem Maße* an sich oder seine Firma.

Das Erledigen des ganzen Papierkrams und die Unterzeichnung sämtlicher Verträge und Vereinbarungen ist *ein psychologisches Abschreckungsmittel* für einen *Rückzieher durch den Kunden.*

Gehen wir noch einen Schritt weiter – dort, wo es möglich ist, beim Abschluß direkt die Lieferung vorzunehmen, kommt es äußerst selten dazu, daß der Käufer versuchen wird, wortbrüchig zu werden, und wenn er es tatsächlich tut, hat der Verkäufer ein starkes Druckmittel, nämlich die Lieferung, mit der er den Kunden dazu zwingen kann, die Vereinbarung einzuhalten.

Nur wenige Kunden würden vor Gericht gehen und eingestehen, daß sie die Lieferung eines Produktes angenommen oder eine vollständig durchgeführte Vereinbarung unterzeichnet und dann beschlossen haben, wieder einen Rückzieher aus dem Geschäft zu machen.

Ein erfolgreicher Verkäufer erzählte mir: „Sobald ich die Lieferung vornehme, fange ich an, mir meine Provision vorzustellen. Es ist nicht nur selten, daß der potentielle Kunde einen Rückzieher versuchen wird, nachdem die Lieferung vorgenommen wurde, sondern das ist auch der Punkt, an dem ich, wenn nötig, Druck ausüben kann, um ihn zu zwingen, seine Verpflichtung zu erfüllen. Sobald er die Lieferung angenommen hat, ist das Geschäft für mich abgeschlossen, und es gibt keinen Rückzieher mehr."

Tun Sie alles, was in Ihrer Macht steht, um das Geschäft einschließlich der Lieferung vollständig abzuwickeln, wo immer das möglich ist; und wenn Sie die Lieferung nicht gleich vornehmen können, dann verwenden Sie andere Tricks, um Ihren Käufer zu verpflichten, zu dem Geschäft zu stehen. Je schwieriger Sie es für ihn machen, wortbrüchig zu werden, desto mehr Abschlüsse werden Sie fix und fertig zu den Akten legen können.

Bei der Stange halten

Wenn die Lieferung noch nicht erfolgte, Sie das Geld noch nicht ganz bekommen haben oder aus irgendeinem Grund noch nicht die Gelegenheit hatten, den ganzen Papierkram vollständig abzuwickeln, dann müssen Sie auf jeden Fall eine der drei Methoden verwenden, um Ihren Kunden „bei der Stange halten".

Damit soll dem versuchten Rückzieher vorgebeugt und der Kunde dazu gebracht werden, zu dem Geschäft, das er gemacht hat, auch zu stehen.

Im wesentlichen kann dies durch eine der drei Arten erreicht werden: *Überzeugen Sie ihn*, das zu tun, womit er sich zuvor einverstanden erklärt hat, bringen Sie ihn dazu, aus *Sympathie* Ihnen gegenüber die Sache durchzuziehen, oder *zwingen Sie ihn*, die Vereinbarung, die er unterschrieben hat, zu erfüllen. Es gibt viele Möglichkeiten, den Rückzugsversuch zu bekämpfen, und Sie können Ihre eigenen Versionen der Grundmethoden entwickeln.

Ein schlechtes Gewissen („Sie wollen mich auf den Arm nehmen!")

Einer der erfolgreichsten Verkäufer, die ich kenne, erläuterte mir seine Lieblingsmethode, wenn es darum ging, den Käufer „bei der Stange zu halten".

Der Kunde, der versucht, bei einem Geschäft wortbrüchig zu werden, fühlt sich schuldig dabei. Er weiß, daß er dem Verkäufer unrecht tut, denn er hat ein Geschäft abgeschlossen und weiß, daß er dies auch erfüllen sollte.

Ich weiß, daß er dieses Schuldgefühl hat, und ich benutze sein Gewissen dafür, die Sache durchzuziehen; die Methode hängt dabei von dem einzelnen Kunden ab.

Zur Veranschaulichung, wie ich das meine, soll ein fiktives Telefongespräch dienen, in dem es um einen Rückzugsversuch geht.

„Guten Tag, Herr Dane, hier ist Vollmer. Ich war vor ein paar Stunden bei Ihnen und habe mir einen Opel angeschaut."

„Ja, Sie haben den blauen viertürigen *gekauft* (einfach eine kleine Betonung auf „gekauft")."

„Äh, ja. Nun, Herr Dane, ich habe beschlossen... ich meine, verstehen Sie, das Auto gefällt mir schon und so, aber, nun, ich habe mich entschlossen, noch ein bißchen zu warten, bevor ich kaufe."

(Hier warte ich etwa eine halbe Minute, bevor ich antworte, um zu zeigen, daß ich es nicht glauben kann! Ich tue schockiert darüber, daß er auch nur so etwas *andeuten* kann und lasse sein *Gewissen* für mich arbeiten.)

„Sie möchten... warten?"

„Ja, Herr Dane, es tut mir leid, Ihnen das anzutun, aber..."

„Hahaha! Herr Vollmer, das war ein guter Witz. Eine Minute lang bin ich wirklich darauf reingefallen. Eine Minute lang habe ich wirklich geglaubt, Sie *wollten ernsthaft* von der Vereinbarung, die Sie *getroffen haben*, zurücktreten (achten Sie wieder auf diese Betonung), aber ich verstehe jetzt, daß Sie mich nur auf den Arm nehmen wollten."

„Aber Herr Dane, ich..."

„Haha, wissen Sie, das ist gut, daß Sie Ihre Scherze mit mir treiben, Herr Vollmer. (Sein „Aber Herr Dane" hat gezeigt, daß er es wirklich ernst meint, also muß ich einen Zahn zulegen.) Alle Papiere sind fertig, und unser Mann ist bereits auf dem Weg zur Zulassungsstelle, um den Wagen auf Ihren Namen zuzulassen. Er ist in ein paar Minuten zurück. Also, was ist der *wirkliche* Grund, warum Sie anrufen, Herr Vollmer?"

„Anrufen? Oh, ja, ich, oh... ich wollte wissen, wann ich ihn abholen kann. Sie haben es mir zwar gesagt, aber ich hab's vergessen."

„Sicher, Herr Vollmer, er wird um..."

Dieser Bursche wollte mich nur *aushorchen*, als er anrief, er wollte meine Reaktion auf den Rückzugsversuch in Erfahrung bringen, bevor er mich konkret unter Druck setzt.

In Wirklichkeit konnte man an seiner Stimme und der Art, wie er herumstotterte, erkennen, daß er sogar halbwegs hoffte, ich würde ihn nicht wortbrüchig werden lassen und ihm die Sache wieder ausreden.

Mit jemandem, der es sich offensichtlich definitiv in den Kopf gesetzt hat, vom Geschäft zurückzutreten, muß man auf andere Weise umgehen. Ungefähr so:

„Herr Dane? Guten Tag, hier ist Vollmer. Ich war vor einer Weile bei Ihnen und habe mir den Opel angeschaut. Behalten Sie die Papiere, die ich unterschrieben habe, noch bei sich. Ich werde Sie wieder ansprechen. Es ist etwas dazwischengekommen. Das heißt, ich muß noch etwas warten, aber wenn ich kaufe, werde ich ganz bestimmt zu Ihnen kommen..." (Beachten Sie den Hinweis auf die Papiere. Jede Person, die einen Rückzugsversuch unternimmt, wird an *irgendeiner Sache* in der Vereinbarung *Anstoß nehmen*, sei es die Tatsache, daß die Papiere schon unterzeichnet sind oder die Sache zuviel Kosten nach sich zieht etc. Benutzen Sie das, um den Kunden auf den Abschluß festzunageln.)

„Warten Sie, Herr Vollmer. Ich werde ins Büro laufen und versuchen, die Papiere noch zurückzuhalten, bevor sie in die Post gehen." (Dann lege ich den Hörer hin, ohne ihm die Chance zu geben zu fragen, was ich damit gemeint habe. Ich lasse ihn volle drei bis vier Minuten mit der Vorstellung der „Papiere in der Post" warten, und mit seinem Gewissen, das zu meinen Gunsten arbeitet.)

„Herr Vollmer, ich war etwa eine Minute zu spät." (Nicht: „Er war mit seinem Anruf zu spät", sondern: „Ich war zu spät"; damit hat er eine Entschuldigung, und er kann das Geschäft schließlich doch noch akzeptieren, weil es *mein* Fehler ist.) „Die Papiere und die ganzen Unterlagen sind schon auf dem Weg in die Fabrik, wissen Sie, und die Garantiedokumente sind schon in der Post, ich weiß nicht, wie um alles in der Welt, mein Gott... es tut mir leid, Herr Vollmer, aber, wissen Sie was? Wenn Sie kommen, um den Wagen abzuholen, dann erinnern Sie mich daran, daß ich ihn für Sie volltanken werde. Das ist das mindeste, was ich für Sie tun kann, nachdem..."

Es kann natürlich auch vereinzelt vorkommen, daß der Käufer tatsächlich die Wahrheit sagt, daß wirklich etwas aufgetreten ist, das es ihm unmöglich macht, die Vereinbarung zu erfüllen. Wenn das der Fall ist, akzeptieren Sie es in angemessener Form, und er wird vielleicht auf Sie zurückkommen, wenn er in der Lage ist zu kaufen.

In den meisten Fällen, wo er einfach nur versucht, einen Rückzieher zu machen, wird das obige Vorgehen ihn an der Vereinbarung festhalten und ihn dazu bringen, seine Zusagen einzuhalten.

Es gibt viele Drehs, mit denen man sein Ziel erreichen kann und die sich das schlechte Gewissen des Kunden zunutze machen, um den Rückzugsversuch zu verhindern. Erfinden Sie Ihre eigene Methode, aber behalten Sie das *schlechte Gewissen* als die grundlegende Waffe im Auge.

„Tut mir leid, er ist schon nach Hause gegangen!"

Eine andere, sehr wirksame Methode unter Verwendung eines schlechten Gewissens, um gegen einen Rückzugsversuch anzugehen, ist, *gar nichts zu tun*. Der Rückzugsversuch ist genau wie irgend etwas anderes, bei dem sich der Kunde vielleicht schuldig fühlt, und je eher er das los wird, umso besser fühlt er sich danach. Im Gegenteil, je länger er es mit sich herumschleppt, desto geringer wird sein Bedürfnis, es loszuwerden, falls er die Möglichkeit dazu bekommt.

Ich bin unmittelbar nach einem Verkaufsabschluß nie erreichbar. Wenn ich frühmorgens einen Abschluß gemacht habe, gebe ich bekannt, daß ich aus dem Haus gegangen bin, falls der Kunde nach mir fragen sollte, und daß ich wahrscheinlich auch morgen noch weg sein werde.

Wenn es sich um eine Situation handelt, in der der Kunde zu mir kommen könnte, halte ich die Augen offen, vor allem in den vier Stunden nach dem Abschluß, da dies die Zeit ist, in der die meisten Kunden anfangen, sich das ganze Geschäft noch einmal durch den Kopf gehen zu lassen.

Wenn er versucht, eine Nachricht zu hinterlassen, die auf einen Rückzieher hinausläuft, sagt ihm die Empfangsdame höflich, daß sie keine Nachrichten bezüglich Verkaufstransaktionen entgegennehmen kann; die Geschäftsleitung habe festgestellt, daß dies zu Fehlern führe, da die Person, die die Nachricht entgegennimmt, mit den Einzelheiten der Transaktion nicht immer vertraut ist.

Keine Nachrichten

Manchmal wird der Kunde, der sich gegenüber einer dritten Person mutiger und selbstsicherer fühlt als gegenüber dem Verkäufer, darauf *bestehen*, eine Nachricht zu hinterlassen. Wenn das geschieht, dann erhalte ich die Nachricht einfach nicht. „Hier geht es immer sehr hektisch zu, Herr Schmidt, und dieses Mädchen ist nicht das intelligenteste", und erst danach komme ich auf seine Einwände zu sprechen.

Das Ziel dabei ist, daß er über seiner Entscheidung schmoren soll, wobei sein Gewissen wieder für mich arbeitet, und zwar möglichst lange. Ich habe schon erlebt, daß der Kunde beim Gespräch mit mir die Nachricht bezüglich des Rückzugs, von der ich ihm gesagt hatte, daß ich sie nicht bekommen hätte, gar nicht wiederholt. Er änderte den Inhalt der Nachricht total, weil er *durch sein Gewissen veranlaßt worden war, die Vereinbarung schließlich doch zu erfüllen.*

Denken Sie daran, daß die Zeit Ihr bester Verbündeter bei einem Rückzugsversuch ist. Je länger Sie es verhindern können, daß er auf seinen Rückzieher zu spechen kommt, umso unwahrscheinlicher ist es, daß er überhaupt angesprochen wird.

Was ist die Schwierigkeit?

Eine weitere Methode, einen Rückzug des Kunden zu handhaben, besteht aus *einfacher Überredung* plus ein bißchen Autorität. Bei dem ursprünglichen Abschluß mußten Sie den Kunden überzeugen, die Waren oder Dienstleistungen zu nehmen, und beim Bekämpfen des Rückzugsversuchs verwenden Sie nun einfach die gleiche Überredungskunst wie beim Abschluß, aber mit dem zusätzlichen Druck eines Doppelteams, mit *„der Autorität"*.

Natürlich verwenden Sie das Doppelteam nur in den Fällen, wo Sie es nicht bereits beim ursprünglichen Abschluß eingesetzt haben. Wenn Sie es da schon benutzt haben, ist der Kunde jetzt vielleicht dagegen gewappnet, und er hat sich seine Rechtfertigungen vielleicht schon zurechtgelegt, noch bevor das Doppelteam in Aktion treten kann, wodurch es viel an Überzeugungskraft verlieren wird.

Bedenken Sie, er hat hat ein *schlechtes Gewissen* und wird den Rückzug so schnell wie möglich über die Bühne bringen wollen - und so lautlos wie möglich.

Er rechnet nicht damit, mit einem „höheren Tier", einem der Chefs oder jemanden mit mehr Autorität, als Sie haben, konfrontiert zu werden. Er hat das Gefühl, mit Ihnen fertig werden zu können, aber wenn Sie Herrn Krüger hereinbringen und ihn als Vorgesetzten vorstellen, sagen Sie ihm damit auf subtile Art, daß Sie und Ihre Firma sich seinen Rückzug nicht einfach so gefallen lassen werden.

Ein sorgfältig geplantes Doppelteam ist hier noch wichtiger als beim ursprünglichen Abschluß. Der Mann, mit dem Sie das Doppelteam bilden, *muß in allen Einzelheiten* darüber informiert sein, was auf ihn wartet, und er muß ein gutes *Gespür für den jeweiligen Kunden* bekommen, damit er über die richtige Art, wie man mit ihm fertig werden kann, entscheidet, um ihn zu überzeugen, das Geschäft zu machen und die Vereinbarung zu erfüllen.

Egal, wie man an die Sache herangeht, der gute Doppelteampartner wird eine reservierte Haltung einnehmen, wenn er mit dem Kunden auf den Rückzieher zu sprechen kommt. Er wird sich Zeit lassen, um zum Thema zu kommen, und die warme, freundliche Begrüßung des Kunden außer acht lassen. Er wird höflich, aber *kühl* sein. Die verstreichende Zeit, zehn oder fünfzehn Minuten, so daß der Kunde in seinem eigenen, schlechten Gewissen schmoren kann, wird dazu beitragen, ihn weichzukriegen, und die Reserviertheit wird zeigen, daß er auf einen Rückzugsversuch nicht eingehen wird.

Natürlich haben Sie Ihrem Partner alles erzählt, was er wissen muß, doch er wird so tun, als ob er nichts über den Kunden oder den Grund wüßte, warum dieser das Geschäft annullieren möchte. So kann er den Käufer dazu veranlassen, die Gründe, aus denen er wortbrüchig werden will, selbst nochmals durchzugehen, was sein Unbehagen über diese unfaire Entscheidung noch erhöhen wird.

Sobald er fertig ist mit dem Reden und der Doppelteampartner die Gründe für die Annullierung kennt, kann er beginnen, dagegen anzukämpfen (auch hier bleibt er wieder sehr kühl), indem er dem Kunden seine Meinung darüber kundtut, daß er die Nichterfüllung der Vereinbarung nicht billigt, die der Vertreter seiner Firma mit ihm in gutem Glauben getroffen hat.

Standard-Doppelteam

In einer Verkaufsagentur, in der ich tätig gewesen war, hatten wir ein Standardverfahren, um bei einem Rückzugsversuch mit Doppelteam zu arbeiten, wobei man den Kunden – wie beim Verkaufsgespräch – annehmen ließ, der Partner habe mehr Autorität als der Verkäufer.

Dann geht man langsam und methodisch die ganze Transaktion nochmals Schritt für Schritt durch, wobei das Gewissen dieser Person gute Dienste leistet.

„Herr Fischer, ich heiße Rieger. Les erzählte mir, es gibt irgendwelche Probleme bei der Vereinbarung, die Sie beide heute nachmittag getroffen haben. (Achten Sie darauf, wie er ihn auf subtile Weise daran erinnert, daß eine *feste Vereinbarung getroffen* wurde.) Wo liegt die Schwierigkeit, Herr Fischer?"

„Nun, sehen Sie, Herr Rieger, als ich nach Hause kam, habe ich über die Zahlung nochmals nachgedacht, wissen Sie." (Der Doppelteampartner schaut ihn an, mit ernster Miene, aber nicht stirnrunzelnd, und er bestätigt Herrn Fischer nicht darin, daß er dem zustimmt, was er hört.)

Dann beweist der Doppelteampartner seine „Autorität":

„Les, wie oft habe ich dir schon gesagt, du sollst mit dem Kunden sämtliche Einzelheiten besprechen, bevor er unterschreibt? Du kennst meine Prinzipien, und du hättest..."

„Oh, er ist sie mit mir durchgegangen, Herr Rieger, es ist nur..."

„Ich verstehe. Nun, *dann wußten Sie*, was Sie da unterschrieben haben? Herr Fischer, ich schmeiße einen Verkäufer raus, der versuchen sollte, unsere Käufer (Käufer!) übers Ohr zu hauen oder sie dazu zu bringen, etwas zu unterschreiben, was sie nicht verstehen. Das werde ich nicht dulden!" (Ein anderer Hinweis darauf, daß er durchaus wußte, was vor sich ging.)

„Nun, Les, hast du Herrn Fischers Finanzsituation berücksichtigt, um sicherzugehen, daß er sich diese Zahlung leisten kann? Egal, gehen wir es noch einmal durch! Ich möchte, daß er sicher ist, die Vereinbarung (Vereinbarung!) auch einhalten zu können. Wie hoch ist Ihr Gehalt, Herr Fischer?"

Die Art und Weise, wie dieser Doppelteamexperte mit Herrn Fischer, dem armen Herrn Fischer umgeht, führt geradewegs dazu, daß dieser beschließt, die Sache mit dem Vertrag abzuwickeln, weil er auf subtile Weise ständig daran erinnert wird, daß er *einen Handel abgeschlossen hat*.

Gleichzeitig geht der Partner nochmal alles durch, was ursprünglich zu dem Abschluß geführt hat. Diese beiden Dinge zusammen mit seinem Schuldgefühl werden den Kunden schließlich wieder einwickeln, ohne daß länger vom Rückzug die Rede ist.

Je nachdem, wie weit die Transaktion schon abgeschlossen war, kann er den Kunden immer noch zwingen, das Produkt oder die Dienstleistung zu nehmen, wenn das erforderlich werden sollte.

Der letzte Tag

Eine weitere effektive Methode, bei der man die Überredungskunst einsetzt, um den Kunden bei der Stange zu halten, wäre die Sache mit „Es ist der letzte Tag heute".

Diese Methode kann genausogut von einem Doppelteam wie von einem Verkäufer allein verwendet werden, je nach den Umständen.

Einfach ausgedrückt, der Verkäufer zieht auf das *Mitleid* des Kunden und überredet ihn, die Abmachung um seinetwillen, des Verkäufers willen, einzuhalten.

Er könnte ihm zum Beispiel erzählen, daß heute der letzte Tag eines Wettbewerbs ist und daß er mit diesem Abschluß eine Reise ans Mittelmeer gewonnen hätte, aber daß er ihn heute reinbekommen muß, sonst verliert er gegen seinen Kollegen: sie beide kämpfen seit langem um die Führung, und der Wettbewerb endet (er schaut auf die Uhr) in einer Viertelstunde.

Ich erinnere mich an einen Kunden, bei dem ich zusammen mit einem Verkäufer, den ich schulte, ein Doppelteam gebildet habe. Mein junger Kollege kam zu mir und bat mich um Hilfe bei einem Rückzug. Der Kunde hatte ihm erzählt, er habe beschlossen, noch eine Weile zu warten und die Bootsausrüstung erst im nächsten Winter zu kaufen, wenn die Preise gefallen wären.

Als wir in meinem Büro saßen und Tommy mich seinem Kunden vorgestellt hatte, begann ich mit dem üblichen, subtilen „Sie haben ein Geschäft abgeschlossen, und Sie sollten es halten!" aber es funktionierte nicht. Dieser Mann hatte beschlossen, zu warten, und nichts, was ich sagte, brachte ihn davon ab. Später erfuhr ich, daß ein Freund ihm geraten hatte zu warten, bis die Saison vorbei wäre, und er wolle ihm dann helfen, ein gutes Geschäft zu machen.

Dann spielten wir unseren Trumpf aus. „Tommy, es tut mir leid. Du hast dein Bestes getan, und es ist wirklich schade, daß du um ein Haar den ersten Verkaufswettbewerb, seit du bei der Firma bist, verloren hast, aber es wird noch ein Später geben. Auf jeden Fall hast du dich wirklich bemüht." Der junge Verkäufer fing meinen Ball auf:

„Chef, was viel schlimmer ist, als die Reise ans Mittelmeer zu verlieren, ist die Tatsache, daß Herr Erler so ein günstiges Geschäft, egal, ob außerhalb der Saison oder zu irgendeiner anderen Zeit, *nie wieder kriegen kann*. Natürlich wäre auch die Reise schön gewesen. Meine Frau hatte sich schon riesig gefreut."

„Uh, was für eine Reise? Was ist das für ein Wettbewerb, von dem Sie da sprechen? Heißt das, daß Sie mit dem Vertrag, den ich unterschrieben habe, einen Wettbewerb gewonnen hätten?"

Wir hatten ihn. Ich wußte in dem Moment, da er den Vertrag, den er unterschrieben hatte, erwähnte, daß sein Gewissen in Aktion getreten war und daß er sich schuldig fühlte, sich von seinem Freund überredet haben zu lassen, etwas zu tun, was niemand, der Ehre besaß, tun würde – von einem Handel zurückzutreten, den man abgeschlossen hatte.

Dies und die Erkenntnis, daß seine Gemeinheit Tommy den ersten Preis in einem Verkaufswettbewerb kosten würde, veranlaßten ihn, bei der Sache zu bleiben, selbst wenn der See, auf dem er das Boot benutzen wollte, plötzlich trockengelegt werden würde. Es war jetzt auch egal, ob er dabei ein gutes Geschäft machte oder nicht.

„Ja, Herr Erler. Sehen Sie, die Spielregeln besagen, daß ein Verkaufsabschluß gezählt wird, *sobald der Käufer den Vertrag unterschrieben hat*, weil das normalerweise bedeutet, daß er es ernst meint, und nur wenige Leute treten von einer Vereinbarung zurück, sobald Sie erst einmal unterschrieben haben", sagte Tommy. (Wie finden Sie *diesen* unterschwelligen Hinweis?)

Der Kunde nahm die Bootsausrüstung, und damit er zufrieden war, haben wir noch eine Schwimmweste und 15 Meter Nylonseil für insgesamt dreißig Mark auf unsere Kosten mit dazugegeben, und wir fanden, daß das gut angelegtes Geld war.

Die Hölle heiß machen

Es gibt eine weitere Methode, einen Rückzieher zu verhindern, doch die kann nur von einer Person *mit Autorität* verwendet werden – als allerletztes Hilfsmittel, um zurückzuschlagen. Es handelt sich um eine Methode mit der Bezeichnung „ihm die Hölle heiß machen", was bedeutet, *den Kunden dazu zu bringen, zu seiner Vereinbarung zu stehen*.

Wenn ein Kunde einen Vertrag annimmt und sämtliche Papiere unterzeichnen und bearbeiten läßt, hat er im Grunde genommen die Ware, über die er den Vertrag geschlossen hat, *gekauft*, insbesondere, wenn er *die Lieferung zudem angenommen hat.*

Wenn alle Methoden, ihn auf freundschaftlicher Basis dazu zu bringen, die Vereinbarungen zu erfüllen, gescheitert sind, muß der Verantwortliche entscheiden, was nun zu tun ist.

Man kann ihn gehen lassen, alles zerreißen und die damit verbrachte Zeit, Arbeit und entstandene Kosten ebenfalls als verloren betrachten, oder man kann hart werden und „ihm die Hölle heiß machen". Man kann ihn an die Vereinbarung, die er getroffen hat, binden und sogar bis vor Gericht damit gehen, wenn der Umfang des Geschäftes groß genug ist, dies zu rechtfertigen. Das *muß* jedoch von den Verantwortlichen der Firma entschieden werden, und zwar aus zwei Gründen: erstens, der Kunde könnte sich durch die Androhung eines Rechtsstreites nicht täuschen lassen; und zweitens, wenn er es tatsächlich nicht tut, dann *müssen* die Verantwortlichen der Firma *entscheiden*, ob sie es tatsächlich darauf ankommen lassen oder einen Rückzieher machen wollen.

Wenn der Kunde also gezwungen wird, seine Vereinbarungen zu erfüllen, wird er auf jeden Fall ein unzufriedener Käufer werden, und es wird in Zukunft derart schwer werden, ihn zufriedenzustellen, daß es die Schwierigkeiten nicht lohnt, die es verursachen wird, ihn zum Einhalten der Vereinbarung zu bringen.

Auf jeden Fall kann nicht stark genug betont werden, daß dies eine *Situation ist, die vom Management* – und nur von diesem – gelöst werden muß und sollte. Damit soll nicht gesagt werden, daß der Verkäufer den potentiellen Kunden ohne Ringen oder ohne ihn zur Geschäftsführung gebracht zu haben, gehen lassen soll, sondern daß es die Entscheidung des Eigentümers oder Geschäftsführers ist, ob die Methode „ihm die Hölle heiß machen" verwendet werden soll oder nicht.

Seien Sie vorbereitet!

Seien Sie auf der Hut vor dem Rückzieher! Während des Verkaufsabschlusses werden bereits die ersten Hinweise auftreten, die andeuten, daß ein Rückzieher bevorsteht.

Wenn sie auftreten, seien Sie darauf vorbereitet, mit ihnen fertig zu werden. Verwenden Sie *die beiden Schutzmaßnahmen* gegen den Rückzieher, um ihn zu verhindern, bevor er geschieht. Wenn das nicht funktioniert, verwenden Sie eine der anderen Methoden, um den Verkauf als Abschluß abgelegt zu lassen.

Denken Sie daran, es gibt zwei grundlegende Schutzmaßnahmen, die man beim Abschluß verwendet, um sich gegen einen Rückzugsversuch durch den Kunden abzusichern: erstens, *erledigen Sie sämtlichen Papierkram*, der erledigt werden kann, und zweitens, *liefern Sie so bald wie möglich*. Wenn diese Dinge scheitern und Sie sich einem Rückzugsversuch gegenüber sehen, verwenden Sie eine der in diesem Kapitel dargestellten Methoden, um ihn zu bekämpfen, wobei Sie auch irgendeine eigene Version, die Ihnen einfällt, benutzen können.

Egal, auf welche Art und Weise Sie dieses Prinzip benutzen, die mächtigste Waffe gegen den Rückzug ist *das Gewissen Ihres Kun-*

den. Setzen Sie es zu ihrem Vorteil ein, und Ihre Abschlüsse werden abgeschlossen bleiben. Wenn Sie es unterlassen, vorbereitet zu sein oder *gegen einen geplanten Rückzieher anzukämpfen*, dann werden Sie die meiste Zeit damit verbringen, Verträge zu zerreißen.

8
Sechs Fehler beim Abschluß: Wie man sie erkennt und vermeidet

Sechs Arten, wie man den Verkauf garantiert verliert

Genauso wie es bestimmte Dinge gibt, die der Verkäufer *tun muß*, um einen glatten und dauerhaften Abschluß zu bekommen, gibt es Dinge, die er *nie tun darf*. Ihm können Fehler unterlaufen, *die den Verlust des Geschäftes praktisch garantieren*, und all seine Mühe und Zeit ist verloren.

Einige davon sind Versuche des Verkäufers, die Einwände des potentiellen Kunden zu widerlegen, einige davon zeigen sich als „panikartige" Gegenmaßnahmen, wenn der potentielle Kunde sagt, er wolle sich eigentlich erst einmal nur informieren und noch nicht wirklich kaufen, und wiederum andere treten auf, wenn der Verkäufer zuläßt, daß die Unterhaltung zu persönlich wird. Alle diese Fehler müssen vermieden werden, wenn Sie eine hohe Abschlußquote erreichen wollen.

Ein einfacher Weg, sich selbst darin zu schulen, auf diese Fallen zu achten, wäre, sich das Verkaufsgespräch als eine lange Straße mit vielen Kurven vorzustellen. Sie und Ihr potentieller Kunde befinden sich am Anfang dieser Straße, und irgendwo in einiger Entfernung, hinter vielen Umwegen und Kurven, liegt das Ziel – der Abschluß.

Stellen Sie sich vor, wie Sie mit Ihrem potentiellen Kunden beginnen, diese Straße entlang zu gehen, und behalten Sie dieses Bild vor Augen, während Ihr Verkaufsgespräch voranschreitet. Sie werden die Kurven sehen, langsamer fahren und den Hindernissen ausweichen.

„Sie haben unrecht, Herr Maier..."

Niemand hat es gern, erzählt zu bekommen, daß er unrecht hat, selbst wenn ihm das auf eine nette Art und Weise gesagt wird. Und was wir am meisten hassen, ist, *gezeigt* zu bekommen, daß wir unrecht hatten. Wenn es nur um eine Meinung einer anderen Person geht, so können wir damit leben, auch wenn wir uns darüber ärgern. Aber *gezeigt* zu bekommen, daß wir unrecht haben, ist etwas, was wir alle sehr übelnehmen; und wenn das bei einem potentiellen Kunden geschieht, kann das zu Schwierigkeiten beim Verkaufsabschluß führen.

Ich begleitete Thomas, einen neuen Verkäufer, um ihm bei einem Apotheker beim Verkaufsabschluß über Campingzubehör für 10 000 DM zu helfen. Thomas hatte das Gefühl, er stünde kurz vor dem Abschluß, und bat mich mitzukommen, falls noch irgendwelche Schwierigkeiten auftauchen sollten.

Wir fanden seinen potentiellen Kunden in empfänglicher Stimmung vor, bereit, ein Geschäft zu machen, und es sah nach simpler Erledigung des Papierkriegs aus, bevor man den Scheck nach Hause tragen konnte. Wie sich herausstellte, war dem nicht so.

Der Kunde hatte einen recht großen Laden. Die Theke erstreckte sich über den gesamten rückwärtigen Teil, und der Apotheker stand auf einem etwas erhöhten Podest hinter der Theke. Während wir warteten, bis er eine freie Minute hatte, kam ein Mann herein und fragte, wie er zur Autobahn A 2 kommt.

„Ja, mein Herr, das ist ganz einfach", antwortete der Apotheker. „Sie fahren auf den Schnellweg hier vor dem Laden. Dann nach links über drei Ampeln hinweg und dann wieder links. Nach vier Häuserblöcken sehen Sie ein Verkehrsschild mit „Autobahn A 2", an dem Sie nach rechts fahren müssen. Machen Sie sich keine Sorgen, wenn Sie dann nicht gleich draufkommen. Es sind noch etwa acht oder neun..."

Thomas unterbrach den Apotheker. „Herr Maier, es gibt einen viel einfacheren Weg, dort hinzukommen. Er kann bis zur Gartenstraße fahren, das ist ungefähr einen halben Kilometer von hier, dann nach links und drei Häuserblocks bis zur Kreuzung Gartenstraße/Pinienstraße und dann..."

„Nun, das *ist* zwar ein bißchen kürzer, aber vielleicht verfährt er sich, wenn er die Straßennamen nicht behalten kann..."

„Nein, das ist wirklich der leichteste Weg. Ich zeichne es Ihnen kurz auf. Ich wohne an der Autobahn A 2, und ich weiß..."

Später, als der Apotheker seine Kunden fertigbedient hatte, kam er zu uns und sagte, er habe beschlossen, sich zunächst bei ein paar anderen Firmen umzusehen, und würde sich wieder an uns wenden.

Nichts konnte ihn davon abbringen. Egal, was Thomas und ich auch versuchten, er war völlig unzugänglich. Er hatte sich fest entschlossen, sich zunächst woanders umzuschauen, bevor er kauft – er hatte *seine Haltung völlig geändert.*

Nicht Herr Maier hatte unrecht, sondern Thomas

Auf dem Weg zurück ins Büro war Thomas völlig niedergeschlagen und entmutigt.

„Ich verstehe das einfach nicht. Ich hatte den Mann so weit, daß er kaufen wollte, und aus heiterem Himmel ändert er seine Meinung. Das ist nicht fair. Er hatte kein Recht, mich so an der Nase herumzuführen, mich in dem Glauben zu lassen..."

Thomas war neu im Verkauf, und so beschloß ich, daß er seine Lektion lernen müsse, um zu verhindern, daß er nochmal in die gleiche Falle ging.

„Thomas, er hat dich nicht an der Nase herumgeführt oder seine Meinung geändert. Du hast die Sache schlecht *gehandhabt.* Du *selbst* bist schuld am Verlust dieses Geschäftes. *Du* hast es zum Scheitern gebracht. Du warst im Unrecht, und wenn wir zurück im Büro sind, werde ich dir zeigen, wie du gegen eine *Grundregel guter Verkaufskunst* verstoßen hast."

„Was habe ich getan? Ich habe sein..."

„Wenn wir im Büro sind, Thomas."

Er brütete auf dem gesamten Heimweg, mit gesenktem Kopf, und murmelte etwas von einem „üblen Streich", den der Apotheker ihm gespielt hätte. Als wir ankamen, nahm ich ihn mit in mein Büro und ließ ihn sich setzen.

„Thomas, wie hast du reagiert, als ich dir gesagt habe, daß du an dem verlorenen Geschäft schuld wärst, daß du unrecht hättest? Sei jetzt bitte ehrlich, und sage mir genau, wie du dich da gefühlt hast."

„Nun, ich war nicht erfreut darüber. Ich war wütend auf den Apotheker und dann auf dich, weil du mir gesagt hast, es sei mein Fehler gewesen. Das stimmt nicht."

„Darauf kommen wir noch. Du warst wütend, richtig? Du warst wütend auf ihn, aber was noch viel wichtiger ist, auch wütend auf mich. Du warst wütend, weil ich gesagt habe, du hättest das Geschäft verloren, weil ich gesagt habe, *du wärst im Unrecht gewesen.*"

„Nun, ja, aber was..."

„Thomas, erinnere dich daran, was *du dem Apotheker gesagt hast.* Was hast *du* zu ihm gesagt, als du dem Mann einen leichteren Weg zur Autobahn beschrieben hast?"

„Ich habe ihm nur gezeigt..."

„Was hast du zu dem Apotheker gesagt, Thomas?"

„Ich habe ihm gesagt... daß... er... *unrecht* hat, und er wurde wütend auf mich und machte das einzige, womit er mir eins draufgeben konnte. Er weigerte sich, das Campingzubehör zu kaufen, ehe er sich nicht woanders umgesehen hätte. Er *zeigte* mir, daß er, was die Wegbeschreibung anging, vielleicht *unrecht* hatte, aber daß er *zuletzt lachen würde,* denn er würde nicht von mir *kaufen...* mir und meinem großen Mundwerk!"

Behalten Sie Ihre Ansichten für sich

Das nächste „Verbot" ähnelt dem „diskutieren Sie nicht", und man kann dabei noch viel eher das Geschäft, besonders den Abschluß, verlieren, besonders wenn der potentielle Kunde zur Reizbarkeit neigt.

Niemand läßt sich gern sein Lieblingsprojekt kritisieren oder ist erfreut, wenn man mit seiner Lieblingsidee nicht übereinstimmt. Das zu lernen, kostete mich eine Menge Lehrgeld, und ich verlor dabei einen großen Auftrag und einen Gewinn von mehreren tausend Mark.

Ich hatte das Alleinverkaufsrecht für eine Akku-Batterie, die alles andere, was sich auf dem Markt befand, übertraf. Sie besaß eine uneingeschränkte Garantie mit kostenloser Ersatzlieferklausel, und Vorführungen zeigten, daß sie doppelt so viel hergab als das, was die Konkurrenz anbieten konnte.

Ich hatte den hiesigen Bundeswehrstützpunkt besucht, wo Tausende von Batterien in Kränen, Fahrzeugen etc. benutzt wurden. Der Einkaufsleiter für Materialbeschaffung bat mich, je eine Batterie in vier ihrer Anlagen einzubauen, und wenn sie drei Monate halten würden, würde er mir einen Auftrag über 1000 Stück erteilen, in allen

Größen. Die Konkurrenz bei öffentlichen Ausschreibungen ist immer hart, aber mir blühte ein Gewinn über mehrere tausend Mark, wenn die Batterien hielten – und ich wußte, daß sie das würden.

Als die drei Monate vorüber waren, rief mich der Einkaufsleiter an und sagte mir, die Batterien hielten immer noch sehr gut, zeigten keinerlei Anzeichen von Schwäche, und wenn ich vorbeikommen würde, würde er mir den Auftrag über die tausend Stück mitgeben, den er mir versprochen hatte.

Wie es das Unglück wollte, gab es im ansässigen Stahlwerk gerade einen Streik, und die Zeitungen waren voll von Berichten über das Aufstellen von Streikposten, über die Verhandlungen und über kleinere Gewaltakte im Stahlwerk.

Während der Einkaufsleiter in ein anderes Büro ging, um den Auftrag schreiben zu lassen, las ich die neuesten Nachrichten über den Streik in der Tageszeitung. In der Annahme, daß er, der Einkaufsleiter, als Führungskraft gegen Gewerkschaften wäre, machte ich mich nun daran, das Geschäft *wirklich* zu sichern. Als er zurückkam, startete ich einen Angriff auf die Gewerkschaften und alles, was sie repräsentierten.

Er saß da und hörte mir zu. Ich erzählte ihm, daß sie nie genug kriegen könnten, daß die Industrie ihnen ausgeliefert sei und daß die Regierung (ich *wußte*, daß ich ihn damit ein für alle mal auf meine Seite bekommen würde), wenn nötig, Gesetze erlassen solle, um die Arbeiterschaft bei der Stange zu halten.

Am Ende meines zehnminütigen Vortrages über Arbeitnehmer-Arbeitgeber-Probleme entschuldigte er sich und sagte: „Ich werde mal kurz nach den Unterlagen schauen. Sie müßten jetzt fertig sein."

Nach wenigen Minuten kam er zurück: „Es tut mir leid, aber es gibt da eine kleinere Bestimmung, an die ich nicht gedacht habe. Sie kennen ja die Vorschriften. Ich fürchte, es wird noch ein paar Tage dauern, bis wir das Geschäft machen können, aber ich werde Sie anrufen." Ich ging, verärgert zwar, aber ich war sicher, daß ich das Geschäft in der Tasche hatte, vor allem, nachdem ich den richtigen Standpunkt bezüglich Gewerkschaften eingenommen hatte.

Falscher Standpunkt – Geschäft verloren

Ein paar Tage später bekam ich einen Brief von dem Marinestützpunkt. Der Einkaufsleiter bedauerte, mir mitteilen zu müssen, daß er „infolge von Umständen außerhalb seines Einflußbereichs" nicht in der Lage sei, die Batterien von mir zu kaufen.

Ich erfuhr später, daß sie mit meiner Firma Kontakt aufgenommen hatten und die Batterien direkt bestellten, um mir so die Provision vorzuenthalten. Ich hatte zwar das Alleinverkaufsrecht, die Fabrik mußte also an mich zahlen, doch mir ging mit der Entscheidung, direkt zu kaufen, mehr als die Hälfte verloren. Und ich mußte die Batterien sogar noch liefern und einbauen.

Später erfuhr ich, daß die Regierung Arbeitnehmer-Arbeitgeber-Probleme genauso löst wie die Privatindustrie. Im Schlichtungsausschuß saßen drei Arbeitnehmer-, drei Arbeitgebervertreter und ein Bundeswehroffizier hatte den Vorsitz. Dreimal dürfen Sie raten, wer das war! Genau!

Denken Sie daran, ich war nicht nach meiner Meinung gefragt worden. Ich hatte sie von mir aus geäußert, und es war ein Fehler. Der Fehler lag darin, *die Meinung* erst einmal überhaupt *zur Sprache gebracht zu haben* und darüberhinaus noch auf der falschen Seite gewesen zu sein.

Niemand hatte mich danach gefragt, was ich über den Streik denke, und das wäre wohl auch jedem egal gewesen, wenn ich meine Meinung einfach für mich behalten oder meine Unkenntnis über diese Sache zum Ausdruck gebracht hätte, falls ich darüber befragt worden wäre. Ich hätte dann sorglos nach Hause gehen können.

Als ich über die ganze Situation viel später einmal mit einem Werftarbeiter sprach, bestetigte sich, daß der Vorschlag, direkt zu kaufen, wahrscheinlich vom Vorgesetzten des Einkaufsleiters gekommen war und kaum dessen eigener Einfall gewesen sien wird. Er hätte genausogut dafür stimmen können, das Geschäft mit dem ortsansässigen Generalvertreter, also mit mir, zu machen, was er aber offensichtlich nicht wollte.

Der richtige Standpunkt kann bei einem Abschluß helfen

Es stimmt, daß eine Meinung, die richtige Meinung, manchmal bei einem Abschluß helfen kann. Ich erinnere mich, wie wir – ein paar Verkäufer – einmal darüber diskutiert haben, was die beste Lebensversicherung sei, bei einem Versicherungsverein auf Gegenseitigkeit oder bei einer Kapitalgesellschaft. Tim vertrat die Ansicht, daß die Versicherungsvereine auf Gegenseitigkeit die Besten seien, weil den Versicherungsnehmern die Versicherung gehörte. Er war total davon überzeugt, daß sie die Besten seien. Doch er wußte, wann er seine Meinung ändern mußte; das zeichnet den wahren Verkäufer aus.

„Herr Maier, Sie verkaufen Versicherungen als unabhängiger Vertreter. Was ist besser, eine Versicherung bei einem Versicherungsverein auf Gegenseitigkeit oder bei einer Kapitalgesellschaft? Aus der Sicht des Versicherungsnehmers gesehen", fragte Tim einen potentiellen Kunden, der während der Auseinandersetzung zufällig hereinkam.

„Das ist gar keine Frage. Die Leistungen einer Kapitalgesellschaft schlagen die eines Versicherungsvereins immer, und das bei niedrigeren Prämien und größerer Deckung."

„Ha, seht ihr?" fragte er in die Runde „Ich *hatte recht*. Und Herr Maier hier verdient mit dem Verkauf von Versicherungen seinen Lebensunterhalt."

„Aber Tim, du hast doch eben gesagt..." Einer der Verkäufer wollte ihn korrigieren, aber er drängte seinen potentiellen Kunden aus dem Raum und hinein in sein Büro.

Als Herr Maier gegangen war, kam Tim wieder zu uns, während wir noch immer über Versicherungen diskutierten.

„Tim, du bist ein Schuft", sagte der gleiche Verkäufer, ein neuer Mann. „Eine halbe Stunde lang hast du dem Versicherungsverein auf Gegenseitigkeit das Wort geredet, und dann, wenn dein potentieller Kunde sagt, Kapitalgesellschaften seien besser, *stimmst du ihm zu*. Warum, Tim? Warum bleibst du nicht bei dem einen oder anderen Argument oder hältst dich ganz aus der Sache raus?"

Tim machte eine elegante Bewegung zur Seite und zog seine Brieftasche hervor. Er wedelte mit einem Bündel Hundertmarkscheine vor der Nase des Burschen herum und ging zurück in sein Büro, um das Geld wegzustecken. Es war eine Anzahlung.

„Deshalb habe ich meine Meinung geändert, mein Junge. Wegen Herrn Maier. Du erwartest doch nicht von mir, daß ich eine *andere* Meinung vertrete als er, oder? Als wir dann alleine im Büro waren, fraß er mir aus der Hand, *weil ich ihn als eine Autorität angesehen hatte*, als jemanden, der das letzte Wort hat. Das ist Verkaufskunst, mein Junge, reine Verkaufskunst."

Das war ein Fall, in dem die Meinung, die Tim geäußert hatte, obwohl er mit Herrn Maier nicht einen Funken übereinstimmte, ihm dabei half, einen Abschluß zu machen. Sie half aber nur, weil Tim klug genug war, *zuerst die Meinung des Kunden in Erfahrung zu bringen* und ihm dann *zuzustimmen*.

Meistens ist es besser und sicherer, *seine Ansichten für sich zu behalten*. Der Schuß könnte nach hinten losgehen und Sie das Geschäft kosten, besonders *beim Abschluß*.

Verheiraten Sie ihn nicht

Ein Verkaufsleiter erzählte folgende Geschichte:

„Es gab einmal zwei Männer, die demselben Mädchen den Hof machten. Sie konnte sich nicht entscheiden zwischen den beiden, denn jeder von ihnen war gutaussehend, reich und ehrbar. So machte sie einen Wettstreit daraus.

Sie sagte, sie würde jedem von ihnen eine Stunde Zeit geben, in der sie sie überzeugen sollten, sie zu heiraten, und nach dieser Stunde würde sie ihre Entscheidung treffen.

Der erste Bewerber erzählte ihr in dieser Stunde von den Eskapaden seines Rivalen mit anderen Mädchen, seiner Gefühlskälte und seiner extravaganten Lebensweise. Kein Wort über sich selbst oder seine Liebe zu ihr.

Der zweite Bewerber gestand ihr in dieser Stunde, daß er schon vielen anderen Mädchen den Hof gemacht habe, aber keine wäre so schön und begehrenswert wie sie gewesen. Er erzählte ihr von seinen Extravaganzen und meinte, diese seien gar nichts im Vergleich mit dem, womit er sie überhäufen würde, wenn sie ihn heiratete.

Er erzählte ihr von seinen Fehlern, seinen Sünden und bat um ihre Hand, während er sagte: 'Du und nur du kannst mich zu dem guten Mann und Ehemann machen, der ich sein möchte.'

Wen hat sie geheiratet? Dreimal dürfen Sie raten! Er erzählte ihr, sie sei die *Begehrenswerteste*, der er jemals begegnet wäre; er sagte ihr, er würde sein ganzes Geld und alle Anstrengungen darein setzen, sie glücklich zu machen; und er sagte ihr, sie sei die einzige Frau, die ihn zu einem anständigen Menschen machen könne. Alles das, was sie hören wollte!"

Die Sache ist klar. Sie sind da, um Ihr Produkt zu verkaufen und *nicht*, um die Konkurrenz schlecht zu machen. Ständige Betonung der Mängel des Produktes oder der Dienstleistung des Konkurrenten führt nur zu zwei Dingen, die beide schädlich sind: Erstens *lenkt es die Aufmerksamkeit auf jenes Produkt* oder jene Dienstleistung, und zweitens *sagt es überhaupt nichts Positives* über Ihr Produkt oder Ihre Dienstleitung aus.

Eine weitere schädliche Folge ist ein besonderer Effekt, zu dem es kommen kann, wenn Sie Ihre Zeit damit verbringen, die Konkurrenz niederzumachen. Es ist natürlich für das menschliche Tier, sich auf die Seite der Unterdrückten zu schlagen, die Hilflosen zu unterstützen, und genau dazu wird Ihr Konkurrent, wenn Sie ihn oder sein Produkt beschimpfen, während er nicht anwesend ist, um sich zu verteidigen. Es könnte sogar sein, daß Sie damit Ihren potentiellen Kunden veranlassen, *sich die Konkurrenz und deren Produkt selbst anzuschauen.* Auf jeden Fall würden Sie damit sicher eine Entfremdung zwischen sich und dem potentiellen Kunden herbeiführen.

Schlagen Sie bei ihrer nächsten Verkäuferschulung vor, solche fiktiven Verkaufsgespräche zu führen und darauf zu achten, welche sich gut anhören und welche wohl zu Schwierigkeiten führen könnten. Diskutieren Sie beide Fälle, und lassen Sie Vorschläge erarbeiten, wie man am besten mit der Konkurrenz umgeht.

Der Abschluß durch „Niedermachen der Konkurrenz"

„Herr Maier, wenn Sie dann soweit sind, dieses Geschäft abzuschließen, dann unterschreiben Sie bitte hier, und ich werde..."

„Ich glaube, ich möchte mir vielleicht erst nochmal diese neue Traktorenserie anschauen, für die Firma XY in dieser Woche geworben hat. Ich habe gehört, daß sie ganz gute..."

„Herr Maier, ich möchte Sie nicht unterbrechen, aber, nun, offengestanden, Sie haben da etwas Falsches (Falsches!) gehört. Sicher, sie inserieren da zu einem Sonderpreis; aber das ist die einzige Art und Weise, auf die diese Schwindler überhaupt irgend etwas verkaufen können. Sie sollten mal mit den Leuten reden, die bei uns waren und uns erzählt haben, auf welch hinterhältige Art man dort die Kunden zum Kauf überlistet, und wenn dann dieses minderwertige Zeug, was er da verscheuert, auseinanderfällt, bekommt man die nicht mal dazu, sich den Schaden anzuschauen, geschweige denn, es zu reparieren. Eine Schande!"

„Minderwertig? Ich habe immer gedacht, die XY-Produkte seien Spitzenprodukte. Das überrascht mich wirklich. Das sind ja richtige Gauner, was?"

Mehr brauchte dieser Verkäufer nicht zu tun, um Interesse an der Firma XY zu wecken.

„Herr Maier, wenn Sie hier rausgehen und zu XY hinübergehen, machen Sie den größten Fehler ihres Lebens (damit forderte er ihn geradezu auf, genau dies zu tun!), und dann wird es *zu spät* sein, wir können Ihnen dann *nicht mehr helfen*. Ich habe gehört, daß ..." und so weiter, bis der potentielle Kunde es nicht mehr hören kann.

„Nun, wenn er wirklich ein so großer Betrüger ist, dann will ich doch mal bei ihm vorbeischauen und ihm Gelegenheit geben, mich übers Ohr zu hauen. Mit so was hab' ich ein bißchen Erfahrung, und ich bekomme den Preis, den ich haben will, und ich werde ihn schon dazu bringen, seine Vereinbarungen einzuhalten. Bis dann."

„Herr Maier! Herr Maier...?" Aber der Kunde ist bereits gegangen, geradewegs zu XY, und wenn man dort erfährt, wie der Verkäufer gegen die Produkte gehetzt hat, macht man das Geschäft und wird Herrn Maier den Traktor *schenken*, und wenn sei es nur, um dem Verkäufer damit eine Lektion zu erteilen.

Was halten Sie davon?

Schaffen Sie Übereinstimmung, während Sie nicht übereinstimmen

„Herr Maier, das ist Ihr Traktor, unterschreiben Sie bitte hier unten, und ich suche noch alle anderen Unterlagen zusammen."

„Nun, ich glaube, ich möchte nochmal bei Ihrer Konkurrenz vorbeischauen, bevor ich mich endgültig entscheide. Ich habe gehört, daß sie in dieser Woche Traktoren zum Sonderpreis anbieten, und da dachte ich, ich sollte vielleicht..."

„Herr Maier, dort bietet man wirklich gute Produkte an. Man baut zuverlässige Fahrzeuge, und Herr X ist ein ehrlicher, verantwortungsbewußter Geschäftsmann. Aber er führt nicht eine solche Hochleistungsserie wie wir, und die unsere ist laut den führenden Verbrauchermagazinen schließlich die Nummer Eins in unserem Land. Sicher, er hat dieses Sonderangebot in dieser Woche, aber bei ihnen gibt es nicht den Kundendienst und Reparaturservice, wie wir ihn anbieten.

Ich möchte Herrn X oder sein Produkt nicht schlecht machen, aber wann haben Sie jemals gehört, daß er zu seinen Kunden ging, um kostenlos Kundendienstarbeiten an einer der Maschinen durchzuführen? Herr Maier, wenn Sie soweit sind und Ihre Ernte hereinbringen wollen, dann *brauchen Sie Ihre Traktoren*. Sie haben keine Zeit, auf Hilfe zu warten, wenn einer Ihrer Traktoren gewartet werden muß, und wenn Sie bei uns kaufen, dann bedarf es nur eines kurzen Anrufs, und wir sind da. Nun, unterschreiben Sie hier, und ich hole..."

„Absolute Nummer Eins, wie? Ich wußte gar nicht, daß es da überhaupt einen Warentest gibt, geschweige denn, daß dieses Modell an der Spitze steht. Das ist gut zu wissen. Ich möchte immer das Beste vom Besten. Es ist auch gut, wenn es ausgezeichneten Kundendienst gibt. Geben Sie mir den Kuli, und lassen Sie uns die Sache hinter uns bringen."

Machen Sie sein Produkt nicht nieder; verkaufen Sie Ihr Produkt!

Der zweite Verkäufer machte das Geschäft aus zwei Gründen: Er versuchte nicht, den Kunden davon zu überzeugen, daß die Konkurrenz Schrott verkauft und verbrachte die Zeit nicht damit, den anderen Händler niederzumachen.

Er verbrachte die Zeit damit, *sein Produkt zu verkaufen*, anhand von Tatsachen und mit vernünftigen Argumenten. Im Vorbeigehen hat er sogar zugestanden (indem er Herrn Maier auf subtile Art bestätigt, daß sein Urteil gut sei), daß das andere Modell „gut" sei und der Händler ehrlich und aufrichtig.

Doch während er dieses *Zugeständnis* macht, macht er auf einen Pluspunkt *seines Produktes* aufmerksam, *seines Geschäftes*. Sein Traktor war Nummer Eins, während der andere „gut" war. Herr Perkins war ein ehrlicher Händler, während er kostenlosen Kundendienst anbot.

Hier verhält es sich genauso wie in der Geschichte mit den beiden Männern, die um das gleiche Mädchen warben; der eine verkaufte sich selbst, während der andere seine Konkurrenz niedermachte, und das Mädchen heiratete denjenigen, dem sie die Absicht „abkaufte", sie glücklich zu machen; seine Behauptung, sie sei die einzige Frau für ihn, war das, *was sie hören wollte*.

Es interessierte sie nicht, wie tief unten der andere war, sondern *was jeder Mann ihr* als potentieller Ehemann *anzubieten hatte.*

Der Verkäufer, der Traktoren verkaufte, tat das gleiche. Anstatt sich darauf zu konzentrieren, seine Konkurrenz niederzumachen, *verkaufte er sein Produkt* und blieb dabei *fair gegenüber der Konkurrenz.*

Spielen Sie nicht den Boß, wenn Sie nicht der Boß sind

Jede Firma, egal, wie groß oder klein sie ist, und egal, um welche Art von Geschäft es sich handelt, hat Regeln, die die Verkäufer zu befolgen haben. Mit diesen Regeln wird festgelegt, wer Befehle erteilen darf, wer Machtbefugnis hat, und sie verleihen demjenigen *Autorität,* dem sie zukommt.

Wenn jeder Verkäufer, jede Sekretärin und jeder Büroangestellte in seiner Firma Entscheidungen über Firmeneinrichtung oder bestimmte Methoden treffen könnte, dann wäre das Ergebnis ein Chaos. Jeder hätte eine andere Idee, wie man eine bestimmte Situation lösen sollte, und es gäbe *keine Firmenrichtlinien oder Verhaltensrichtlinien* mehr, die man befolgen könnte.

Der kluge Verkäufer macht sich zu seinem eigenen Wohl und dem seiner Firma mit den Firmenrichtlinien und der Befehlshierachie vertraut, und er wird diese Ordnung *niemals ignorieren* oder die Richtlinien *abändern.*

Der Hauptgrund dafür, sich an die Firmenrichtlinien zu halten, ist, zu *vermeiden, daß man Verpflichtungen eingeht,* die man *nicht halten kann,* oder *Entscheidungen zu treffen, die man gar nicht treffen dürfte.* Was kann passieren und passiert normalerweise, wenn Sie versuchen, Firmenrichtlinien zu ändern oder zu interpretieren?

Nehmen Sie Befehlsgewalt an, und verlieren Sie das Geschäft

Norbert war Versicherungsverkäufer, und zwar ein guter. Er hatte einen Freund, der in einer Profifußballmannschaft spielte, und als dieser einmal über Weihnachten zwei Tage nach Hause kam, verkaufte ihm Norbert eine hohe Lebensversicherung.

Es gab keine Einschränkungen hinsichtlich der Tatsache, daß er

Fußballer war, doch die Versicherung hatte eine zwingende Klausel über eine ärztliche Untersuchung in dem Vertrag, ungeachtet des Alters oder des Gesundheitszustandes des Antragstellers.

Norbert arbeitete schon seit vielen Jahren in dieser Firma und hätte es eigentlich besser wissen müssen, doch weil sein Freund ihm erzählt hatte, er müßte an diesem Tag noch wegfahren, akzeptierte Norbert einen Brief des Vereinsarztes anstelle einer amtlichen Untersuchung. Auf der Rückfahrt zu seiner Mannschaft geriet sein Freund auf die entgegenkommende Spur und stieß mit einem Lastzug zusammen. Er war sofort tot, und die Versicherung mußte die volle Versicherungssumme zahlen, weil Norbert das Schreiben des Vereinsarztes akzeptiert hatte, wodurch die Police in Kraft war, bis die Versicherung den Antrag entweder akzeptiert oder abgelehnt hätte.

Eine anschließende Untersuchung ergab, daß der Mann unter chronischem Doppelsehen litt, was sein Fußballspiel nicht beeinträchtigte, doch es hätte die Ursache für den Unfall gewesen sein können und war es wahrscheinlich.

Es zahlt sich nicht aus

Norbert verlor daraufhin seinen Job, und es war mit 54 Jahren unmöglich, eine andere Position im Verkauf zu finden. Das letzte, was ich von ihm gehört habe, war, daß er als Büroangestellter in einer Versicherung arbeitet und für einen Hungerlohn Anträge überprüft.

Norbert hatte den unverzeihlichen Fehler begangen, die Richtlinie der Firma zu interpretieren, aber nicht so, wie er sie seit vielen Jahren kannte, sondern so, wie sie seiner Meinung nach sein sollte. Mehr noch als das, er hatte es versäumt, eine Person mit entsprechender Machtbefugnis entscheiden zu lassen. Es hätte sehr gut sein können, daß man entschieden hätte, das Schreiben zu akzeptieren, und er wäre bei dieser entscheidenden Sache aus dem Schneider gewesen.

Immer der Boß

Halten Sie sich während Ihres Verkaufs immer an die *Befehlshierachie*. Ihre Vorgesetzten sind aus bestimmten Gründen Ihre Vorgesetzten, sei es nun, daß sie besonders talentiert sind, daß sie Erfahrungen haben, schon jahrelang dabei sind oder was auch immer. Selbst wenn Sie der Meinung sind, daß ein Vorgesetzter inkompetent ist, denken

Sie an den alten Spruch: Vielleicht hat er nicht immer recht, aber er ist *immer* der Boß.

Norberts Fehler war so schrecklich, weil er in letzter Sekunde passierte, und er verlor deshalb mehr als nur den Abschluß. Ebenso wie seine Firma. Er hatte nicht nur Autoritäten ignoriert, sondern war sogar gegen die eingeführten Richtlinien seiner Firma angegangen und hatte versucht, sie zu ändern.

Wenn Machtbefugnis- oder Richtlinienfragen, besonders in einem Abschlußgespräch, auftauchen, *riskieren Sie nichts*! Hier, im Abschlußgespräch, machen sie am ehesten den Unterschied zwischen Verkauf und Nicht-Verkauf aus. Holen Sie sich die richtige Anweisung von der Geschäftsleitung; Sie verlieren dann nicht das Geschäft, weil Sie Ihrem potentiellen Kunden etwas Falsches gesagt haben, und Ihre Chefs bleiben mit Ihnen zufrieden.

Die höchst schädliche Verlockung, übermäßig zu verkaufen

Viele Verkäufer machen einen schwerwiegenden Fehler, wenn sie mit einem „leichten" Verkauf in Berührung kommen. Sie verkaufen übermäßig, weil der Kunde leichtgläubig ist oder man ihm leicht etwas verkaufen kann.

Diese Haltung ist nicht nur unfair gegenüber dem Kunden, sondern kann auch verheerende Folgen für den Verkäufer und dessen Firma haben. Als korrekter und ethischer Verkäufer hat er die Pflicht, das Produkt oder die Dienstleistung dem Kunden anzupassen, und es gibt einen wichtigen Grund dafür, nicht übermäßig zu verkaufen, der ihn persönlich betrifft. Ein Verkauf, von dem der Verkäufer weiß, daß er gegen ihn oder die Firma zurückschlagen könnte, ist kein Verkauf – in keiner Weise. Ein Verkauf, der allein durch Gier motiviert ist, ist kein Verkauf. Ein Verkauf unter zweifelhaften oder zweideutigen Umständen ist kein Verkauf. All diese Dinge sind *Probleme*, aber *keine Geschäfte*.

Linker Schuh am rechten Fuß

Richard begegnete der älteren Dame, als sie in den Verkaufsraum kam und nach einer viertürigen Limousine mit Automatikgetriebe fragte. Einer der anderen Verkäufer erkannte sie und sagte Richard, daß sie reich sei. Sie war die Witwe eines Immobilienfachmannes, dem mehrere Wohnhäuser gehörten und ein Dutzend Häuser, die er vermietet hatte; außerdem war er der erfolgreichste Makler in der Stadt gewesen.

Es gab jedoch ein Problem. Sie hatten keinen viertürigen Wagen mit Automatikgetriebe da. Sie hatten lediglich einen viertürigen mit einem großen V-8-Motor und einem Vier-Gang-Getriebe. Er war versehentlich bestellt worden, und der Verkaufsleiter hatte gesagt, daß es für seinen Verkauf eine Pauschalprovision von dreihundert Mark geben würde.

Richard zeigte seiner Kundin diesen Wagen und erzählte ihr, daß sämtliche Wagen mit Automatikgetriebe gewisse Nachteile hätten.

Er erinnerte sie daran, daß sie doch gelernt hätte, mit Knüppelschaltung zu fahren, und meinte, daß sie sich wieder daran gewöhnen würde, und weniger Probleme haben werde als mit einem Automatikgetriebe – außerdem sei er knapp tausend Mark billiger.

Er war ein guter Redner und überzeugender Verkäufer, und sie ließ sich von ihm überreden, diesen Wagen zu nehmen. Dies geschah gegen den Rat zweier anderer Verkäufer, die ihn daran erinnerten, daß ein Lastzug voll Wagen mit Automatikgetriebe unterwegs sei und innerhalb der nächsten zwei oder drei Tage wahrscheinlich da sein würde.

Richard meinte, daß es doch gut gelaufen wäre, daß die Frau Geld hätte, und im übrigen sei morgen Zahltag und er wolle das Geschäft noch vor dem Abschlußtermin reinkriegen.

Die alte Dame brachte es irgendwie fertig, mit krachenden Gängen loszufahren, und Richard lachte sich ins Fäustchen, während er seinen unerwarteten Gewinn betrachtete. Bis zwei Wochen später ein Anruf von ihrem Anwalt kam.

Und wieder – es zahlt sich nicht aus

Er gestand dem Händler zu, daß seine Klientin geschäftsfähig sei, daß sie sich den Wagen habe verkaufen lassen und es keine Gründe für einen Prozeß gäbe.

Er sagte, er riefe nur an, um ihm eine Anzeige vorzulesen, die in der kommenden Woche in der Lokalzeitung erscheinen würde. Aus ihr ging der Wortlaut des Verkaufsgesprächs mit allen dazugehörenden Einzelheiten hervor. Keine Kritik am Händler oder seinem Verkäufer. Einfach nur das, was geschehen war: Daß der Verkäufer ihr gesagt hätte, die Automatikwagen taugten nichts, daß es sich um einen frisierten 350-PS-Motor handeln würde, und alle anderen Details, einschließlich dem Alter der Kundin. Die Anzeige war von der Kundin unterzeichnet, und die Zeitung war mit dem Abdruck einverstanden, weil die Anzeige einfach die Tatsachen wiedergab, ohne Beanstandungen oder Kritik, und in der nächsten Woche würde sie in der Zeitung erscheinen.

Der Händler konnte sich das Erscheinen einer solchen Anzeige nicht leisten, und er hätte es auch mit seinem Gewissen nicht vereinbaren können. Er rief Richard in sein Büro, fragte ihn, ob das der Wahrheit entspräche, und nachdem er festgestellt hatte, daß dem so war, schmiß er ihn raus.

Er rief den Anwalt an und sagte ihm, er würde den Wagen zurücknehmen und jedes Modell liefern, das die Dame kaufen wollte – andernfalls würde er ihr das Geld in vollem Umfang zurückerstatten. Er bot ihr auch tausend Mark für die ihr entstandenen Unannehmlichkeiten und ihre beeidete Aussage, daß sie zufriedengestellt sei, an. Sie lehnte das Geld ab und sagte, sie wollte mit diesem Händler keine weiteren Geschäfte mehr machen. Sie wollte lediglich ihr Geld zurück und würde nichts unterschreiben.

Die Folgen

Der Wagen kam mit zwei beschädigten Kotflügeln zurück, weil sie das schwere Bremspedal nicht hatte treten können, wie sie sagte, und er hatte über tausend Kilometer auf dem Kilometerstandsanzeiger. Sie sagte, ihr Neffe wäre damit umhergefahren, darauf habe sie ausdrücklich bestanden. Der Händler wog die Folgen eines Versuchs ab, mit ihr zu kämpfen, gab ihr das Geld zurück und hatte einen beschädigten Gebrauchtwagen rumstehen, der ihn mehr Geld gekostet hatte, als er jemals würde dafür bekommen können.

Richard hatte den Abschluß gemacht und wahrscheinlich das beste Schnäppchen seiner Karriere gemacht. Doch was hatte er damit erreicht? Er verlor eine gute Position, eine gute Provision, und sein Chef ging sogar noch einen Schritt weiter, indem er dafür sorgte, daß Richard bei keinem ehrlichen Händler mehr einen Job bekam.

Wenn Sie einen Abschluß erzielen, *sagen Sie die Wahrheit*, und verkaufen Sie ihrem potentiellen Kunden dann *das Produkt oder die Dienstleistung, die er braucht* oder die für *seine persönlichen Umstände am besten geeignet ist.* So werden Sie die Chance bekommen, wieder einmal ein Geschäft mit ihm zu machen, und Sie werden auch bei seinen Freunden und deren Familien eine Chance haben, weil Sie Ihre Aufgabe ehrlich und korrekt gemacht haben.

Es gibt da noch eine andere Falle, in die viele Verkäufer gehen und die gleichermaßen gefährlich ist.

Wenn Sie Finanzierungsverträge oder Versicherungen verkaufen, bei denen es um monatliche Zahlungen geht, *überwältigen Sie auch hier den Kunden nicht* durch zu hohe Beträge. Auch wenn Sie im Moment dadurch mehr Geld in ihre eigene Tasche stecken können, so wird Ihnen das den Ruf einbringen, daß Geschäfte mit Ihnen beim Eintreiben der Zahlungen Schwierigkeiten bereiten oder Annullierungen bringen – und über kurz oder lang werden Sie Probleme kriegen.

Was Sie alles nicht tun dürfen

Wenn Sie einen effektiven, dauerhaften Abschluß ohne Schwierigkeiten haben wollen, dann denken Sie daran, was Sie nicht tun dürfen: *Diskutieren Sie nicht* mit Ihrem potentiellen Kunden; *geben Sie nicht* Ihre Meinung nicht ungefragt zum besten; *kritisieren Sie* Ihre Kunden *nicht*; *machen* Sie Ihre Konkurrenz *nicht nieder; nehmen Sie keine Befehlsgewalt an; durchbrechen Sie nicht* die Befehlshierarchie; *übertreiben* oder *überwältigen Sie nicht* beim Verkauf des Produktes oder bei den Finanzierungsbedingungen; und was am allerwichtigsten ist, mißachten Sie niemals irgendeines der anderen fünf „Verbote", indem Sie glauben, daß es Ihnen „gerade dieses eine Mal nicht schaden wird" oder es *„gerade in diesem Fall* nicht zutrifft."

Das wäre Schritt Nummer Eins um in die Gewohnheit zu verfallen, ein nicht so ehrlicher oder offener Verkäufer zu sein – der Anfang vom Ende für einen guten Verkäufer, der Abschlüsse macht.

Der Mann, der nicht über seine eigene Nasenspitze hinausschauen kann, der Bursche, der nur daran denkt, diesen Abschluß heute über die Bühne zu bringen – nun, der wird diese hilfreichen

Hinweise – nein, diese unbedingten Voraussetzungen – ignorieren und fröhlich seiner Wege gehen.

Eines Tages wird er sich dann umschauen und feststellen, daß er ganz alleine dasteht, ohne Partner, auf die er sich verlassen kann oder die sich auf ihn verlassen können; und was am schlimmsten ist, das Vertrauen seiner Firma in ihn wird zerstört sein.

9
Die vier grundlegenden Käufertypen: Wie man mit ihnen einen Abschluß macht, und wie der Abschluß auch abgeschlossen bleibt

Die meisten Verkäufer teilen die Käufertypen normalerweise nach ihrer Persönlichkeit, beziehungsweise der Größe ihres Widerstandes gegen den Kauf, der Stärke ihres „Panzerkleides", ein.

Das ist gut und schön, aber es gibt eine bessere und einfachere Methode, die Käufertypen einzuteilen, mit der man gleichzeitig die Verkaufsmethode vereinfacht und die schwierigen Stellen im Abschlußgespräch glättet. Sie ermöglicht es darüberhinaus, mehr potentielle Kunden zu beliefern und das Geschäft am laufen zu halten.

Die meisten Verkäufer, die ich mit dieser Methode konfrontierte, waren zunächst skeptisch, sowohl die alten Hasen wie auch die Neulinge. Sie waren der Meinung, daß meine Unterteilung zu allgemein sei und der potentielle Kunde nicht nach so allgemeinen Gesichtspunkten eingeteilt werden könnte.

Als sie diese Methode dann angewendet haben, erfuhren sie, daß sie erfüllte, was sie versprach. Sie führt zum effektivsten, dauerhaftesten Abschluß mit geringstem Zeitaufwand und der geringsten Anstrengung von Seiten des Verkäufers.

Der Schlüssel

Der Schlüssel zur Einteilung von potentiellen Käufern liegt in zwei Worten: *Umstände und Vertrauen.*

Nehmen Sie ein Blatt Papier, und schreiben Sie 25 verschiedene Käufertypen auf: Ein verheirateter Maurer, ein lediger Schullehrer, ein verheirateter Anwalt, ein geschiedener Lastwagenfahrer und so weiter...

Auf den ersten Blick scheint es, als seien alle verschieden, doch sie können genau in nur vier Kategorien unterteilt werden, und sie werden alle in dieses Schema passen.

Die vier Gruppen

Im allgemeinen wird der *professionelle Käufer, der Familienkäufer, die Einzelperson, die ungebundene Frau* immer wieder in Ihrer Liste der 25 Käufertypen auftauchen, und jeder davon fällt in *eine dieser vier Gruppen*. Innerhalb der Gruppe gelten schon individuelle Eigenarten, doch alle darin eingeordneten Kunden unterliegen den Zwängen und Einflüssen *ihrer Gruppe. Die spezifischen Gegebenheiten dieser allgemeinen Gruppe* sind bereits der halbe Schlüssel für den Abschluß und dafür, den Abschluß auch zu behalten.

Die andere Hälfte des Schlüssels ist *Vertrauen*, die uralte Notwendigkeit für einen effektiven Abschluß. Wir alle wissen, wie wichtig es ist, das Vertrauen des Kunden zu erlangen, vor allem für den überaus wichtigen Abschluß.

Der vollständige Schlüssel für den wirksamen Abschluß nach der Methode „Sie nehmen, wie sie kommen" wäre also: *Ordnen Sie den potentiellen Kunden in die Gruppe ein, in die er gehört, und wenden Sie die Regeln für diese Gruppe an, um sein Vertrauen zu gewinnen.*

Der Abschluß mit dem professionellen Käufer

Was ist mit den Leuten, die beruflich *kaufen*, genauso wie Sie beruflich *ver*kaufen? Es sind Burschen, die sämtliche Tricks kennen, um den Preis zu drücken oder den Liefertermin so zu legen, wie sie es wollen. Es sind Leute, die Sie gegen ihre Konkurrenz ausspielen und die jeden Fehler, den Sie begehen, dazu verwenden,

Sie ins Schwitzen zu bringen. Sie wissen, wie man Sie in Panik zu einem Blankoverkauf ohne jegliche Deckung treiben kann oder dazu, einen Liefertermin zuzusagen, den Sie nicht einhalten können, wenn Sie dabei noch Gewinn machen wollen.

Der Schlüssel dazu, deren Vertrauen zu gewinnen, ist, *vorbereitet zu sein*. Seien Sie nicht so naiv, damit zu rechnen, daß *er* es ist. Glauben Sie nicht, Sie könnten einfach hereinspazieren, ihm ein paar Statistiken zeigen, die darauf zugeschnitten sind, Ihr Produkt gut aussehen zu lassen, und ihn dann bitten zu kaufen.

Begehen Sie nicht den Fehler, zu glauben, daß Ihnen ein Abendessen oder ein Vergnügungsabend in der Stadt den Auftrag verschaffen könnte. Er wird Ihr Steak essen, Ihren Whiskey trinken und den Auftrag demjenigen geben, der ihm *gezeigt* hat, was er sehen will, jemandem, der ihm *bewiesen* hat, daß *seine* Kipper die Aufgabe erledigen können oder daß *seine* Firma den Stahl oder Beton rechtzeitig auf die Baustelle liefern kann.

Machen Sie einen Verkaufsabschluß, indem Sie ihm Fakten präsentieren

Dieser Käufer *muß* die Dinge *gezeigt* bekommen, und er wird *verlangen*, sie gezeigt zu bekommen. Er kauft keine Tapetenfarben oder Grillplätze oder Schadenersatzklauseln. Er kauft *Tatsachen und nur Tatsachen*.

Er weiß, daß Sie Statistiken aufstellen und ihn damit überhäufen können, aber die sagen nicht viel aus. Er möchte die Dinge *selbst sehen*, er hat sich schon viel zu oft nur darüber *erzählen* lassen.

Wir sind uns darüber einig, daß der professionelle Käufer die Kauftricks kennt. Doch er kennt die Verkaufstricks noch viel besser. Er ist sehr wahrscheinlich ein Ex-Verkäufer oder hat zumindest schon mit den Besten, die die Verkaufsszene zu bieten hat, zu tun gehabt, und er ist wahrscheinlich der Meinung, daß er für seine Firma gute Arbeit leistet. Wenn die Verantwortlichen seiner Firma nicht auch dieser Meinung wären, wäre er kein Einkäufer mehr.

Machen Sie sich beim Verkaufsabschluß mit ihm die eine Sache zunutze, die ihn von anderen Kunden unterscheidet: seine *Kenntnis von Verkaufs- und Kaufkunst*. Verkaufen Sie ihm *Tatsachen, harte Preise*, und machen Sie falls möglich eine *Demonstration* des Produktes oder der Dienstleistung.

Das attraktive Verkaufsangebot, der sorgfältig formulierte Satz, das „Mir gefällt dieser Schlips sehr", werden ihn kalt lassen. Seine Zeit ist wertvoll, für ihn und für seine Firma, und er will, daß Sie diese Zeit dafür verwenden, ihm Ihr Produkt oder Ihre Dienstleistung zu verkaufen, und nicht, um ihm zu schmeicheln oder Süßholz zu raspeln.

Sie müssen sich auskennen

Gehen Sie geradewegs und ohne Umschweife an die Sache heran, ohne viel Unsinn damit zu treiben. Sie müssen wissen, worüber Sie reden, dann können Sie auch mit professionellen Käufern zu Ihren Abschlüssen kommen.

„Herr Gerber, mein Name ist Uli Müller von der AmalgamStahl GmbH. Wie geht es Ihnen? Herr Gerber, meine Firma möchte mit Ihnen gerne über den Stahl für Ihr neues Bürogebäude sprechen. Wir wissen, daß Sie ein sehr niedriges Angebot abgegeben haben, wir waren nämlich an der Angebotsabgabe auch beteiligt."

„Ja. Nun, wenn Ihre Firma auch ein Angebot abgegeben hat, dann wissen Sie wahrscheinlich, daß wir den Fehler gemacht haben, zu niedrige Preise zu fordern. Ich weiß nicht, wie sich meine Chefs vorstellen, wie ich den Stahl..."

Bleiben Sie einen Schritt voraus

„Ja, ich weiß, was Sie meinen, und das ist genau der Punkt, bei dem ich einhaken möchte. Sehen Sie, die Verkaufs- und Ingenieursgruppen meiner Firma betreuen diese Angebote von Anfang bis Ende. Sollten wir den Auftrag nicht bekommen, so ist unser Verkaufsstab jedoch mit den Spezifikationen und Erfordernissen vertraut, und wir sind in der Lage, mit dem besten Anbieter zusammenzuarbeiten und ihm den Stahl zu einem Mindestpreis zu liefern."

„Ihre Firma hat ihren Hauptsitz in Essen, nicht wahr?"

„Ja. Aber 70% des Stahls befanden sich bereits in einem Lager zwanzig Kilometer von hier entfernt, für den Fall, daß uns der Auftrag erteilt worden wäre. Da das nicht der Fall ist, können wir den Stahl den niedriger Anbietenden liefern."

„Gute Überlegung. War das Ihre Idee, Herr Müller?"

Machen Sie Ihre Hausaufgaben

„Nein, es war nicht meine Idee, aber lassen Sie mich Ihnen zeigen, was los war. Sehen Sie, hier sind Doppel-T-Träger vorgesehen. Über 95 Tonnen Stahl, Herr Gerber. Wir haben unserem Angebot ein Vermerk beigefügt (ich glaube, Sie haben uns bei der Montage unterboten, da wir von auswärts kommen), wo wir um Genehmigung baten, geschweißte Spezialwinkel anstatt der Doppel-T-Träger zu verwenden, die wären sogar um 13% billiger. Das bedeutet eine Menge Geld, Herr Gerber, und das Schweißen kann ein Lehrling im zweiten Lehrjahr mit ein paar einfachen Vorrichtungen ausführen..."

„13% billiger, Herr Müller? Das könnte eine große Hilfe sein... wir streichen das Angebot an dieser Stelle... zeigen Sie mir die Spezifikation... ja, das könnte hinhauen. Die haben das in Ihrem Angebot akzeptiert, ja? Ich glaube, ich werde das dem..."

Dieser Verkäufer hat einen großen Stahlauftrag erhalten, weil er *seine Hausaufgaben gemacht hatte*. Er kannte sich im Stahlgeschäft aus und hatte es sich zur Aufgabe gemacht, sich mit dem Projekt vertraut zu machen, für das der Einkäufer den Stahleinkauf vorbereitete. Er war in der Lage, über die *Lieferspezifikationen zu reden* und dem Einkäufer eine Kosteneinsparung aufzuzeigen, und so konnte er mit einem Abschluß in der Tasche nach Hause gehen.

Verkaufen Sie an den Neuankömmling

Wenn der Verkäufer in diesem Beispiel einen Ingenieur zu Rate gezogen hätte, hätte er den Verkaufsdruck sofort auf diesen Mann übertragen, den Mann, der mit dem Stahl zu tun haben würde. Wenn er ihn auf seine Seite gebracht hätte, hätte er es wesentlich leichter gehabt.

„Herr Specht", könnte ihn der Verkäufer ansprechen, „ich hab' mir hier etwas ganz Simples ausgedacht, ich kann Ihnen verdeutlichen, was wir uns dabei gedacht haben. Nun, Sie sind Ingenieur, ich nicht, aber wie ich Herrn Gerber hier schon erzählt habe, diese Träger könnten mit rückseitig verschweißten Winkeln hergestellt werden, und einschließlich Schweißzeit, Stäben und Gemeinkosten können Sie etwa 13% der Gesamtkosten der Rahmenkonstruktion einsparen. Sie wären leichter und etwa um 7% stärker. Damit könnten wir die Inspektoren zufriedenstellen, nicht wahr, Herr Specht?"

„Also, Herr Gerber, der hat da eine tolle Sache. Irgendwie hab' ich mir selbst schon in die Richtung Gedanken gemacht und überlegt, ob wir in dieser Richtung irgend etwas tun könnten..."

Wenn es mehr als einen Einkäufer oder eine Autorität gibt, deren Meinung ins Gewicht fällt oder in einem Fall wie dem obigen, konzentrieren Sie sich auf den Neuankömmling, vorausgesetzt, Sie haben einen oder mehrere der Einkäufer überzeugt. Erzählen Sie ihm ganz beiläufig, daß Sie das Geschäft abgeschlossen haben, bringen Sie ihn auf Ihre Seite, und der Abschluß wird sauber und reibungslos über die Bühne gehen.

Die Methode, mit einem professionellen Käufer einen Verkaufsabschluß zu machen, läßt sich in einer einfachen Aussage zusammenfassen: Denken Sie daran, daß er ein *professioneller Käufer* ist. Wahrscheinlich war er irgendwann einmal selbst Verkäufer, und Sie müssen davon ausgehen, daß er ein guter Verkäufer war, einer, der mit allen Wassern gewaschen ist.

Sie müssen davon ausgehen, daß er sich auskennt. Er weiß, was seine Firma braucht, und er weiß auch, wie er es anfangen muß, genau das zu bekommen. Er will *Tatsachen, Demonstrationen und den Nachweis*, daß Ihr Produkt oder Ihre Dienstleistung das Beste ist, was er für das wenigste Geld kaufen kann.

Ein paar Tricks des Gewerbes lassen sich auch auf ihn anwenden. *Tatsachen, Demonstrationen* und ein *überzeugendes Verkaufsgespräch* werden den Abschluß bringen. Lügen, Halbwahrheiten und verschleierte Versprechungen führen zu nichts.

Der Abschluß mit der Einzelperson

Es wäre vielleicht gut, den Sprung vom professionellen Käufer zum Anfänger, zum Jugendlichen, zu machen, um zu zeigen, welche Vorteile es hat, wenn man jeden Kunden unter Berücksichtigung *der Gruppe*, aus der er stammt, zum Abschluß führt.

Bei dem professionellen Käufer treffen Sie auf sehr wenig Widerstand gegen einen Kauf, denn er hat es gelernt, sich durch „Ich will" oder durch Emotionen nicht beeinflußen zu lassen. Er ist ganz beim Geschäft, er kauft nur das, was er oder seine Firma braucht, und nur dann, wenn sie es brauchen.

Der Neuling auf dem Käufermarkt, der junge Bursche, der seinen ersten Wagen kauft, eine Versicherungspolice, ein Boot oder eine Wohnung, repräsentiert unter Umständen *den höchsten Grad an Widerstand gegen den Kauf, den Sie jemals antreffen werden.*

Seine Eltern, seine Frau, seine Freundin, seine Freunde oder vielleicht sogar sein Arbeitgeber haben ihn gewarnt, er solle vorsichtig sein. Sie haben ihm gesagt, daß alle Verkäufer versuchen werden, ihn zu übervorteilen. Sie haben ihm gesagt, er solle zunächst erst einmal überall schauen, wo es das gibt, was er kaufen will. Sie haben ihm gesagt, er solle die Preise vergleichen, die Finanzierung, die Garantieklauseln, das Kleingedruckte und den Grad der Gerissenheit des Verkäufers. Sie haben ihm dies alles so oft erzählt, daß er vor Angst halbtot ist.

Sein Panzerkleid ist von den wohlmeinenden Leuten in seinem Bekanntenkreis schön gefestigt und gestärkt worden, und zwar so sehr, daß er total verängstigt ist und damit rechnet, von dem nächstbesten Verkäufer, dem er begegnet, das Fell bei lebendigem Leibe über die Ohren gezogen zu bekommen.

Diese Furcht, dieses Gefühl, daß Sie darauf aus sind, ihn übers Ohr zu hauen, machen den Abschluß allerdings sehr einfach, wenn Sie die Regeln befolgen, die für den Neuling gelten.

Sein Vertrauen gewinnen

Seine Angst und sein Panzerkleid zeigen, was Sie tun müssen: *sein Vertrauen gewinnen.* Zeigen Sie ihm, daß seine Befürchtungen unbegründet sind und daß der Rat, den er bekommen hat, *falsch ist.* Wenn Sie das erreicht haben – und das kann unheimlich leicht sein – haben Sie gewonnen, und es wird ein Kinderspiel sein, zum Abschluß zu kommen. Ein Wort der Vorsicht allerdings: die gleichen Dinge, die nicht getan werden dürfen und die im vorhergehenden Kapitel zur Sprache gekommen sind, gelten auch für ihn, weitaus mehr sogar. Denken Sie daran, er ist ein Neuling und rechnet damit, ausgenommen zu werden, und wenn Sie auch nur ein falsches Wort sagen, werden Sie ihn verlieren.

Das Panzerkleid, das der neue Käufer trägt, wird aus zwei verschiedenen Bestandteilen bestehen. Entweder er ist der lautstarke Typ im Sinne von: „Sie können mir nichts vormachen, denn ich bin gewarnt worden" oder der Typ: „Ich werde nichts überstürzen und mir jede Einzelheit ganz genau anschauen, damit Sie mich nicht übers Ohr hauen können".

Der erstere wird lauter sprechen als normal, er ist vielleicht sogar grob, wenn nicht geradezu beleidigend. Er wird seine Furcht dadurch zum Ausdruck bringen, daß er den harten Burschen spielt, der sich auskennt.

Seine Jugend und seine „harte-Burschen-Haltung" sind der Hinweis darauf, wen Sie hier vor sich haben; lassen Sie sich dadurch also nicht aus der Ruhe bringen. Lassen Sie ihn erzählen, prahlen und damit angeben, wie gut informiert er ist und daß es schwer sein wird, ihm etwas zu verkaufen. Je mehr er erzählt, umso lockerer wird er werden, umso mehr wird er bezweifeln, daß es ihm wehtun wird, etwas zu kaufen, das er braucht, besonders, wenn Sie ruhig bleiben, bereit, mit ihm übereinzustimmen und ihn nicht zum Abschluß zu drängen.

Identifizieren Sie sich mit ihm

Sobald er Gelegenheit hatte, ein wenig von der Spannung abzubauen (das kann beträchtliche Zeit in Anspruch nehmen, doch es zahlt sich aus), fangen Sie an, *sich mit ihm zu identifizieren.* Identifizierung mit ihm ist der Schlüssel zum Entfernen seines Panzerkleides. Wenn *Sie* sich *mit ihm* identifizieren – oder umgekehrt, wenn Sie zulassen, daß er *sich mit Ihnen* identifiziert –, dann werden Sie rasch sein Vertrauen gewinnen.

Nehmen wir an, Sie sind so um die 40 bis 50 Jahre alt, und er ist zwischen 18 und 28. Das ist Ihr Identifikationsbereich. Sie sind genauso alt wie sein Vater, oder zumindest gehören Sie zu dieser Altersgruppe.

Finden Sie heraus, welches Verhältnis er zu seinem Vater hat, oder, falls sein Vater bereits tot ist, finden Sie heraus, wer seine „Vaterfigur" ist. Es kann ein Onkel sein, sein Arbeitgeber oder einfach ein Freund der Familie, aber normalerweise gibt es eine ältere Person, zu der er aufschaut, der er vertraut und die er respektiert.

Wenn Sie herausgefunden haben, wer diese Person ist und welches Verhältnis er zu ihr hat, *identifizieren Sie sich mit dieser Person.* Irgendwann wird er dann seine Prahlerei fallenlassen, ohne es zu merken. „Mein Vater hat mir erzählt, wie man mit euch Verkäufern umgeht", oder: „Mein Chef hat mir einiges über euch Autoverkäufer erzählt!" – das ist der Hinweis. Er würde diese

Person nicht erwähnen, wenn er ihr nicht vertrauen, wenn er ihrem Rat keine Beachtung schenken würde.

Sobald Sie erfahren haben, wer es ist, versuchen Sie zu erfahren, was für einen Rat er bekommen hat. Was hat ihm diese Person erzählt? Was war die Meinung dieser Person? Was hat sie dem Kunden geraten, auf das er aufpassen soll? Und dann ist es ganz einfach: Stimmen Sie mit der Person, die ihm den Rat gab, überein, und *zeigen Sie ihm*, daß diese Person *das Richtige* gesagt hat – daß es der beste Rat war, den er bekommen konnte.

„... Onkel Fred hat gesagt, ich sollte alle Möglichkeiten prüfen, und meine Aufmerksamkeit besonders auf Sparkassen und Kreditfirmen richten; er meint, dabei könnte ich einfach nichts falsch machen..."

„Herr Burger. (Nennen Sie ihn nicht beim Vornamen, es sei denn, er sagt Ihnen, Sie können es tun. Meistens ist die Angst, der Widerstand gegen den Kauf, bei jungen Leuten in ihrer Jugend und Unerfahrenheit begründet, und wenn man das Gespräch auf eine zu vertrauliche Basis stellt, wird dies nur noch betont.) Ihr Onkel scheint ein intelligenter Mann zu sein. Sie haben sehr viel Glück, von ihm Ratschläge zu bekommen. Ist er im Geschäftsleben tätig oder bereits pensioniert...?"

„Er ist Oberst bei der Luftwaffe und besitzt eine Geldanlage, mit der er angefangen hat, als er ungefähr in meinem Alter war. Er kennt sich da aus und weiß auch, auf was man achten muß, um nicht reingelegt zu werden..."

„Sicherlich weiß er das, und wie ich Ihnen schon sagte, Sie sind wirklich ein *Glückspilz*. Nun, ich denke, wir sollten noch einmal alles durchgehen, was er Ihnen über Spareinlagen und Anleihen gesagt hat, um sicherzugehen, daß Sie alles beachten, so wie er es gemeint hat. Ich bin sicher, er hat Ihnen dieses..."

„He, wissen Sie was? Das ist genau das, was Onkel Fred auch gesagt hat... ich sollte ungefähr 40% meiner Erbschaft von meinem Vater in... wissen Sie, daß Ihr Maklergeschäft auch zu den Dingen gehörte, die er mir empfohlen hat? Ich glaube, ich fühle mich jetzt viel besser. Wissen Sie, jemand, der so denkt wie er, und er ist schon die ganzen Jahre über mit *seinem* Programm völlig zufrieden und hat Erfolg damit..."

Die Prahlerei, die Angst verflüchtigt sich schnell, wenn der Verkäufer sich mit dem Ratgeber dieses jungen Mannes, seinem

Onkel, *identifiziert* und über den Onkel genug herausgefunden hat, um auf seine Einstellung bezüglich Kapitalanlagen und seine Erfahrungen schließen zu können. Bald wird er das Vertrauen haben, das er braucht, um die einzelnen Teile der Panzerung zu entfernen und auf den Abschluß eines Anlagepaketes hinzuarbeiten.

Der ruhige Typ mit leiser Stimme, der alles erst gesehen haben muß

Solche Burschen haben meist keine Ratgeber, denen sie vertrauen, deshalb bringt sie ihre Furcht, einen Fehler zu machen, dazu, bedächtig zu werden, jedes Wort sorgfältig abzuwägen und jede Einzelheit genau zu untersuchen.

Der Schlüssel hier ist sicherzugehen, daß man auf der richtigen Spur ist, indem man ihn fragt, ob er jemanden hat, auf dessen Rat er sich verläßt. Das kann auf die verschiedensten Arten geschehen, doch die einfachste ist, ihn geradeheraus zu fragen: „Wen fragen Sie bei so wichtigen Angelegenheiten wie diesen um Rat, Herr Burger?"

„Nun, eigentlich habe ich niemanden. Natürlich ist da meine Mutter, aber sie weiß über Anlagen kaum Bescheid. Die sind nämlich eigentlich auch für uns beide gedacht, es ist unsere Erbschaft von meinem Vater, und sie verläßt sich dabei auch auf mich..."

„Das ist aber ein Zufall. Mein Bruder ist vor etwa drei Jahren gestorben und hat eine Tochter in etwa Ihrem Alter und seine Frau hinterlassen. Er hatte ein paar tausend Mark in Versicherungen und Spareinlagen angelegt, und die beiden baten mich, für sie eine gute Anlage auszuarbeiten."

Füllen Sie die Lücke

„Offen gestanden, zunächst war ich nicht so damit einverstanden, weil es doch meine Familie war und so. Dann habe ich mir gesagt: Nein, wenn ich es nicht für sie tue und versuche das Beste zu bekommen, das es gibt, für wen dann? Ich sollte aufhören, wenn ich jeden Tag für Fremde arbeite und mich dann bei meiner eigenen Familie nicht auf mich selber verlassen kann.

Ich bin da so rangegangen... und dann ein paar erstklassige Wachstumswerte... und die Sache läuft gut... nun, Herr Burger, würden Sie mir..."

„Oh, sagen Sie doch Thomas zu mir. Sie sind schließlich alt genug, um mein Vater zu sein, und ich denke schon, daß wir ins Geschäft kommen werden..."

Während Sie mit dem jungen Burschen zu tun haben, *gewinnen Sie sein Vertrauen!* Egal, ob sein Panzerkleid aus Panzerteilen mit der Aufschrift „Rat" oder „Vorsicht" besteht, gewinnen Sie sein Vertrauen, und der Abschluß wird leichter, reibungsloser vonstatten gehen.

Es hat noch einen zusätzlichen Vorteil, wenn Sie sein Vertrauen gewinnen; denn sobald er einen erfolgreichen Kauf bei Ihnen getätigt hat, wird er zu einem „Fachmann" und auch seine Freunde zu Ihnen, *dem Mann, dem er vertraut*, schicken.

Außerdem ist er jung, und Sie werden den Rest seines Lebens mit ihm im Geschäft bleiben; und während er älter wird und die Einkommensleiter nach oben steigt, sollten auch seine Abschlußsummen wachsen. *Mißbrauchen* oder *verraten Sie* dieses hart erkämpfte *Vertrauensverhältnis nicht.*

Die erfahrene Einzelperson

Eine andere Gruppe von Einzelpersonen besteht aus älteren, etwas erfahreneren Personen, die keine Familienoberhäupter sind, keine professionellen Käufer und die nur für sich selbst zu sorgen und sich selbst zu befriedigen haben.

Wenn dem so ist, warum fällt ein Mitglied dieser Gruppe dann unter die gleiche Käufergruppe wie der Neuling? Obwohl es sich um eine Einzelperson handelt, die sich anscheinend nur auf sich selbst verläßt, *hört sie* trotzdem auch *auf den Rat eines anderen.*

Auch hier müssen wir wieder daran denken, daß diese Person alleine ist und wir lediglich *ihr* Vertrauen gewinnen müssen. Wir brauchen uns keine Gedanken machen um ein „Ich möchte das erst mit meiner Frau besprechen" oder „Ich möchte diese Zahlen erst einmal meinem Partner zeigen", aber es könnte sein, daß wir mit einem Ratgeber zu kämpfen haben.

Wir dürfen auch nicht vergessen, daß wir bei so jemandem viel härter daran arbeiten müssen, sein Vertrauen zu gewinnen. Er ist kein Anfänger, nicht leicht zu täuschen, und man kann ihm sicherlich nicht so einfach etwas verkaufen, bevor wir nicht gezeigt haben, daß unser Produkt das beste für ihn ist.

Er gehört zu der Gruppe der Einzelpersonen, er trifft seine

eigenen Entscheidungen, doch auch er nimmt den *Rat* eines anderen an oder zieht ihn zumindest in Betracht, genau wie der Neuling; der Schlüssel bei dieser Person ist also wie bei dem Neuling herauszufinden, wer der Ratgeber ist und was für ein Verhältnis der Kunde zu dieser Person hat. Und dann müssen Sie sich mit dieser Person identifizieren.

„Eigentlich geht es mich ja nichts an, aber..."

Wir hatten gerade eine Verkaufsschulung beendet, als Richard einen potentiellen Kunden bekam, der genau in die Thematik paßte, die wir gerade besprochen hatten. Wir hatten über den Kundentyp gesprochen, der seinen Ratgeber mitbringt, um beim Kauf Hilfe zu haben, und darüber, wie man mit der Situation am besten fertig wird.

Richard war ein neuer Mann, und heute weiß ich, daß ihm die Sache mit dem Ratgeber Angst einjagte, denn wir hatten besprochen, daß es sich bei einem solchen oft um einen Besserwisser handelt, dessen einziges Interesse an dem Geschäft darin besteht, eine große Lippe zu riskieren und den Verkäufer bei jeder sich bietenden Gelegenheit lächerlich zu machen.

Was für Richard schlecht war, war die Tatsache, daß wir leider keine Zeit mehr gehabt hatten, die Möglichkeiten zu besprechen, wie man mit solchen Typen umgeht, folglich war er verständlicherweise sehr nervös, als der nächste potentielle Kunde, mit dem er zu tun hatte, seinen Chef mitbrachte.

Was gut an der Sache war, war die Tatsache, daß er an der Front seine Lektion bekam, wie man mit einem solchen Ratgeber umgeht und mit der erfahrenen Einzelperson einen Abschluß macht, indem man sich mit der Person, welche um Rat gefragt wird – in diesem Fall der Arbeitgeber – identifiziert.

Richard rief mich herbei, als der Ratgeber immer wieder einwandte:"Es geht mich ja eigentlich nichts an, Herr Adler, aber ich finde, Sie sollten sich noch umschauen und..."

Ich kam ins Büro, stellte mich vor und erklärte, daß Richard ein neuer Verkäufer sei, der noch geschult werden würde, und daß wir sie deshalb üblicherweise in den ersten Wochen bei den Vertragsgesprächen unterstützten.

„Herr Adler, Sie sind an diesem viertürigen Wagen hier interessiert, dem mit dem Automatikgetriebe, ja?"

„Richtig, aber ich glaube, Herr Fuger, mein Chef, hat wahrscheinlich recht. Vielleicht sollte ich mir noch ein paar andere anschauen, bevor ich mich zum Kauf entschließe."

Ich drehte mich zu Herrn Fuger um. „Herr Fuger, ich glaube, Sie kennen sich in diesen Dingen aus, insbesondere was den Kauf von Autos angeht, wo man eine Menge Geld ausgibt und sehr leicht einen Fehler begehen kann. Herr Adler kann von Glück sagen, daß er Sie als Ratgeber hat."

„Nun, es geht mich ja eigentlich gar nichts an, aber..."

„Nein, Herr Fuger, ich meine das wirklich so. Sie kennen sich aus und Sie möchten Ihrem Freund helfen. Sie sind doch Freunde, oder...?"

„Herr Adler arbeitet für mich."

„Nun, umso besser. Wenn er mit der Art und Weise, wie Sie ihn als einen Angestellten behandeln, zufrieden ist, weiß er, daß Sie ihn bei einem so wichtigen Ratschlag bezüglich seines Autokaufs nicht an der Nase herumführen werden.

Nun, Herr Fuger, wie denken Sie über das Geschäft, das wir angeboten haben? Glauben Sie, daß es fair ist? Bitte, sagen Sie nicht, daß es Sie nichts angeht – es geht Sie etwas an. Sie schulden Ihrem Freund und Angestellten den besten Rat, den Sie geben können, genauso wie wir es ihm schulden, daß er für sein Geld das Beste bekommt, was wir zu bieten haben."

„Nun, wenn Sie mich so fragen, dann möchte ich mal sagen, wenn Sie den Preis noch ein bißchen drücken können und Sie weiße Polster haben..."

In den meisten Fällen muß man von diesem Punkt an nur noch eine gemeinsame Basis, den richtigen Preis oder das richtige Produkt finden, und der Kauf ist gemacht.

Der potentielle Kunde hatte gezeigt, daß er normalerweise den Rat des Chefs annimmt, wahrscheinlich dank vieler guter, vernünftiger Ratschläge, die er schon von ihm bekommen hat und die sich ausgezahlt haben. Wenn dies offensichtlich wird, dann bringen Sie es ruhig zur Sprache. Geben Sie ein bißchen Schmeichelei dazu, konzentrieren Sie sich auf den Ratgeber, und der Abschluß wird einfach sein.

Wenn sich der erfahrene Käufer allein mit dem Verkäufer trifft, ist es noch einfacher herauszufinden, auf wen er hört. Loben Sie diese Person, oder identifizieren Sie sich mit ihr, und schauen Sie zu, wie das Panzerkleid zerfällt. Eine Person, die niemals irgendjemanden ihrer Freunde, Bekannte oder Familie um Rat fragt, ist wirklich sehr selten. Es geht einfach darum, herauszufinden, wer der Ratgeber ist, welchen Rat er gegeben hat und ihn *zufriedenzustellen* oder sich *mit ihm zu identifizieren*. Der Rest ist ein Kinderspiel.

Der Verkaufsabschluß mit einer ungebundenen Frau

Jeder Verkäufer hat bewußt oder unbewußt einen bevorzugten Kundentyp, auf den er im Laufe des Tages trifft. Bei mir ist es die unverheiratete, selbständige Frau jeden Alters.

Sie werden bemerkt haben, daß ich diese Person in eine eigene Kategorie eingeordnet habe, und dafür gibt es einen Grund. Obwohl sie unter die Gruppe der Einzelpersonen fällt, ist sie ein deutlich anderer und wichtiger Kundentyp, vor dem viele Verkäufer zurückschrecken, doch das ist ein Fehler.

Die Frau, die selbst ihre Einkäufe tätigt und die nur sich selbst zufriedenstellen muß, ist ein Kunde, dem der Verkäufer wirklich etwas „verkaufen" kann. Da sie eine Frau ist, ist auf sie jeder Trick der Verkaufskunst anwendbar, und je nach den Umständen und ihrer Persönlichkeit kann es eine wahre Freude sein, mit ihr einen Abschluß zu machen.

Sie ist zugänglich für Schmeicheleien, kann schönen Dingen nicht widerstehen, ist verständnisvoll und selten energisch. Das beste daran, einer Frau etwas zu verkaufen, liegt in einem Charakterzug, den jede Frau besitzt. Ob jung oder alt, verheiratet oder alleinstehend, wohlhabend oder nicht, sie weiß *selten, was sie braucht oder haben will*.

Einer Frau etwas zu verkaufen, kann für einen Verkäufer ein wahres Vergnügen sein. Er kann mit ihr die ganze Stufenleiter abklappern. Er kann ihre Bedürfnisse und ihre Leidenschaften analysieren – und mit einer kleinen Schmeichelei hier und einem guten, praktischen Ratschlag dort, frißt sie ihm im Handumdrehen aus der Hand.

Ein Freund von mir hat vor kurzem in einer größeren Stadt ein Reisebüro aufgemacht, mit einem ungeheuer großen Ferienreisemarkt für junge Frauen, die berufstätig sind.

„In diesem Geschäft treffe ich auf alle möglichen Kundentypen, aber ich konzentriere mich auf die arbeitenden jungen Frauen, die für ihr Geld so viel, wie es nur geht, bekommen möchten und vielleicht noch ein paar Mark ihrer Ersparnisse beisteuern. Das behalte ich immer im Auge.

Einige von ihnen wollen in irgendeine schöne Gegend, wo sie junge Männer treffen und viel Spaß haben können. Andere, die intellektuelleren, denken an Geschichte oder Kunst, aber sie sind sich über ihre Bedürfnisse genauso im klaren wie die Mädchen, die nach heiratsfähigen Junggesellen Ausschau halten.

Was mir wirklich Spaß macht dabei, ist die Tatsache, daß ich diesen Frauen wirklich etwas *verkaufen* kann. Ich benutze sämtliche Werkzeuge der Verkaufskunst, bleibe fair und ehrlich, und sie bekommen das Beste für ihr Geld.

Speziell beim Abschluß ist es für mich eine gute Gelegenheit, meine Verkaufskunst zu perfektionieren, denn obwohl man alle Tricks verwenden kann, so erreicht man doch nur mit wenigen von ihnen tatsächlich den Abschluß, wenn es letztlich darum geht, nun das Geld auszugeben und zwei Wochen fix zu planen. Sie wollen Schmeicheleien hören, ja. Sie wollen hören, daß es ihnen Spaß machen wird.

Doch was sie *wirklich* wollen, ist, dem, was ich ihnen sage, *vertrauen zu können*. Sie wollen, daß ich Sorge für sie trage, denn sie haben keinen Ehemann, Vater oder Freund, der ihnen sagt, was das Beste für sie ist. So habe ich ein Geschäft mit sechsstelligen Verkaufszahlen aufgebaut, und ich genieße jede Minute dabei."

Der Familienkäufer

Die größte Gruppe auf dem Käufermarkt ist wahrscheinlich der Familienkäufer. Er ist das Familienoberhaupt, und jede größere Anschaffung unterliegt seiner Verantwortung.

Natürlich wird er sich in den meisten Fällen mit seiner Frau absprechen, doch die letztendliche Entscheidung wird von ihm getroffen. Er spricht vielleicht mit seiner Frau über die Größe des neuen Herdes, den sie benötigen, oder den Standplatz für den neuen Trockner oder über die Höhe und die Art der Lebensversicherung, die er abschließen will, aber da hört es dann auch schon auf. Wenn die Entscheidung besprochen wurde, ist es in den meisten Fällen der Herr des Hauses, der sie dann trifft und der auch für das Ergebnis verantwortlich ist.

Das soll nicht heißen, daß der Rest der Familie übergangen werden kann. Die Frau und die Kinder werden auch etwas zu sagen haben, und obwohl sie nicht die Entscheidung treffen, so werden sie sie sicherlich beeinflussen. Der Verkäufer wäre sehr kurzsichtig, wenn er nicht versuchen würde, auch ihnen, gleichzeitig mit dem Vater, die Sache zu verkaufen.

Viele Verkäufer gehen dabei noch weiter und konzentrieren sich auf das Familienmitglied, das vom Kauf am meisten betroffen ist. Wenn wir zum Beispiel nocheinmal auf den Trockner zurückkommen, so wird die Frau des Hauses ihn am häufigsten benutzen, und es ist oft klug, das bequeme Füllen, die Automatik und den eingebauten Fasernfänger besonders ihr gegenüber zu betonen. Die bequemen Ratenzahlungen, wartungsfreie Leistung und Garantielaufzeit kann man sich dann für den Mann aufheben.

Teilen Sie die Familie auf

In vielen Fällen ist es klug, insbesondere wenn Teenager da sind, das neue Familienauto oder das Boot den Kindern zu „verkaufen" und die Finanzierung, die Sicherheit und die Wartung den Eltern.

Hier legen Sie die Betonung auf das oder die Familienmitglied(er), die Ihnen am ehesten dabei helfen können, den Abschluß zu machen, indem sie sich mit Ihnen verbünden, sobald Sie auf den Verkaufsabschluß zugehen.

Den Vater möchte ich erleben, der dem Bitten seiner beiden Teenager widerstehen kann, wenn sie ihm sagen: „Papa, die Sitze in diesem Wagen sind echt toll", oder: „Der Motor läuft unheimlich leise, besonders bei diesem Boot hier."

Was glauben Sie, macht der Vater, dessen Frau sagt: „Ich weiß, daß wir es uns nicht leisten können, aber dieser Gasofen hier mit vier Flammen und der Kupferabdeckung und dem automatischen, selbstreinigen Ofen ist wirklich toll... und so praktisch."

Wie viele Männer könnten diesen Aussagen ihrer Ehefrauen oder Kinder widerstehen? Nur sehr wenige, oder sie sind anders als meine. Denken Sie daran: Ein Mann lebt, arbeitet und kämpft für seine Familie. Sein Ziel ist es, daß es ihnen gut geht, daß sie glücklich sind und glücklich bleiben, egal, ob er das offen zugibt oder nicht.

Verkaufen Sie an ein Familienmitglied

Ein Autor verschiedener Bücher über Verkaufskunst teilt den verschiedenen Familienmitgliedern bestimmte „Waren" zu. Er sagt, dem Mann solle man die Versicherungen, die Aktien und Pfandbriefe verkaufen. In den meisten Familien ist er derjenige, dem die Verantwortung darüber obliegt, deshalb ist er wohl am besten vorbereitet und wird bei wichtigen Dingen auch am meisten zu sagen haben.

Der Frau sollte man die Möbel, die Haushaltsgeräte und andere Dinge verkaufen, die in erster Linie für Haus und Garten bestimmt sind.

Das Boot, der Wagen, der Swimming-Pool, die sogenannten „Luxusgegenstände" sollten den Kindern und der Frau verkauft werden, das Haus hingegen der gesamten Familie. Der Verkauf von Luxusgegenständen kann weitaus einfacher werden, wenn ein Merkmal den Kindern verkauft wird, ein anderes, das mehr sie anspricht als irgendein anderes Familienmitglied, der Ehefrau und dem Mann die praktischen Aspekte des Geschäfts wie Finanzierung und Preis.

Ein Freund von mir hat mich einmal schrittweise in der Methode unterwiesen, die er verwendete, um einer Familie ein Haus in einer besseren Gegend zu verkaufen, nachdem der Hausherr befördert worden war.

Er traf sich mit der Familie in ihrem alten Haus, das abbezahlt war und wohin sie ihn bestellt hatten, um mit ihm über ein größeres Haus zu sprechen. Sie wollten eines mit ähnlicher Nachbarschaft, das nicht sehr viel teurer sein dürfte als das, das sie bislang hatten."Ich möchte mit 56 keine neue Hypothek aufnehmen müssen", ergänzte der Ehemann.

Mein Freund erzählte ihnen von einem neuen Maklerauftrag, den er bekommen hatte, in den Außenbezirken der Stadt, in einer sehr attraktiven Lage, und sagte, er wisse, daß sie wahrscheinlich nicht daran interessiert sein würden, doch er wolle es ihnen gerne einmal zeigen, vielleicht wüßten sie jemanden, für den es vielleicht in Frage käme.

Als sie bei dem Haus ankamen, sagte er nichts über Preis, Zahlungen oder Versicherung. Er schnappte sich den 17jährigen und zeigte ihm den Tennisplatz an der Rückseite des Hauses, und dann zeigte er der 15jährigen Tochter den Swimming-Pool und das Gartenhäuschen.

Er nahm die Mutter mit ins Haus und zeigte ihr die Waschküche, das Zimmer für das Hausmädchen und die Küche – alles aus rostfreiem Stahl – mit einem Ofen mit Dunstabzug und einem großen Gefrierschrank.

Er hatte in dem alten Haus eine große Kollektion von Büchern gesehen, die überall im ganzen Haus auf Bücherschränke und Regale verteilt waren, und er zeigte dem Mann nun das Arbeitszimmer mit den Wänden voller Bücherregale und einer Fototapete, die den Eindruck vermittelte, als schaue man durchs Fenster über eine tiefe Schlucht.

Jedes Mal sagte der Mann: „Es ist wirklich schön, aber viel zu teuer für uns." Der Verkäufer stimmte ihm zu und erinnerte immer wieder daran, daß er es ihnen ja nur zeige, damit sie, falls sie jemand wüßten...

Dann brachte er sie zu dem Haus, das sie in Betracht gezogen hatten. Es war nett und lag im Rahmen ihrer Möglichkeiten, doch es hatte keinen Tennisplatz, obwohl es in der Schule ein paar Häuserblocks weiter einen gab.

Es hatte auch keinen Swimming-Pool, doch es gab einen in der Nähe. Es hatte auch keine Tiefkühltruhe, und der Herd in der Küche war auch nicht neu, doch es war nicht weit bis zur Schule und der nächsten Bushaltestelle.

Jedes Familienmitglied half beim Abschluß

Die ganze Familie einschließlich des Mannes wurde überzeugt, doch nicht von dem zweiten Haus. Sie hatten gesehen, was sie wollten, und man konnte sie jetzt leicht in eine Abschlußposition bringen, indem man einfach vorschlug, es könnte ja nichts schaden, wenn einfach einmal der Schätzwert des alten Hauses und der Preis festgesetzt würden.

Die Zweifel und Befürchtungen des Vaters lösten sich auf, durch die aufgeregten Worte der Tochter und den Kommentar des Sohnes, wie oft er den Tennisplatz benutzen würde.

Natürlich schadeten die Überlegungen der Hausfrau, wieviel Fleisch sie wohl in der neuen Kühltruhe würde lagern können, nicht – oder die Vorstellung, in die Nachbarschaft von leitenden

Angestellten zu ziehen, was dem Mann das Gefühl vermittelte, es „geschafft" zu haben.

Wenn Sie der Familie die Luxusgegenstände verkaufen, überlassen Sie die Finanzierung und die technische Planung dem Mann, und verkaufen Sie dem Rest der Familie die Merkmale, die für sie am anziehendsten sind.

Bei Versicherungen, Kapitalanlagen und Dingen, von denen die Ehefrau und die Kinder keine Ahnung haben oder an denen sie nicht interessiert sind, konzentrieren Sie sich auf den Mann und seine Verpflichtung gegenüber dem Rest der Familie.

Kurz und gut, wenn Sie die Familienmitglieder nach der Ware oder der Dienstleistung, die Sie verkaufen wollen, einteilen, sie jedoch gleichzeitig zusammenhalten und sich auf die Tatsache konzentrieren, daß sie eine Familie sind, dann wird der Abschluß leichter sein.

Die Grundlagen gelten für alle vier Käufertypen. Sie müssen ihr *Vertrauen* bekommen, Sie müssen sich mit ihnen *identifizieren*, und Sie müssen sie *in die richtige Gruppe einordnen*, um den Abschluß zu erleichtern.

Analysieren Sie die Umstände, und *ordnen* Sie sie in vier Gruppen *ein*. Dann entscheiden Sie, worunter sie innerhalb dieser Gruppen fallen. Als nächstes *bauen Sie deren Vertrauen in Sie auf*, in die Art Mensch, die sie sind. Und *identifizieren Sie sich* schließlich mit ihnen oder mit Person, die sie um Rat fragen. Dann wird der sichere Abschluß so natürlich vorkommen wie die einfache Aussage: „Bitte unterschreiben Sie hier."

10
Lassen Sie den Kunden für sich arbeiten: Wie man beim Verkaufsabschluß Kundenwerbung betreibt

Eine alte Verkaufsregel lautet: „Sie machen den Abschluß erst dann, wenn Sie ihn auch verlangen."

Man kann dies auch anders formulieren: „Sie bekommen nur dann einen *Kunden*, wenn Sie einen verlangen."

Dies war und ist der Schlüssel zu den erfolgreichsten und dauerhaftesten Verkaufsabschlüssen, die ich kenne: Fragen Sie beim Abschluß einfach nach dem nächsten Kunden.

Fehlschlag

Vor fünfzehn Jahren machte Fred, ein Gebrauchtwagenhändler in meiner Heimatstadt, Pleite. Er wird Ihnen erzählen, daß er einen Berg voll Schulden hatte und nichts mehr, das ihm gehörte, als er seinen Laden schloß. Seine Gläubiger hatten ihm den Hahn zugedreht.

Er hatte eine Frau und zwei Söhne, mußte Abzahlungen auf sein Haus leisten und all die anderen Rechnungen begleichen, die ein Familienoberhaupt nun mal bezahlen muß; aber er ließ sich nicht kleinkriegen.

Er setzte sich hin, analysierte die Situation und entschied, daß er kein Geschäftsmann sei. Er konnte kein eigenes Geschäft am Laufen halten, weil er zu viele Freunde hatte und zu gutmütig war, um es auf die rauhe Art zu machen, wie es in der Geschäftswelt nun mal so üblich war.

Er beschloß, als Verkäufer für jemand anderen im Automobilgeschäft zu bleiben, weil er dort Freunde hatte, und weil er ein guter Verkäufer war. Er plante auch die Strategie, mit der er einer der *Spitzenverkäufer für Gebrauchtwagen im gesamten Land* werden wollte. Das Erstaunliche an dieser Strategie ist die Tatsache, daß sie so unheimlich einfach ist. Fred erzählte mir, daß sie aus *drei Hauptpunkten* besteht und daß ihn die Anwendung dieser Punkte bei jedem Kontakt und bei jedem Abschluß dahin gebracht hat, wo er heute steht.

Identität – nach Kunden Ausschau halten – Mahnung

„Die beiden Hauptpunkte sind *Identität* und *nach neuen Kunden Ausschau halten*. Der dritte Punkt ist die *Mahnung*, aber den beiden ersten widme ich *beim Abschluß* immer vorrangig meine Aufmerksamkeit. Ich muß mich mit diesem Käufer *identifizieren*, und ich muß ihn *nach potentiellen Kunden fragen*.

Als ich Pleite ging, beschloß ich, mein altes Leben hinter mir zu lassen und der beste Verkäufer im Land zu werden, und auch wenn ich nicht behaupten möchte, daß ich bereits der beste bin, so möchte ich doch sagen, daß ich zumindest einen schönen Batzen an Verkaufsabschlüssen auf meinem Konto verbuchen konnte.

Mir wurde klar, daß ich als Verkäufer etwas brauchte, wodurch sich die Leute an mich erinnerten, sobald sie in Erwägung zogen, einen Wagen zu kaufen. Gleichzeitig mußte ich nach einem potentiellen Kunden Ausschau halten, während ich darauf wartete, daß diejenigen, die mich bereits kannten, irgendwann zu mir kommen würden. Kurz gesagt: Ich brauchte etwas, wodurch sich die alten Kunden *an mich erinnerten*, und etwas, womit ich *neue Kunden bekam*.

Ich brauchte lange Zeit herauszufinden, wie ich das zuwege bringen könnte, aber nachdem ich die Sache von allen Seiten betrachtet hatte – ich wollte etwas Billiges, Einfaches und Idiotensicheres –, kam ich auf die Lösung.

Zunächst – Identität. Ich kaufte in einem Hutgeschäft am Ort ein Dutzend Filzhüte und färbte sie hellgrün. Dann bestellte ich Visitenkarten mit dem Firmennamen, der Telefonnummer und meinem neuen Slogan: 'Fragen Sie nach dem kleinen dicken Mann mit dem grünen Hut!'

Ich trug diesen Hut und trage ihn überall, wo ich hingehe; beim Essen, beim Kundenbesuch, beim Friseur. Die Burschen, mit denen ich zusammenarbeitete, vermuten sogar, daß ich ihn auch im Bett tragen würde, und wenn dies für meine Identität wichtig wäre, dann würde ich das durchaus tun.

Natürlich, das Ziel war, daß ich mit dem Gebrauchtwagengeschäft identifiziert werde und daß die Leute sich daran erinnern, nach dem 'Mann mit dem grünen Hut' – nach mir – zu fragen. Ich stellte mir einfach vor, daß die meisten Menschen meinen Namen vergessen oder die Visitenkarte verlegen würden, aber ich wußte, sie würden meinen Hut und den kleinen Dicken darunter nie vergessen; und so war es."

Nach Kunden Ausschau halten

Lassen Sie uns einen Moment lang abschweifen und uns den Lohn seiner Erfindungsgabe anschauen. Freds teures Haus ist abbezahlt, und zwar schon seit Jahren. Ein Sohn arbeitet jetzt ebenfalls im Verkauf, er hat eine Getränkeladenkette, und der andere Sohn hat die Universität besucht.

Er hat Grundbesitz in der ganzen Stadt; vor kurzem hat er ein Wohnhaus, das er gebaut hatte, für eine siebenstellige Summe verkauft, und gegenwärtig befaßt er sich mit einem Wohnkomplex, bei dem es um noch größere Summen gehen wird. *Und das alles aus dem Einkommen eines Verkäufers für Gebrauchtwagen.*

„Fred, Sie sagen, Ihre *Identität* und das *Ausschauhalten nach neuen Kunden* seien die zwei Hauptpunkte Ihres Erfolges. Ich weiß jetzt, wie Sie sich die Identität verschafft haben, aber wie steht es mit den neuen Kunden?

Verschicken Sie Postkarten, machen Sie Telefonanrufe, beides zusammen, oder...?"

„Wollen Sie mich auf den Arm nehmen? An dem Tag, wo ich anfange, einfach so ins Blaue hinein Anrufe zu machen oder Postkarten zu schreiben, werde ich meinen grünen Hut ablegen und die Sache an den Nagel hängen. Nein, meine potentiellen Kunden kommen *beim Verkaufsabschluß* zu mir."

„Beim Abschluß?"

„Genau. Schauen Sie, wenn ich gerade einen Abschluß gemacht habe, dann habe ich damit bereits den besten künftigen Kunden, den es gibt, den Mann, dem ich gerade etwas verkauft habe. Warum sollte ich mit ihm nur einmal ein Geschäft machen und dann nie wieder? Im Laufe seines Lebens wird er irgendwann wieder etwas kaufen, oder? Warum sollte ich ihn irgendwoanders hingehen lassen, wenn das der Fall ist?"

„Was machen Sie also beim Abschluß, um sicherzustellen, daß er zu Ihnen zurückkommt?"

„Zunächst einmal frage ich ihn ganz unverblümt, ob er mit dem Geschäft zufrieden ist und mit dem Wagen, den ich ihm verkauft habe. Das funktioniert genauso bei Verkäufern, die Versicherungen, Immobilien oder Investmentfonds oder andere Waren zu verkaufen haben.

Wenn er sagt, er sei zufrieden – prima. Wenn es irgend etwas gibt, das ihn noch beschäftigt, dann räume ich zunächst das aus dem Weg. Ich möchte ihn sagen hören, daß ich in Ordnung bin und daß er es auch so meint. Ich möchte, daß ich jemand bin, der ihn fair behandelt und das bestmögliche Geschäft für ihn erzielt hat."

„Und dann...?"

„Dann sage ich ihm, nicht mit vielen Worten, ich mache ihm einfach klar, daß er in meiner Schuld steht und er mir die Namen von zwei oder drei Leuten schuldet, die jetzt oder demnächst einen Wagen kaufen wollen."

Der Schlüssel

„Ich sage, daß dies der Schlüssel ist. Wenn Sie den Kunden allerdings irgendwie bedrängen, dann wird er Ihnen ein paar Namen nennen, die es nicht einmal wert sind, angerufen zu werden. Sie täten in dem Falle besser daran, einfach nach dem Telefonbuch vorzugehen.

Der Schlüssel besteht darin, dem Käufer klar zu machen, daß ich von ihm *echte, ehrliche, potentielle Kunden* erwarte, die einen Wagen kaufen werden, und zwar bald.

Ich lasse mich nicht damit abspeisen, daß er niemanden kennt, denn ich habe zu oft erfahren, daß er welche kennt, ob ihm das nun bewußt ist oder nicht.

Es könnte sein Nachbar sein, irgend jemand, mit dem er zusammenarbeitet, seine Familie (hierin liegt eine unerschöpfliche Quelle an potentiellen Kunden), der Mann, mit dem er zur Arbeit fährt, der Pfarrer. Die Liste wäre endlos. Irgend jemand, den er kennt – und diese Tatsache ist statistisch erwiesen –, wird einen Wagen kaufen, eine Versicherung, eine Waschmaschine, ein Haus oder was immer Sie anzubieten haben – und zwar in den nächsten 48 Stunden."

„Okay. Dann haben Sie die Namen, und denen gehen Sie natürlich telefonisch oder durch persönlichen Kontakt nach, richtig?"

„Durch persönlichen Kontakt. Immer durch persönlichen Kontakt. Und hier spielt wieder die Identität eine Rolle. Viele Leute haben mich schon gefragt, ob ich mir nicht blöd vorkomme, mit fast sechzig Jahren überall mit diesem grünen Hut herumzulaufen. Aber das ist meine *Identität*, und ich komme mir überhaupt nicht blöd dabei vor, vor allem dann nicht, wenn Leute hereinkommen und sagen: 'Ich habe seinen Namen vergessen, aber man nennt ihn den Mann mit dem grünen Hut.'"

„Fred, wollen Sie damit sagen, daß Sie nie auf irgendeine andere Weise nach potentiellen Kunden Ausschau halten? Beispielsweise durch Lesen von Heiratsanzeigen, anderen Anzeigen oder etwas in dieser Richtung?"

Er lachte. „Ich könnte das probieren, wenn mir die Kunden, die ich beim Abschluß bekomme, mal ausgehen sollten, aber nach meinen Unterlagen zu urteilen, habe ich noch die nächsten 100 Jahre zu tun, und ich habe eigentlich vor, mich bis dahin aus dem aktiven Verkauf zurück gezogen zu haben."

Drei absolut wichtige Dinge

Mein Gespräch mit Fred ergab drei Dinge über diesen erfolgreichen Verkäufer: *Er hielt seine individuelle Identität aufrecht, er bekam praktisch alle seine neuen Kunden beim Abschluß, und er warb um neue Kunden durch persönliche Kontakte*, damit Sie die bleibende Wirkung hatten, die er benötigte, um erfolgreich zu bleiben.

Freds Aversion gegen Telefonanrufe ins Blaue hinein und das Verschicken von Postkarten ist gut begründet und verständlich, denn ein Programm, das auf dieser Art von Kundenwerbung „Auf gut Glück" beruht, ist schlechter als überhaupt kein Programm.

Der Verkäufer, der so vorgeht, wäre besser dran, wenn er in ein Cafe nebenan ginge, sich dort hinsetzen und auf jemanden warten würde, der danach fragt, etwas von ihm zu kaufen. Darin läge wenigstens eine bestimmte Systematik, denn jemand, der wüßte, daß er Verkäufer ist, würde vielleicht tatsächlich kommen und von ihm kaufen, was immer er zu verkaufen hat.

Die Kundenkette

Harald verkauft so viele Schuhe wie jedes andere Mitglied des Verkaufsteams seiner Firma. Er ist verheiratet, hat fünf Kinder, und er verkauft Schuhe aus seinem Wagen heraus und hat dabei einen guten Verdienst, der sich in fünfstelligen Zahlen bewegt; und das trotz der Tatsache, daß er behindert ist.

„Wenn ich einen Abschluß mache, führt er geradewegs zum nächsten Abschluß, keine Stops oder Umwege – *direkt zum nächsten Abschluß*.

He, das ist eine Idee für einen Slogan auf meiner Visitenkarte:'Sie sind der nächste'. Auf jeden Fall, was ich gerade gesagt habe, stimmt."

„Ich bin 62 und hatte vor drei Jahren eine Thrombose. Ich war ein mittelmäßiger Verkäufer für eine Chemiefirma, und ich mußte dann aufhören. Jetzt arbeite ich drei oder vier Stunden am Tag, fünf Tage in der Woche und verdiene etwa 50 000 Mark im Jahr. Lustig, nicht wahr, daß ich erst verkaufen lernte, als es schon fast zu spät war?

Ich fand das Geheimnis, das 'Sesam öffne Dich', in einer einfachen Aussage. Meine Verkäufe bringen viel Geld, aber ich werde noch mehr erreichen. 'Herr Müller, ich habe gerade Ihrem Freund (Schwager, Nachbarn, Chef etc.) zwei Paar von diesen (ich habe einen Schuh in der Hand und gebe ihn ihm) Schuhen verkauft, und er meinte, daß Sie vielleicht auch Interesse daran hätten.'

Wir haben in dieser Woche ein Sonderangebot, und wenn Sie jetzt zwei Paar bestellen, kann ich Ihnen einen wirklich guten Preis machen. Beachten Sie die ausgezeichnete Verarbeitung, Herr Müller, und die Qualität des Leders.

Oh, ich habe übrigens Ihrem (wieder: Freund, Nachbarn, irgendeinem Anwalt, den er kennt, etc.) mehrere Paar von diesen Schuhen verkauft, und die ganze Familie trägt sie nun. Er nennt mich seinen reisenden Schuhladen.'"

Es ist eine *nie endende Kette*, ein Kunde führt zum nächsten, und der Trick dabei ist, die *letzten beiden* zu erwähnen, die ihm etwas abgekauft haben, wenn sich der neue Kunde nähert.

Der neue Kunde kennt diese beiden letzten Kunden meist persönlich, und es macht den Verkauf ein großes Stück leichter, wenn Harald erzählen kann, daß diese beiden anderen auch bei ihm kaufen.

Hören Sie nie auf zu verkaufen

Der Beweis für Haralds Erfolg? Während wir uns unterhielten, nahm er ein wunderschönes Paar Ziegenlederschuhe aus seiner Tasche und zeigte sie mir. Als er ging, hatte er eine Anzahlung und einen unterschriebenen Auftrag für zwei Paar Schuhe – die einen aus Ziegenleder, die anderen aus Schweinsleder – in der Tasche, zu liefern an meine Privatadresse, per Nachnahme.

Zufall oder Beweis?

Während wir uns unterhielten, erwähnte er, daß er einige von seinen besonderen Exemplaren – Golfschuhe – an Fred, den „Mann mit dem grünen Hut" verkauft hat. Ich hatte Fred angerufen, bevor ich dieses Kapitel schrieb. „Ich habe vor ein paar Jahren die Schuhe von Harald gekauft und seither schon einige weitere Paare gekauft."

Fred sagte, er kauft alle Schuhe von ihm und einige andere in seiner Verkaufsagentur zählen ebenfalls zu Haralds Kunden.

Dieser Schuhverkäufer benutzt immer den letzten Verkauf, um die Lücke zum nächsten zu überbrücken, und wenn er den nächsten erreicht hat, macht er wieder, um den nächsten zu bekommen, und so weiter. Das ist *kein Zufall*. Es ist der *Beweis für Haralds Kundenwerbesystem*.

Stellen Sie sich die Frage: Wieviele aufeinanderfolgende Aufträge haben *Sie* bekommen, indem ein Kunde Sie zu dem nächsten geführt hat? Wenn Sie schon dabei sind, können Sie sich auch noch eine andere Frage stellen: Machen Sie Kundenwerbung beim Abschluß? Wenn die Antwort auf die erste Frage lautet: Nicht viel, dann ist die Antwort auf die zweite offensichtlich.

Phantasie zahlt sich aus

Ich war beim Mittagessen mit einem befreundeten Verkaufsleiter, als wir auf das Thema Kundenwerbung kamen. Er sagte: „Ich würde einen Verkäufer feuern, der sich bei Kundenwerbung nur auf Telefonanrufe ins Blaue hinein und Postkartenschreiben verläßt."

„Okay, also, du feuerst den Mann, der einfach so ins Blaue hinein telefoniert. Was *ist* deine Methode? Was rätst du deinen Leuten als beste Kundenwerbung?"

„Ein Verkäufer sollte nie ohne mindestens zwei 'heiße' Kunden sein, aber wenn Sie abfallen, kann er das Telefon benutzen, aber nicht einfach so ins Blaue hinein telefonieren."

„Wie dann?"

„Das zeige ich dir, wenn wir wieder in meinem Büro sind. Ich werde von einem meiner schlechteren Leute eine Akte raussuchen, einem Mann, den ich wahrscheinlich gehen lassen muß, und ich werde dir zeigen, woran es bei ihm liegt. Er könnte auch ein guter Verkäufer sein, aber er jammert immer, keine Kunden zu haben, und so kann ich keine Häuser verkaufen."

Als wir zurück im Büro waren, holte er die Akte über den letzten Abschluß, den der Mann getätigt hatte, heraus: ein sauberes Geschäft mit gutem Profit und einer recht guten Provision.

Mein Freund notierte sich die alte Adresse des Käufers und nahm sich ein Adressbuch vor. Er schaute sich verschiedene Namen von Leuten an, die in der Nähe wohnten. Dann machte er deren Telefonnummern ausfindig und griff zum Telefon.

Nach zehn Minuten wußte er, daß einer der Nachbarn mit der Frau des Käufers gesprochen hatte, daß sie gute Freunde waren, und daß auch sie sich überlegt hatten, in das neue Viertel zu ziehen, wo ihre Freunde gerade das Haus gekauft hatten. *Niemand* in der Firma meines Freundes *hatte* mit ihnen *Kontakt aufgenommen*. Da gab es ein Geschäft direkt *vor seiner Nase*, als der Verkäufer den letzten *Abschluß* gemacht hatte, und er ignorierte es oder erkannte einfach nicht, *daß das nächste Geschäft beim Abschluß meist schon vor der Tür steht*.

Dieser Aspekt der Kundenwerbung beim Abschluß ist Teil der Identität. *Sie bringen Ihre Identität ins Spiel*, indem Sie sich auf den letzten Abschluß oder eine Person beziehen, die Sie beide kennen, und wenn Sie den Kunden verlassen, mit der Sie gerade einen Abschluß gemacht haben, dann nehmen *Sie gleich ein oder zwei Namen mit.*

Und wie Sie gerade gesehen haben, das Telefon kann von unschätzbarem Wert sein, wenn Sie *Ihre Phantasie spielen lassen* und Ihren Erfindungsgeist, anstatt Ihre Zeit und Ihre Mühe auf Kontakte ins Blaue hinein zu verschwenden.

„Tut mir leid, die falsche Nummer!" – oder?

Manchmal, wenn Sie ein paar Minuten Zeit haben, versuchen Sie es mit dem Trick: „Tut mir leid, ich glaube, ich habe mich verwählt!" – aber bitte *nicht einfach ins Blaue hinein.*

Wenn Sie mit einem Herrn Krüger das Geschäft abgeschlossen haben, haben Sie seine Adresse und Telefonnummer, und wenn nicht, dann können Sie sie leicht im örtlichen Telefonbuch finden. Suchen Sie dann im Adressbuch die Namen der sechs nächsten Nachbarn, und rufen Sie einen nach dem anderen an.

„Hallo. Hier ist Harald Bauer von der Ersten Allgemeinen Versicherung. Kann ich bitte mit Herrn Krüger sprechen? Ich habe vergessen, seine..."

„Tut mir leid, aber das ist die falsche Nummer. Hier ist Genz."

„Oh, Entschuldigung. Ich hatte Herrn Krügers Telefonnummer nicht... Ich stelle ein Versicherungsprogramm für ihn auf, wissen Sie. Eine Lebensversicherung, das Haus und so weiter, und ich habe seine Nummer im örtlichen Telefonbuch nachgeschlagen. Ich hab's hier... Ich frage mich gerade, was ich da falsch gemacht habe."

„Hier spricht Helmut Genz ... Wie war Ihr Name?"

„Harald Bauer, Herr Genz. Von der ersten Allgemeinen Versicherung in der Waldstraße..."

„Nun, wir haben Ahornstraße 6. Ralf Krüger wohnt gegenüber. Wie sagten Sie, Sie sind sein Versicherungsmann? Komisch, er hat nichts von Ihnen gesagt. Wir gehen zusammen zum Angeln, und er weiß, daß ich darüber schon lange mal sprechen wollte..."

Natürlich passiert das nicht jedes Mal. Aber ich garantiere Ihnen *vier „heiße" Kunden* und *einen Abschluß für jeden sechsten Anruf, den Sie machen*, was kein schlechter Durchschnitt ist. Außerdem habe ich es noch nie erlebt, daß jemand einfach einhängt oder mich anschreit, wie es oft der Fall ist, wenn man einfach ins Blaue hinein irgendeine Nummer wählt.

Benutzen Sie Ihren Erfindungsgeist

Eddi verkauft Möbel, und er ist schlau. Er ist so schlau, es immer so einzurichten, daß das neue Sofa oder der neue Tisch stets an die falsche Adresse geliefert wird. Richtig, *die falsche Adresse*. Das funktioniert so:

Wenn er das Geschäft abgeschlossen hat und es Zeit für die Lieferung ist, folgt er dem Lieferwagen mit seinem Wagen, „um sicherzustellen, daß sie an das richtige Haus liefern".

Wenn der Lastwagen die Nachbarschaft erreicht hat, sagt er den Leuten (ein Zehnmarkschein hilft dabei, wie er sagt), sie sollen das Sofa, das von der Schutzumhüllung befreit wurde, *zum nächsten Haus* oder *über die Straße tragen*, während sie warten, daß jemand auf das Klingen reagiert.

Wenn jemand an die Tür kommt – und wenn man Glück hat, ist es die Hausfrau – tun die Leute so, als wären Sie im richtigen Haus und wollten das Sofa hineintragen. An dieser Stelle taucht Eddi auf.

Er steigt aus seinem Wagen aus und „bemerkt" erst jetzt, daß er einen Fehler gemacht hat, aber er erklärt der Dame des Hauses auch, daß „unsere Firma eine große Möbelsonderaktion hat, und Frau Sanders von nebenan hätte dieses wunderschöne Sofa gekauft etc." Unorthodox? Unverschämt? Ein Wunder? Vielleicht, aber man verkauft Möbel dabei. Das ist ein anderes *Kundenwerbesystem beim Abschluß*.

Man brauchte tausend Worte mehr, um die verschiedensten Lieblingsmethoden der Kundenwerbung beim Abschluß zu beschreiben, die bereits ausgedacht worden sind, und noch mehr, um diejenigen aufzuzählen, die es noch auszuprobieren gilt.

Zwei grundlegende Wahrheiten

Lassen Sie Ihre Phantasie spielen, und verwenden Sie Ihre eigenen Methoden, aber denken Sie daran, daß die einträglichste Kundenwerbung beim und unmittelbar nach dem Abschluß zu finden ist.

Wenn man einen Beruf erlernt, eignet man sich einige grundlegende Erfahrungen an, die dann für jede weitere Aufgabe gelten, die man in Angriff nimmt. Es sind Wahrheiten, die für jedes Projekt in jedem Beruf gelten, und man verwendet sie immer.

Wenn ihr Beruf der eines Verkäufers ist, dann gibt es, ebenso wie beim Klempner, bestimmte Grundlagen, die Sie gelernt haben; die Sie *immer beim Abschluß anwenden.*

Eigene Identität spricht für sich selbst. Wenn sich der Kunde an Sie erinnert, dann haben Sie eine Chance, mit ihm ins Geschäft zu kommen – wenn nicht, können Sie es vergessen. Wenn Sie an einer Hand einen Finger verloren haben, zeigen Sie es Ihrem potentiellen Kunden, bevor Sie gehen. Wenn Sie rote Haare haben, erinnern Sie Ihren Kunden daran. Wenn Sie der schlechteste Kegelspieler der Welt sind, schreiben Sie es auf ihre Karte, und erzählen Sie es jedem. *Identifizieren bietet eine Chance*, um in der wettbewerbsstarken Verkaufswelt zu überleben.

Ihre zweite Chance, die genauso wichtig ist wie Identifizieren, ist die *Kundenwerbung*, wie wir alle wissen. Aber schreiben Sie keine Postkarten, bei denen Sie unter tausend nur zehn Antworten erhalten; greifen Sie sich nicht einfach wahllos irgendwelche Nummern aus dem Telefonbuch heraus; warten Sie nicht, bis der potentielle Kunde zu Ihnen kommt; fragen Sie statt dessen stets nach neuen Kunden, *wenn Sie einen Abschluß tätigen.*

Der Käufer ist beim Abschluß in einer empfänglichen Stimmung. Sie haben ihm gerade dabei geholfen, etwas zu verwirklichen, das er sich wahrscheinlich schon lange erfüllen wollte. Nutzen Sie diesen Augenblick, da er Ihnen wohlgesonnen ist.

Er hat diesen Kauf wahrscheinlich in den letzten Tagen oder Stunden mit irgend jemandem besprochen, und dieser Jemand ist Ihre beste Chance für Ihren nächsten Verkauf. Fragen Sie nach seinem Namen, seiner Anschrift und der Erlaubnis, den Namen Ihres jetzigen Kunden zu nennen.

Ich wette mit Ihnen

Eine *Aufforderung* und ein *Versprechen*: Gehen Sie die letzten zwanzig Abschlüsse, die Sie getätigt haben, nochmals durch, und machen Sie eine Aufstellung davon. Dann fragen Sie jeden, vorzugsweise persönlich, nach *je drei potentiellen Kunden*. Dies würde insgesamt *sechzig neue potentielle Kunden* ergeben, wenn Sie von jedem drei Namen bekämen. Angenommen, nicht jeder würde oder könnte Ihnen drei Namen nennen; seien wir vorsichtig und sagen: *Sie bekommen zwanzig Adressen.*

Diese zwanzig potentiellen Kunden *werden Ihnen sechs „heiße" potentielle Kunden bescheren* und *mindestens drei Abschlüße*, wenn Sie, möglichst persönlich, mit ihnen Kontakt aufnehmen. Probieren Sie es! Ich wette mit Ihnen, daß es funktioniert.

Denken Sie daran, daß das nicht so effektiv ist wie ein Kundenwerben beim Abschluß, wenn die Möglichkeiten am größten sind. Wenn Sie also diese sechs „heißen" potentiellen Kunden bekommen und *mit dreien davon einen Abschluß machen*, überlegen Sie sich, wie hoch Ihre Abschlußquote gewesen wäre, wenn Sie beim ursprünglichen Abschluß nach neuen Namen gefragt hätten. Wenden Sie diese *Kundenwerbetechnik direkt beim Abschluß an*, und Sie werden Ihre Verkaufsakten nie wieder nach eventuellen neuen Kunden durchgehen müssen – Sie werden viel zu sehr damit beschäftigt sein, Verkaufsabschlüße zu tätigen und neue potentielle Kunden zu besuchen.

11
Fünf wichtige Richtlinien für ein effektives Führen von Verkaufsunterlagen: Wie sie Ihnen bei einem Verkaufsabschluß helfen können

Eine Aktensammlung, die Gold wert ist

Max hatte für ein Geschäft am Ort über zwanzig Jahre lang Haushaltsgeräte verkauft und stand die meiste Zeit davon an der Spitze der Verkaufszahlen, und das bei einem Verkaufsstab, der aus acht Männern bestand.

Nachdem er in Pension gegangen war, sorgte er dafür, daß sein Sohn, der gerade seine Universitätsausbildung abgeschlossen hatte, in seine Fußstapfen trat. Viele seiner Freunde waren ungläubig, warum Max seinen Sohn mit abgeschlossener Universitätsausbildung als *Verkäufer auf Provisionsbasis* arbeiten ließ, wo er doch eine Arbeit mit festem Gehalt, die viel besser bezahlt würde, bekommen konnte?

Ich kannte Max und seinen Sohn Rudi von kleinauf. Unmittelbar, nachdem Rudi seinen Abschluß gemacht hatte, ging ich unter dem Vorwand bei ihnen vorbei, dem Jungen dazu zu gratulieren, doch in Wirklichkeit, um meine Neugier zu befriedigen.

Während wir Kaffee tranken und uns unterhielten, kam mir die Frage immer wieder in den Sinn: Warum ließ Max seinen Sohn eine

Arbeit als Verkäufer von Haushaltsgeräten annehmen, wo er gerade seinen Universitätsabschluß in Betriebswirtschaft gemacht hatte?

Als ich es nicht mehr länger aushielt, stellte ich geradeheraus die Frage, die sich bestimmt jeder stellt. Max' Antwort *öffnete mir die Augen, und das in mehr als einer Hinsicht.*

„Als es für mich und Rudis Mutter an der Zeit war, ein Geschenk zur bestandenen Prüfung auszusuchen, wollte ich, daß es mehr sein sollte als ein Diamantring oder ein neuer Wagen, was wir uns beides hätten leisten können. Wir sprachen darüber und einigten uns, daß der beste Platz für Rudi zur Vorbereitung auf seine Arbeit als Führungskraft in der Geschäftswelt die Stelle wäre, *an der das Geschäft seinen Ursprung hat; die eines Verkäufers.*

Dann einigten wir uns, daß unser Geschenk etwas sein sollte, das ihm dabei *helfen sollte, als Verkäufer einen Anfang zu finden und die Bedeutung des Verkaufspersonals* bei jedem Geschäft zu erkennen."

Das beste Geschenk zur bestandenen Prüfung, das ein Student je bekam

„Rudi, hol Dein Prüfungsgeschenk, und zeig es ihm."

Der Junge stand auf, ging in das andere Zimmer und kam mit einer großen Aktensammlung zurück. Es war eine von insgesamt sechs, die sein Vater im Laufe seiner Karriere als Verkäufer zusammengestellt hatte.

Er öffnete sie, und zum Vorschein kamen Dutzende von Aktenunterlagen, jede fein säuberlich mit Namen und Anschrift versehen. Dann zeigte er mir den Wert dieser Sammlung, die sein Vater ihn ihm erklärt hatte. Jeder Abschnitt von A bis Z wies die Namen *eines jeden Kunden auf, dem Max jemals etwas verkauft hatte*, mit detaillierten Angaben über diesen Kunden und den Verkauf.

An jeden Namen war ein Stück Papier mit der Provisionshöhe geheftet, die jeder Verkauf gebracht hatte. Es waren immens hohe Umsätze, die alle in den Unterlagen sorgfältig aufgeführt waren.

Dann war Max die Akten durchgegangen und hatte den potentiellen oder hypothetischen Wert dieser Verkaufsakte notiert.

In zwanzig Jahren hatte er Umsätze von über 20 Millionen DM getätigt und Provisionen von durchschnittlich mehr als 100 000 DM jährlich kassiert. Darüberhinaus ging aus den Unterlagen ein

Potential für die nächsten fünf Jahre hervor, das einen Bruttoumsatz von mehr als 5 Millionen DM übersteigen würde, wenn es richtig verwendet wurde.

Als ein Bonbon und um dem Jungen zu zeigen, daß sich seine Eltern nicht auf billige Art um ein Prüfungsgeschenk herumdrücken wollten, hing an jedem Buchstaben eine Hundertmarkschein - insgesamt also 26.

Rudi war voller Begeisterung, wie seine Eltern. „Sehen Sie hier, mein Vater hat mir gezeigt, daß das gute Leben, das wir über all die Jahre hinweg führen konnten, das direkte Ergebnis davon war, *daß er seine Unterlagen auf dem Laufenden gehalten hat.*

Sehen Sie, man kann die Unterlagen durchgehen und sehen, in welchem Jahr wir die Hütte am See gekauft haben, das Jahr, in dem mir Vater meinen ersten Wagen gekauft hat und das Jahr, in dem Mutter ihren Nerz bekam. Es steht alles drin in Form von aufgezeichneten Umsätzen. Die Akten sind eine regelrechte Goldmine, wenn man sie richtig einsetzt."

Während ich so diese Unterlagen überflog, konnte ich den Schlüssel zum Erfolg erkennen. Es war weit mehr als das alte: Name, Adresse, Telefonnummer. *Es waren Verkaufsunterlagen.*

Vervollständigen Sie die Unterlagen

Name, Adresse und Telefonnummer waren vorhanden, aber darüber hinaus auch der Arbeitsplatz, der Beruf des potentiellen Kunden, wie lange er schon beschäftigt war und die Höhe seines Gehalts.

Auch die *Namen, Geschlecht und Alter seiner Kinder* standen da plus einer kurzen Beschreibung – eine Zeile lang – zu jedem der Kinder.

In den Unterlagen stand auch, wann sie Haushaltsgeräte von Ted gekauft hatten, wie sie bezahlt hatten und welchen Betrag. Es war eine Kopie *jedes Kaufvertrages* vorhanden und eine Notiz über die *einfachste Art und Weise, wie man das Ehepaar zum Abschluß führt.* Und es gab noch mehr.

Anstelle einer üblichen, nicht besonders aussagekräftigen Karte mit nur den wichtigsten Daten, hatte Max gleichzeitig eine umfangreiche *Akte* für jede Person oder jedes Ehepaar angelegt, denen er jemals etwas verkauft hatte, mit Kommentaren, die ihn daran erinnern sollten, wie man ihnen etwas verkauft, wann sie wieder soweit wären, sowie Angaben über deren Freunde und Verwandte.

Rudi nahm diese Aktensammlung mit in sein Büro, das er im Geschäft hatte. In den ersten drei Jahren übertraf er seinen Vater sogar noch, und dann zahlten sich die Unterlagen und sein Universitätsabschluß wirklich aus. Sie ernannten ihn zum Verkaufsleiter mit festem Gehalt.

Eine seiner Aufgaben bestand darin, neue Leute zu schulen, und so fragte ich ihn, was das Wichtigste wäre, das er seinen neuen Leuten hinsichtlich Führen von Unterlagen beibringen würde. „Das ist einfach", sagte er. „Führen Sie nicht nur Karteikarten über die Verkäufe und potentiellen Kunden. Eine *vollständige* Aufzeichnung über die Verkäufe und die Personen, mit denen diese Verkäufe getätigt werden, ist das wertvollste Werkzeug, das ein Verkäufer besitzt. Ich erzähle dem neuen Verkäufer, wie mein Vater mir zum Start verholfen hat.

Besonders *beim Abschluß* kann der Verkäufer Einzelheiten in Erfahrung bringen, ohne zu fragen, wie der potentielle Kunde das Geschäft finanzieren will, wie viele Kinder er hat und so weiter.

Wenn der Kunde sieht, daß sich der Verkäufer an ihn und seine Frau erinnert und fragt: 'Übrigens, wie geht es Ihrem Sohn Thomas? Er müßte jetzt bald auf die Uni gehen, nicht wahr?', so fühlt sich dieser Kunde geschmeichelt. Machen Sie sich den Abschluß also so leicht wie möglich, auf jede Art, auf die es möglich ist. Darum geht es in diesem Spiel."

Denken Sie daran: es dauert nur ein paar Minuten länger, *alle Fakten zu bekommen* – die Fakten, die Ihnen in Zukunft helfen können und werden, ob es sich nun um eine weitere Gelegenheit für einen Verkaufsabschluß mit dem aufgeführten Kunden, seinem Sohn, seiner Tochter oder seinem Schwager handelt.

Genauso wie der Abschluß der richtige Zeitpunkt ist, den Kunden nach neuen potentiellen Kunden zu fragen, weil er in diesem Augenblick am empfänglichsten ist, so ist es auch der richtige Zeitpunkt, die Fakten über ihn und seine Familie für Ihre Unterlagen zusammenzubekommen.

Fragen Sie ihn *dann* nach seiner Arbeit, seinen Kindern, seinen Verwandten. Natürlich werden sich viele von diesen Informationen als natürliches Ergebnis des Abschlusses ergeben, besonders, wenn es um Finanzierung geht (Kreditantrag), aber nicht immer und nicht immer in ausreichender Form. Wenn sie sich nicht ergeben, *fragen Sie danach.*

Halten Sie die Unterlagen auf dem Laufenden

Eine wichtige Voraussetzung für das Aktensystem, eine, mit der seine Effektivität steht und fällt, ist die Bedingung, daß man es *auf dem Laufenden* und *dem neuesten Stand* halten muß. Auch hier dauert es nur ein paar Minuten, die Unterlagen durchzugehen und entsprechende Angaben zu ergänzen oder zu streichen, je nachdem. Der Verkäufer, der seine Unterlagen noch umfassender gestalten möchte oder deren Effektivität noch steigern möchte, sollte zudem *täglich* zwei aktive potentielle Kunden seinen Unterlagen hinzufügen.

Wie aber finden Sie zwei neue Namen, wenn Sie nicht täglich einen Abschluß machen, und wie halten Sie Ihre Unterlagen auf dem neuesten Stand?

Verfolgen Sie die Zeitungen

Die Zeitungen, Gemeinde- und Amtsblätter sind eine äußerst wertvolle Hilfe, wenn es darum geht, Ihre Unterlagen auf dem neuesten Stand zu halten, und zugleich eine Quelle für neue Namen, die Sie in Ihre Unterlagen aufnehmen können.

Zunächst wollen wir einmal schauen, wie Ihnen die Zeitungen dabei helfen können, Ihre Unterlagen auf dem Laufenden zu halten. Nehmen wir einen Durchschnittsmenschen, dessen Name als früherer Kunde in Ihren Unterlagen steht. Alles, was mit diesem Menschen geschieht, *taucht irgendwann einmal in der Zeitung auf.* Seine Tochter verlobt sich, dies erscheint im Anzeigenteil. Doch der Schlüssel für wirklich effektive und hilfreiche Unterlagen liegt darin, einen Schritt weiter zu gehen, als einfach nur die Tatsache notieren, daß eine Tochter sich verlobt hat.

Wenn die Ehe geschlossen wurde, ist das der Anfang einer neuen Familie, und Sie werden bereits einen Fuß in der Türe haben, denn der Vater oder Schwiegervater ist bereits Ihr Kunde. Die Tochter wird sich wahrscheinlich auch noch an Sie erinnern,

Diese Dinge sollten in den Unterlagen über den Vater vermerkt werden: der Name des Kindes, das heiratet, der Tag, an dem es geschieht, wen sie heiratet und wenn möglich ihre Pläne, wo sie wohnen werden und anderes mehr.

Wenn sich seine Tochter verlobt, erscheint dies im Anzeigenteil. Wenn sein Sohn sein Universitätsdiplom bestanden hat, steht das in der Zeitung. Er bekommt ein Stipendium – es steht in der Zeitung. Er geht zum Militär oder kommt zurück – es steht in der Zeitung. Nehmen wir die hypothetische Verlobungsanzeige, und lassen Sie uns sehen, was wir damit machen können.

Die neue Akte

Legen Sie eine Akte über das neue Paar an. Ihren Namen, Adresse, wo er arbeitet und sämtliche Fakten, die Sie über den frischvermählten Ehemann herausfinden können.

Der Beweis dafür, daß das die Mühe wert ist, ist einfach. Wird Ihr Produkt oder Ihre Dienstleistung normalerweise von Jungverheirateten benutzt? Wetten, daß dies der Fall ist – und das schließt auch eine Friedhofsparzelle mit ein.

Genauso wie das Fragen nach neuen Kunden beim Abschluß (siehe letztes Kapitel) zu mehr Verkäufen führt, so haben Sie hier die Vorteile kennengelernt, die sich ergeben, wenn Sie ein paar Minuten täglich damit verbringen, die vorhandenen Akten auf den neuesten Stand zu bringen und neue anzulegen.

Sie haben einen echten Grund, den Vater anzurufen und ihm zur Hochzeit seines Sohnes zu gratulieren. Wenn Sie das tun, erinnern Sie ihn daran, daß Sie ihn nicht vergessen haben und seinen Namen in der Anzeige als den des Vaters der Braut erkannt haben.

Sie haben jetzt die Gelegenheit zu fragen, ob Sie irgend etwas für ihn, seine Frau oder das junge Paar tun können. Und Sie können sicher sein, daß das junge Paar Haushaltsgeräte, Lebensversicherungen, ein Haus oder eine Wohnung, Lebensmittel, Kleidung und tausend andere Dinge benötigen wird, von denen das eine oder andere die Dienstleistung oder das Produkt sein wird, was Sie verkaufen.

Firmenneuigkeiten

Übersehen Sie keine Veröffentlichungen, in denen es um Beförderungen, Geburten und andere Einzelheiten über Ihre potentiellen Kunden geht. Sie führen zu neuen Verkäufen. Firmenpublikationen,

Vereinszeitschriften und kirchliche Blätter sind allesamt Quellen solcher Leckerbissen, die Ihre Verkaufszahlen hochtreiben werden. Selbst wenn Ihre Akten nach ein paar Jahren Hunderte von Namen enthalten, so werden Sie feststellen, daß Sie die Namen aus Ihren Akten wiedererkennen, sobald sie in Zeitungen erscheinen.

Ein sehr erfolgreicher Verkäufer, den ich kenne, führte doppelte Unterlagen; einmal über *die Verkäufe, die er getätigt hat*, und einmal über *potentielle Verkäufe*. Die Unterlagen über getätigte Verkäufe erklären sich von selbst, während die Unterlagen über künftige Verkäufe aus Namen und Einzelheiten bestehen, die nicht den Kunden selbst betreffen.

Wenn zum Beispiel der Sohn das Gymnasium abgeschlossen hat, wird unabhängig von der Akte des Vaters eine neue Akte angelegt. Alle Fakten werden dann sorgfältig notiert; welche Universität er besucht, wann er seinen Wehrdienst geleistet hat, etc.

Diese Akte wird bis zum ersten Verkauf geführt, egal, wie lange dies dauert, selbst wenn der Sohn jahrelang in den Unterlagen geführt wird, bevor der erste Verkauf erfolgt. Dies ist allerdings selten der Fall, denn auch hier ist der „Einstieg" beim Sohn über den Vater gegeben, und es dauert nicht lange, bis der Sohn die Dienste des Verkäufers benötigt und damit zu einem „heißen" potentiellen Kunden wird.

Legen Sie Akten über die ganze Familie an

Dieser erfolgreiche Verkäufer, von dem eben die Rede war, ein Verkäufer von Lebensversicherungen, legt auch über die nahen Verwandten des Kunden Akten an, wann immer er der Meinung ist, daß es zu einem Verkauf führen könnte.

„Ich tätige ebenso viele Verkäufe mit den Schwägern und Cousins meines potentiellen Kunden wie mit seinen eigenen Kindern und ihm selbst", sagte er. „Es ist immer leichter (denken Sie an den Schuhverkäufer!), Kontakt zu knüpfen und zu einem Ergebnis zu kommen, wenn man eine Person hat, auf die man sich beziehen kann, indem man dem Kunden sagt: 'Sprechen Sie mit Ihrem Onkel Harald, und fragen Sie ihn nach mir. Ich bin mit ihm seit zehn Jahren im Geschäft.'"

Achten Sie auf öffentliche Nachrichten und Neuigkeiten, die Ihre alten Kunden betreffen. Übersehen Sie nicht die Firmenpublikationen und kirchlichen Zeitungen, und *halten Sie Ihre Akten auf dem Laufenden*, damit Sie wissen, was in den Familien Ihrer Kunden vor sich geht.

Öffentliche Eintragungen sind Goldgruben

Ein befreundeter Zeitungsreporter hat mir einmal einen der wertvollsten Tips gegeben, den ich je über das Führen von Akten bekommen habe.

Ich fragte ihn, wie er Fakten überprüft, wenn er eine Geschichte schreibt, beispielsweise eine Geschichte über die Zustände in den Elendsvierteln unserer Stadt.

Wie findet er heraus, wem die Gebäude gehören? Woher wußte er, daß die Behörden versucht hatten, den Besitzer dazu zu bringen, das Gebäude zu reparieren? Wie fand er heraus, daß der Besitzer auch der Eigentümer der Grundstücksgesellschaft war, die stadtbekannt ist für ihre Taktiken im Mietwucher?

„Öffentliche Eintragungen! Nur wenigen Leuten außer Rechtsanwälten, der Polizei und Zeitungsleuten ist klar, daß der Begriff auch genau das bedeutet, was er aussagt: Öffentliche Eintragungen sind *Allgemeingut der Gesellschaft*, und niemand hat das Recht, abzulehnen, daß sie eingesehen werden können. Es hat sogar niemand etwas dagegen, wenn Sie es tun, niemand kümmert sich die Bohne darum, warum es Sie interessiert, und die Bediensteten in den Ämtern scheuen normalerweise keine Mühe, Ihnen die Antworten zu liefern, die Sie benötigen."

Das gab mir zu denken. Wenn diese Informationen der Öffentlichkeit zugänglich waren (ich gehörte zu den Leuten, die der Meinung waren, daß sie nur bestimmten Personen zugänglich sind), war das dann nicht etwas, mit dem ich meine Akten über potentielle Kunden ergänzen konnte, indem ich mir diese Tatsachen zunutze machte? So war es.

Schauen Sie bei Gericht nach

Die Eintragungen im Gericht führten Grundstücksbesitzer, Gerichtsverhandlungen (Prozesse, Urteile etc.), Eheschließungen und Geburten auf. Wie sich herausstellte, befanden sich alle Fakten über sämtliche Leute in den Akten der Stadt- und Kreisverwaltungen.

In der Zulassungsstelle waren sämtliche im Land angemeldeten Autos vermerkt, mit Marke, Baujahr und Namen des Eigentümers. (Das ist Gold wert für Automobilverkäufer.)

In den Verzeichnissen über Eigentumsübertragungen waren Grundstückstransaktionen in der Reihenfolge ihres Auftretens aufgeführt.

Ein Besuch auf dem Standesamt ergab, daß ich zwei von meinen alten Kunden (ein Junggeselle und die Tochter eines anderen Kunden hatte geheiratet) anrufen sollte, um die Möglichkeit neuer Geschäfte zu erkunden.

Bekanntmachungen bei öffentlichen Stellen führten alle zu guten potentiellen Kunden. Wieviel Zeitaufwand ist dafür nötig? Sehr wenig. Ein Tag im Monat zur Überprüfung solcher Eintragungen zahlte sich sehr gut aus und wird sich auch für Sie auszahlen.

Wie alt ist Ihre Firma?

Es gibt eine weitere ausgezeichnete Quelle für potentielle Kunden, die von vielen Verkäufern übersehen wird. Viele erkennen den Wert dieser Goldgrube potentieller Kunden nicht, andere setzen ihn herab.

Nehmen wir einmal an, Ihre Firma ist relativ neu, zehn oder zwanzig Jahre alt. Selbst wenn es nach allen Maßstäben gemessen eine junge Firma ist, gibt es Aufzeichnungen in den Firmenakten, *die mehr Verkäufe für Sie bedeuten können*, egal, welches Produkt oder welche Dienstleistung Sie anbieten.

Es ist eine anerkannte Tatsache, daß die Fluktuation in Verkaufs-Berufen sehr hoch ist. Einige schaffen es nicht, andere gehen in Pension, wieder andere steigen auf der Karriereleiter nach oben, doch solange sie der Firma als Verkäufer angehörten, *haben sie Verkäufe gemacht*, und *diese Verkäufe sind* in den Firmenakten *aufgezeichnet*.

Wenn der Mann, der die Verkäufe einmal getätigt hat, die Firma verlassen hat, sind die darin versteckten Möglichkeiten frei für jeden, der bereit ist, ihnen nachzuspüren. Wenn jener Verkäufer seinen Job ordentlich gemacht hat, als er den Verkauf tätigte, dann war der Kunde genügend beeindruckt, um mit der Firma wieder ins Geschäft kommen zu wollen oder seinen Freunden und seiner Familie vorzuschlagen, bei dieser Firma zu kaufen.

Selbst wenn er beim Verkaufsabschluß nachlässig war, kann er die Quelle für ein neues Geschäft für Sie sein. In den Fällen, in denen der Kunde mit seinem Verkauf nicht zufrieden ist oder mit der Art und Weise, wie er abgelaufen ist, können Sie das als Mittel benutzen, um selbst künftig mit ihm ins Geschäft zu kommen, indem Sie *anbieten, das zu korrigieren, was da auch immer seiner Meinung nach in Ordnung zu bringen ist,* und *auf diese Weise Lorbeeren bei ihm ernten.*

Wenn der vorhergehende Verkäufer gute Arbeit geleistet hat, umso besser. Alles, was Sie tun müssen, ist, den Kunden zu kontaktieren, ihm zu sagen, daß Sims nicht mehr bei der Firma ist und daß er, Sims, Sie gebeten hat, sich um seine alten Kunden zu kümmern, um sicherzustellen, daß sie zufrieden bleiben.

Nehmen wir an, Sie verkaufen zum Beispiel Autos. In den Firmenunterlagen findet sich immer eine Kopie des Auftragformulars und des Kaufvertrages. Normalerweise sind sie nach dem Jahr geordnet, in dem der Verkauf stattfand, es ist also eine einfache Angelegenheit, sie durchzugehen und die interessanteren herauszugreifen.

Die Durchschnittsperson verkauft alle drei, spätestens vier Jahre ihren Wagen. Holen Sie sich die Akten dieser beiden Jahre heraus, gehen Sie sie durch, und greifen Sie sich diejenigen heraus, die mit *hohem Eigenkapital* einen Wagen gekauft oder *bar bezahlt* haben.

Wenn der Büroleiter wirklich gut und auf Zack ist, hat er auf diesen Rechnungen einen Vermerk gemacht, mit dem Alter des Kunden, seinem Familienstand etc. – allem, was für Sie eine große Hilfe sein kann, wenn Sie Kontakt aufnehmen, um mit dem Kunden ins Geschäft zu kommen.

Es ist auch erwähnenswert, daß Sie Ihre Anstrengungen, Ihre eigenen früheren Verkäufe im Auge zu behalten, ebenfalls durch gelegentliches Durchsehen der Firmenakten unterstützen sollten. Sie finden dort sicher den einen oder anderen Namen, den Sie vergessen oder übersehen haben, und das kann für Sie als Verkäufer von allergrößter Wichtigkeit sein.

Prüfen Sie die Firmenunterlagen. Dies gilt für jeden Verkäufer, egal, um welche Ware oder Dienstleistung es sich handelt, die verkauft wird, von Gebrauchsgütern angefangen bis zu Investmentfondplänen. Im Laufe der Zeit wird jeder Kunde *immer wieder* zu einem potentiellen Kunden, und es liegt an Ihnen, sich Ihren Anteil an diesem *tatsächlich fesselnden Geschäft* zu holen.

Der Schreibblock

Permanente Akten zu führen und die Unterlagen nach potentiellen Kunden durchzuschauen ist schön und gut, aber wie steht es damit, die täglichen, neuen potentiellen Kunden zu erfassen? Wie können Sie an den potentiellen Kunden dranbleiben, mit denen Sie jetzt zu tun haben und mit denen Sie später einen Abschluß machen wollen?

Die beste und einfachste Methode, die ich finden konnte, ist ein Schreibblock, ein großer Schreibblock mit liniertem Papier, den man in Schreibwarengeschäften kaufen kann. Und wenn Sie es besonders gut machen wollen, gibt es dazu noch eine Plastikhülle als Schutz für jede Seite zu kaufen, damit sie keine Flecken oder Eselsohren bekommt.

Das System, das ich verwende, ist einfach. Sobald ich mit einem potentiellen Kunden gesprochen habe, schreibe ich seinen Namen und seine Anschrift auf den Block und lasse Platz für Notizen und Aufzeichnungen über meine Fortschritte mit diesem potentiellen Kunden.

Wenn ich ihn am nächsten Tag treffen oder anrufen würde, vermerke ich das ebenfalls entsprechend mit Datum auf dem Block. So verliere ich ihn nicht und vergesse ihn nicht (es gibt viele Möglichkeiten, ein Geschäft zu verlieren!), und ich denke ständig an ihn und versuche mir zu überlegen, wie ich mit ihm am besten zum Abschluß kommen kann.

Führen Sie permanent Unterlagen über jeden Verkauf und jeden potentiellen Kunden. Es ist leichter, die Namen und Anschriften einiger Leute abzulegen, die Sie niemals wieder *sehen*, als jemanden zu vergessen oder aus den Augen zu verlieren, mit dem Sie vielleicht wieder ins *Geschäft* kommen könnten.

Fragen Sie beim Abschluß nach weiteren potentiellen Kunden. Ihr Kunde wird niemals in einer empfänglicheren Stimmung sein, und er hat Freunde und eine Familie, die für Sie potentiellen Umsatz bedeuten. Fragen Sie beim Abschluß nach deren Namen und Anschriften.

Lesen Sie die Zeitungen. Sie sind eine Goldgrube für Informationen über potentielle Kunden. Und vergessen Sie nicht, ein Auge auf öffentliche Aushänge zu haben. Auch sie können zu weiteren Verkaufsabschlüsssen führen.

Denken Sie daran, *die Firmenunterlagen nach Abschlüssen zu durchforsten*, die von Leuten getätigt worden sind, die nicht mehr bei der Firma sind. Gleichzeitig werden Sie auf Abschlüsse stoßen, die Sie selbst getätigt und vielleicht übersehen oder vergessen haben, und die sie in Ihre laufenden Unterlagen aufnehmen können.

Bleiben Sie in bezug auf Ihre aktuellen, potentiellen Kunden *auf dem Laufenden, mit Aufzeichnungen über Ihre täglichen Fortschritte, die Sie dann immer zur Hand haben.* Damit sind Sie immer auf dem neuesten Stand bezüglich der Entwicklungen und bereit für den Abschluß, sobald der richtige Augenblick gekommen ist.

Denken Sie daran: *die Anzahl der Abschüsse, die Sie tätigen, ist direkt proportional zur Anzahl der Gelegenheiten, bei denen Sie sich um einen Abschluß bemühen*, und *das Geheimnis liegt im Identifizieren und darin, stets nach Kunden Ausschau zu halten.*

12
Der Verkaufsabschluß beginnt am Anfang: Wie Sie den Kunden für einen Abschluß qualifizieren

Es gibt viele wichtige Aspekte beim Verkauf, die in direktem Zusammenhang zur Effektivität des Abschlusses stehen. Alle sind nötig und müssen während des Hinlenkens auf den Abschluß berücksichtigt werden, aber es gibt ein Stadium, das wichtiger als die anderen ist und das entsprechend beachtet werden muß, sonst ist alles umsonst. Dieses überaus wichtige Stadium besteht aus der *Qualifizierung des Kunden.*

Sie können das beste Produkt oder die beste Dienstleistung haben, die man für Geld kaufen kann, Sie können der beste und überzeugendste Verkäufer der Firma sein, und Sie können äußerst erfolgreich mit Verkaufsabschlüssen sein – doch wenn Sie nicht herausfinden können, ob der Kunde für den Kauf qualifiziert ist, dann wird sich über die Hälfte Ihrer Geschäfte vor dem Abschluß in Luft auflösen. Sie werden Zeit und Mühe bei dem Versuch, einen Abschluß mit einem potentiellen Kunden zu machen, verschwenden, mit dem aus dem einen oder anderen Grund kein Abschluß getätigt werden kann.

Es ist sinnlos

Aus Erfahrung wissen Sie, daß nichts schwieriger ist, als Ihrem Verkaufsleiter zu erklären, warum Sie einen Tag oder länger mit einem Ehepaar zugebracht haben und ihnen ein 200 000-Mark-

Haus gezeigt haben, nur um herauszufinden, daß der Ehemann eine Woche zuvor seinen Job verloren hat.

Oder Sie sprechen mit einem jungen Burschen, zeigen ihm das Boot oder den Wagen, an dem er interessiert ist, und sehen schon im Geiste einen Scheck über 10 000 DM aus seiner Jackentasche herausragen. Sie verbringen vier Stunden damit, ihm alles zu zeigen, und er sagt dann zu Ihnen: „Ich werde meinem Vater in München davon erzählen", (Sie sind in Kiel) „und ihn bitten, den Kaufvertrag für mich zu unterzeichnen. Ich bin nämlich erst siebzehn."

Zeit und Erfahrung sind die beiden wertvollsten Güter, die Sie besitzen, also *verwenden Sie sie* auch. Versuchen Sie gleich zu Beginn herauszubekommen, ob der Kunde für einen Kauf qualifiziert ist, bevor Sie in eine Situation verwickelt werden, aus der man unmöglich herauszukommt, ohne noch mehr Zeit zu verlieren.

Benutzen Sie Ihre Erfahrung, indem Sie die Prinzipien anwenden, die Sie bei anderen Abschlüssen gelernt haben und die die Probleme ans Licht bringen werden, damit Sie jedes einzelne lösen können, sobald es auftaucht.

Sie müssen den potentiellen Kunden qualifizieren. Dafür müssen Sie eine hundertprozentig sichere Methode haben, und Sie müssen diese Methode bei jedem potentiellen Kunden verwenden. Damit ist sichergestellt, daß Sie mögliche Geschäftsabschlüsse nicht verlieren, weil Sie Ihren Qualifizierungsplan nicht angewendet haben oder ein deutliches Zeichen übersehen haben, das sagte: „Es ist zwar nicht zwingend, aber bei diesem Verkauf kann es schwierig werden."

Bevor wir uns den einzelnen Qualifizierungstechniken zuwenden, schauen wir uns zunächst noch einige Beispiele dafür an, was passieren kann, wenn Sie nicht die Qualifikation des Kunden zum Kauf feststellen oder nur halbe Arbeit leisten.

Sie müssen etwas dafür tun

Es war ein Samstagmorgen. Wir saßen im Verkaufsraum, einige von uns lasen Zeitung, andere tranken Kaffee.

Wir verkauften neue und gebrauchte Autos und waren zehn Leute, alle in etwa gleich gut. Es gab keine Wechselschichten oder freien Tage, unser Job ging von morgens um acht bis abends um sieben, sechs Tage in der Woche.

Ein Junge, ein Teenager, kam hereinmarschiert, steuerte auf die Gebrauchtwagen zu und begann, sich umzuschauen. Franz, ein Bursche, der gerade von einer Versicherungsgesellschaft zu uns gestoßen war, fragte mich, ob ich ihn mir schnappen wollte.

Ich schaute auf, sah das Kind, murmelte etwas wie „Wozu?" und sah wieder in meine Zeitung.

Franz stand langsam auf, lachte und sagte: „Nun, ich denke, daß ich meine Verkaufstechnik an ihm ausprobieren kann", und ging nach draußen.

Eine Viertelstunde später hatte der Junge einen Wagen ausgesucht, den er haben wollte, rief seinen Vater an, einen Arzt im Ort, und fuhr mit Franz zur Praxis seines Vaters, um sich die Zustimmung zur Wahl des Jungen und einen Scheck abzuholen.

Kurze Zeit, nachdem ich diese Lektion in Sachen Kundenqualifikation gelernt hatte, geschah das gleiche wieder; nur diesmal kümmerte ich mich um den Verkauf.

Ich traf eines Morgens auf einen potentiellen Kunden. Ich machte die Qualifikation sehr sorgfältig, um sicherzustellen, daß ich tatsächlich einen potentiellen Kunden vor mir hatte, bevor ich meine Zeit mit ihm verschwendete oder – noch schlimmer – ihn gehen ließ.

Ich erinnere mich an meinen Widerwillen, als ich ihn fragte, wo er arbeite und er sagte, er hätte gerade bei einer Baufirma am Ort angefangen. Als ich ihn fragte, wo und wie lange er vorher gewesen wäre, verschlug es mir regelrecht die Sprache.

„Es hat keinen Sinn zu versuchen, es zu verschweigen oder Sie an der Nase herumzuführen. Ich war im *Gefängnis in den vergangenen 31 Monaten*, wegen Einbruch. Aber ich bin jetzt sauber, und ich habe vor, es zu bleiben. Ich brauche einen Wagen für die Fahrt zur Arbeit, und wenn ich einen bekommen kann, dann wird alles okay sein."

„Sie waren im... Gefängnis? 31 Monate? Und Sie wollen einen *Wagen auf Ratenzahlung kaufen*? Mein Herr, es tut mir leid, aber Sie... Moment. Wir wollen sehen, was wir da machen können. Kommen Sie bitte mit in mein Büro."

Ich hatte geschworen, nicht noch ein Geschäft zu verlieren, weil ich nicht alle Fakten bedacht hatte, und ich hatte mich gerade noch rechtzeitig in den Griff bekommen.

Jeder, der die Geschichte des Mannes hörte, spottete – obwohl er 40% anzahlen wollte – und fragte, ob ich verrückt sei, mit einem aus dem Knast ein Geschäft machen zu wollen. Jeder, außer einem. Ich rief einen Bekannten aus der Finanzbranche an und bat ihn, bevor er seine Meinung zu dem Geschäft äußerte, mit dem Mann zu reden und selbst zu schauen, ob es möglich war, ihm eine Chance zu geben.

Der Mann bekam den Wagen, die Baufirma hat jetzt den besten Bauleiter, den sie je hatte, und mein Freund finanziert ihm alles, was er will, denn er hat in über zehn Jahren nie auf eine Zahlung warten müssen.

Sechs grundlegende Fragen, die garantieren, daß der Kunde wirklich für einen Abschluß qualifiziert ist

Da Sie bei einer Qualifizierung aus der Entfernung keine realistische und idiotensichere Einschätzung vornehmen können und andererseits jeder potentielle Kunde einer Qualifizierung unterzogen werden muß, stellt sich die Frage, wie man hier am besten vorgeht.

Stellen Sie sechs grundlegende Fragen, und ausgerüstet mit den Antworten und Ihrer Erfahrung als Verkäufer können Sie dann beurteilen, ob Sie einen potentiellen Kunden für „jetzt", für „später" oder für „nie" haben. Sie werden *mit dem Abschluß* beim ersten sofort *beginnen*, den *zweiten* in Ihre *Unterlagen* aufnehmen und mit ihm *in Kontakt bleiben* und *den dritten vergessen*.

Die Fragen sind:

1. Wo arbeitet er (sie) und seit wann?
2. Als was arbeitet er dort?
3. Wo wohnt er, und seit wann wohnt er dort (Umstände Eigentum, Miete etc.)?
4. Familienstand? Kinder?
5. Für wen ist der Wagen (das Boot, die Versicherung, das Möbelstück)?
6. Erscheinungsbild (körperlich, Sprache, Verhalten, Einstellung)?

Jede Frage, wenn sie richtig gestellt wird, ergibt eine Fülle von Informationen. Wenn Sie sich jede Antwort getrennt anschauen, werden Sie lernen, diese Antwort hinsichtlich eines möglichen Verkaufs zu beurteilen und auch hinsichtlich der Antworten auf die anderen Fragen.

Die erste Frage könnte sich zum Beispiel auf Sie, den Verkäufer, beziehen.

Nehmen wir einmal an, Ihr potentieller Kunde erzählt Ihnen, daß er Nachschlagewerke verkauft und seit drei Jahren bei seiner Firma arbeitet.

Sie wissen genug über den direkten Verkauf, um zu wissen, daß es ein hartes Brot ist, wenn man Erfolg haben will. Sie wissen auch, daß der Verkäufer, wenn er seit drei Jahren dabei ist, entweder recht gut ist oder hart arbeitet oder beides. Warum? Sie wissen, daß kein festes Gehalt gezahlt wird, sondern nur Provisionen, bei den meisten Firmen zumindest, und um überleben zu können, muß man wirklich hart arbeiten, vielleicht sogar mehr als in irgendeiner anderen Verkaufsbranche, und das unter den widrigen Bedingungen des Tür-zu-Tür-Verkaufs.

Die Kehrseite dieser Medaille ist der Durchgangseffekt. Viele dieser Vertreter sind nur ein paar Monate in der Stadt und ziehen dann weiter in die nächste. Es kann sein, daß sie nur einmal in zwei oder drei Jahren in Ihre Stadt kommen.

Das könnte auch darauf hindeuten, daß die Finanzierung ein Problem ist, die auch noch von den verschiedenen anderen Faktoren abhängt. Aber hier können Sie erkennen, daß die Antworten auf die anderen Fragen mit den ersten Fragen zu tun haben: wo er wohnt, sein Familienstand und ob er sein Haus oder seine Wohnung gemietet hat oder es ihm gehört – das kann alles ein Hinweis dafür sein, daß er nur vorübergehend in dieser Stadt ist (oder nicht) und ob er ein echter potentieller Kunde ist (oder nicht).

Was macht er? Das ist eine andere Frage, aus der man viel schließen kann, wie später an einem Beispiel deutlich wird, wenn ich zeige, wie die Antworten auf diese Frage einen Einfluß auf das Herangehen beim Verkauf haben.

Es kann sein, daß er seit zehn Jahren als Beamter bei der Stadt angestellt ist, bekanntermaßen ein gering bezahlter Job, aber er kann auch der Mann sein, der im Aufsichtsrat eines öffentlichen Versorgungsbetriebes sitzt und in der Lage wäre, die Firma aufzukaufen, für die Sie arbeiten, wenn er wollte.

Die Antwort auf Frage drei, wo er wohnt, ob ihm das Haus oder die Wohnung gehört oder ob er zu Miete wohnt, ist aus vielerlei Gründen wichtig. Zunächst – wenn wir es auf den Vertreter für Nachschlagewerke beziehen – so könnte er sagen, daß er hier wohnt, ihm seine Wohnung gehört, er von hier aus in andere Städte reist und daß der Sitz seiner Firma in dieser Stadt liegt. Trotz seines

„Reiseberufes" wohnt er also in dieser Stadt. Es ist also kein Problem, mit ihm eine Finanzierung aufzustellen.

Oder er sagt, er wohnt 320 Kilometer entfernt, ist alleinstehend und wohnt in einer Wohnung zur Miete, die sich dann als luxuriöses Appartementhaus herausstellt, in dem nur alleinstehende Spitzenverdiener wohnen. Er hat das Appartement seit über zwei Jahren und erwähnt beiläufig, daß er einen Mietvertrag über fünf Jahre hat und seine Wohnung in diesem Monat renovieren läßt. Auch hier gibt es wahrscheinlich keine Probleme. Aber Sie müssen alle Antworten vorher bekommen haben, bevor Sie eine Entscheidung treffen.

Sie können feststellen, daß die Antwort auf die letzte Frage bereits die Antwort für die nächste liefert, wenn er ehrlich ist: Familienstand und Kinder. Er sagt, er sei alleinstehend, aber war er vielleicht schon einmal verheiratet? Muß er für mehrere Kinder Unterhalt zahlen, was eine ziemlich starke Belastung seines Einkommens wäre? Ist er weg von zu Hause und versucht, sich der Unterhaltszahlung zu entziehen, zu der er verurteilt worden ist, oder hat er Rückstände bei Zahlung von Alimenten?

Um dies herauszufinden, wäre folgendes ein guter Einstieg: „Sind Sie nie verheiratet gewesen? Nun, das verstehe ich. Ich bin verheiratet, glücklich sogar, aber ich bin ja auch älter als Sie. Ich verstehe es gut, daß Sie erst einmal ein bißchen Spaß haben möchten, bevor Sie seßhaft werden.

Ich bedaure den Burschen, der geschieden ist, Frau und Kinder unterhalten und obendrein seinen eigenen Haushalt führen muß. Das geht bei den heutigen Preisen wahnsinnig ins Geld."

Das bringt den getrennt lebenden oder geschiedenen Ehemann meistens zum Reden, aber lassen Sie dadurch nicht den Verkauf verlorengehen. Ich habe genausogut wie Sie schon vielen Geschiedenen etwas verkauft, oft mit Zustimmung des ehemaligen Ehepartners und ein oder zwei Mal sogar mit deren Hilfe.

Warum fragen, für wen das Gekaufte sein soll? Wenn Sie die Sache verkaufen, ist es doch schließlich egal, für wen der Wagen, das Möbelstück oder irgendeine andere Ware bestimmt ist. Nicht wahr? Nein.

Wie oft haben Sie schon ewige Zeit mit einem potentiellen Kunden verbracht, um dann herauszufinden, daß er sich nur für seine Schwester, seinen Chef oder einen Arbeitskollegen umschaut? Bestimmt schon öfter!

Sie können nicht einer Person *etwas für einen anderen verkaufen*, und Sie wissen aus Erfahrung, daß dieser Satz nur allzu wahr ist.

Die Schwierigen

Ich fürchte nichts mehr, als wenn ein potentieller Kunde einen „Experten" mitbringt, jemanden, der mehr über das Produkt oder die Dienstleistung, die ich verkaufe, weiß, als ich selbst. In neun von zehn Fällen widerlegt er alles, was ich sage; er versucht zu beweisen, wie schwierig es ist, ihm etwas zu verkaufen und macht jede Chance zunichte, etwas zu verkaufen.

An nächster Stelle auf der Liste der Dinge, die ich hasse, kommt die Person, die gehört hat, „daß Uli gesagt hat, er brauche einen neuen Rasenmäher, und da dachte ich, weil ich sowieso in der Stadt bin, sehe ich mich einmal um". Die Wahrscheinlichkeit ist sehr groß, daß Uli sich bei diesem übereifrigen Bekannten bedanken und ihm sagen wird, er solle sich lieber um seine eigenen Dinge kümmern und ihn seinen Rasenmäher selber kaufen lassen.

In diesem Buch wird noch an anderer Stelle erwähnt, wie man mit diesen beiden Typen umgeht, aber im Hinblick auf die Qualifizierung des Kunden muß dies gleich zu Beginn festgestellt werden, sonst haben Sie mehrere Stunden umsonst vergeudet. Nebenbei bemerkt, bei diesem Typ lohnt es sich ohnehin nicht, sich näher mit ihm zu befassen.

Die Frage, wer der Käufer ist, gilt mehr als alles andere, wenn Sie es mit einem Einkäufer einer Firma zu tun haben. Der Bursche, mit dem Sie sich unterhalten, will vielleicht mehrere Lastwagen kaufen oder einen großen Ozeantanker für seine Firma ausrüsten. Vielleicht ist er der offizielle Einkäufer, der *die Genehmigung von niemand anderem benötigt*, um Ihnen den Auftrag zu erteilen. Seien Sie also vorsichtig, wenn er sagt: „Ich kaufe nicht für mich selbst." Vielleicht wirklich nicht. Vielleicht kauft er für die ortsansässige Papierfabrik und ist in der Eigenschaft als deren Einkäufer bei Ihnen.

Bevor wir nun diesen Aspekt der Qualifizierung des potentiellen Kunden verlassen, möchte ich Ihnen noch sagen, daß eine einfache Methode herauszufinden, mit wem Sie es zu tun haben, ein Anruf bei der Firma ist, von der er angeblich kommt.

Fragen Sie nach dem Einkäufer. Wenn sie sagen, er ist nicht im Büro, fragen Sie nach seinem Namen und sagen Sie, Sie seien neu in der Stadt und hätten noch nicht mit ihm gesprochen. Wenn der Name derselbe ist oder wenn Ihnen gesagt wird, daß sie zwar keinen Einkäufer haben, aber daß Herr Müller – der Name Ihres potentiellen Kunden – die meisten Einkäufe erledigt, dann liegen Sie richtig. Wenn nicht, dann sollten Sie *vielleicht* noch weiter prüfen, bevor Sie weitermachen.

Ein erfahrener Verkäufer kann normalerweise genauso viel über eine Person sagen, wenn er sie sich nur anschaut, als wenn er sich mit ihr unterhalten oder ihr Fragen stellen würde. Der Trick dabei ist, sich durch die äußere Erscheinung nicht täuschen zu lassen; bereiten Sie den Verkauf, den Sie tätigen wollen, vor, indem Sie Ihre Fragen stellen.

Mit der gleichen Wahrscheinlichkeit wie ein barfuß daherkommender, langhaariger Hippie kein potentieller Kunde für eine Lebensversicherungspolice in Höhe von 100 000 DM ist, bedeutet die Tatsache, daß ein Mann Arbeitskleidung trägt oder unrasiert ist, nicht, daß er eine solche Police nicht kaufen könnte.

Der scharfsinnige Verkäufer kann den Pseudokunden normalerweise daran erkennen, was und wie er es sagt. Es ist schließlich nicht schwer, einen Mann zu entlarven, der behauptet, Ingenieur zu sein, und wie ein Penner redet. Es paßt einfach nicht zusammen.

Lassen Sie sich aber auch nicht durch die Art und Weise, wie eine Person redet, zum Narren halten. Dies kann irreführend sein und Sie veranlassen, zu schnell ein falsches Urteil zu fällen.

Bei der gesamten Qualifizierung eines potentiellen Kunden sind auch die kleinen Dinge sehr wichtig. Wenn er zu Ihnen kommt, achten Sie darauf, was für einen Wagen er fährt, wieviel Kinder er hat, und schauen Sie sich seine Frau an. Hat sie maßgeschneiderte Kleidung an, war sie vor kurzem beim Friseur, trägt sie einen netten kleinen Diamanten?

Wenn Sie ihn an seiner Arbeitsstelle aufsuchen, schauen Sie sich seinen Wagenpark an, wieviel Angestellte er hat, und achten Sie darauf, ob er eine Empfangsdame oder eine Sekretärin hat. Wie sieht sein Büro aus? Ist es mit modernen Geräten ausgestattet, oder sind die Maschinen überholt? Sind seine Angestellten beschäftigt, oder *versuchen sie nur*, einen beschäftigten Eindruck zu erwecken?

Auch hier dürfen Sie sich nicht durch die Erscheinung des potentiellen Kunden zum Narren halten lassen. In den USA gab es einmal einen Präsidentschaftskandidaten, der eher zweifelhaft aussah – die

Sohlen an beiden Schuhen total abgelaufen, eigentlich ein Anzeichen dafür, daß er nicht sehr vermögend ist, geschweige denn qualifiziert für die Kanditatur zur Präsidentschaft – dabei war er Multimillionär.

Natürlich würden Sie Ihre Fragen nicht wie das Abfragen einer Liste der Reihe nach stellen. Lassen Sie sich Zeit, und stellen Sie sie vorsichtig nacheinander. Die Antworten ergeben sich von selbst, wenn Sie die Fragen einfach in die Unterhaltung einflechten, bis Sie alle Antworten bekommen haben und damit auch ein Bild von Ihrem Kunden und von dem, was er kann oder nicht. Dann können Sie die Sache abbrechen oder in Richtung auf einen Abschluß weitermachen, so wie es sich aus den *Antworten* und Ihrer *Erfahrung* ergibt.

Eine typische Qualifizierung

Unser Mann ist etwa fünfunddreißig Jahre alt, freundlich und gut angezogen. Er fährt einen Wagen, der relativ neu ist, sauber und gut gepflegt aussieht und an der hinteren linken Seite eine teure Antenne hat.

Eine typische Unterhaltung könnte etwa so ablaufen:

„Wo arbeiten Sie, Herr Schultz? Gehören Sie zu den Glücklichen, die samstags nie arbeiten müssen?"

„Nein, leider nicht. Ich arbeite beim Straßenverkehrsamt."

„Oh, Sie sind Polizist?"

„Nein, nichts derart Aufregendes. Ich bin Ingenieur. Ich wohne in Viersen (Sie wissen, daß das 200 Kilometer entfernt liegt) und bin hier unten, bis die neue Durchgangsstraße fertig ist. Ich werde froh sein, wenn ich wieder bei meiner Familie bin. Ich vermisse es, wenn ich abends nicht bei meinem kleinen Sohn sein kann, wie das sonst immer der Fall ist."

„Das verstehe ich. Wie alt ist er?"

„Sechs."

„Das ist ein nettes Alter. Mir gefällt es, wenn sie noch so klein sind. Soweit ich mich erinnern kann, ist Viersen eine Kleinstadt. Er hat sicher einen schönen kleinen Spielplatz, wo er herumtollen kann. Das ist immer gut für die Kleinen, besonders, wenn es sich um einen lebhaften Jungen handelt."

„Ja, wir haben einen großen Hof. Ich habe das Haus vor zwei Jahren gekauft. Meine Frau hatte Angst, daß er auf die Straße läuft.

Deshalb habe ich einen Zaun darum herum gebaut. Er kann allerdings nicht viel herumtollen. Er hat einen Geburtsfehler und muß einen Stützapparat tragen."

„Oh, das tut mir leid, Herr Schultz. Ich wußte nicht...das arme Kind."

„Das ist schon in Ordnung. Das konnten Sie ja nicht wissen. Es geht jetzt schon ganz gut. Die Ärzte sagen, er ist so ziemlich aus dem Schlimmsten raus. Sie sagen, er kann jetzt sogar Fußball spielen. Deshalb möchte ich auch das Boot und den Motor kaufen. So kann er ab und zu raus aufs Wasser fahren. Vielleicht kann er auch Wasserski lernen und so. Das wäre gut für seine Muskeln."

„Oh, ja. Das wäre die beste Sache der Welt für ihn. Ich habe hier etwas, das genau passen würde für ..."

Merken Sie, daß der Verkäufer nur eine einzige wichtige Frage stellen mußte? „Wo arbeiten Sie?" (und die kleine Zusatzfrage „Wie alt ist Ihr Sohn?"), und schon bekam er alle Antworten, die er brauchte, um festzustellen, daß er diesem Mann ein nettes Boot verkaufen konnte und wahrscheinlich noch einiges an Zubehör und einen Anhänger obendrein.

Er hatte herausbekommen, daß der Mann Ingenieur in einer festen Anstellung war. Er hatte herausgefunden, daß er verheiratet war, daß er in einer Kleinstadt einige Kilometer entfernt ein Haus besaß, daß er seine Familie liebte und daß er für seinen behinderten Sohn ein Boot kaufen wollte.

Die Kehrseite der Medaille

Ein anderer Mann ist etwa im gleichen Alter, unrasiert und angetrunken, wie man riechen kann. Seine Kleidung ist schmutzig und billig, und der Wagen, den er fährt, ist ein altes Modell, aufpoliert aber ungepflegt. Dem Kennzeichen nach ist er am Ort angemeldet.

„Wo arbeiten Sie, Herr Kramer?"

„Beim Straßenverkehrsamt."

„Oh, Sie sind Polizist?"

„Nein, ich bin nicht so ein verdammter Bulle. Ich bin bei der Wartung. Ums Verrecken würde ich nicht als stinkender Polyp arbeiten. Was kostet die Bootsausrüstung hier?" Er zeigt auf eine Bootsausrüstung mit Innenbordmotor und allem Drum und Dran.

„Ja, das ist eine nette Ausrüstung. Wo wohnen Sie, Herr Kramer? Hier in der Stadt?"

„Ich wohne in einem Wohnheim. Mehr kann ich mir nicht leisten, seit meine Frau, dieses nichtsnutzige Luder, vor einem Jahr mit den Kindern abgehauen ist. Mir nimmt man ja alles ab, damit die Bälger was zu futtern haben. Die ist auch gar nicht krank, wie sie dem Richter erzählt hat. Alles Lüge, damit sie nicht arbeiten gehen muß. Ich könnt' beweisen, daß sie lügt, wenn ich mich zehn Minuten mit ihr beschäftigen dürfte, wissen Sie? Wieviel kostet diese Ausrüstung?"

„Wie lange arbeiten Sie schon beim Straßenverkehrsamt, Herr Kramer? Bestimmt schon lange, oder?"

„Nein, noch nicht so lange. Ein bißchen mehr als vier Jahre jetzt. Ich will wechseln. Die behaupten, ich hätt' getrunken bei der Arbeit, weil sie mich nicht mögen. Behaupten, ich hätt' den Lastwagen zu Schrott gefahren, weil ich besoffen war. Wie sollt' ich wissen, daß es eine Einbahnstraße war, he? Frag' ich Sie, wie sollt' ich wissen, daß die ..."

Nicht nötig weiterzumachen. Indem er die Fragen direkt gestellt hat, bekam der Verkäufer mehr Informationen, als er wissen wollte. Belastendes Beweismaterial, das deutlich zeigte, daß es sehr zweifelhaft war, ob dieser Mann überhaupt irgendein Boot kaufen konnte, geschweige denn das teure Boot, nach dem er fragte.

Er war Trinker und war deshalb von seinem Arbeitsplatz suspendiert worden. Seine Frau hatte ihn verlassen, und ihr war das Sorgerecht für die Kinder zugesprochen worden. Er lebte in einem Wohnheim, weil er sich nicht mehr leisten konnte. Das mit dem Trinken mußte bei ihm schon recht schlimm sein. Er hatte einen Lastwagen kaputtgefahren und hatte nach vier Jahren Tätigkeit eine normalerweise sichere Arbeitsstelle verloren. Außerdem schaute er sich nach einem Boot um, das dreimal so viel kostete als eines, das sich ein gutverdienender Familienvater und Arbeiter gerade einmal leisten konnte.

Die Person, die sich für jemand anderen umschaut

Die Antworten auf diese Fragen können auf die gleiche Weise der Hausfrau entlockt werden, die sich für ihren Ehemann umschaut, oder dem Mann, der sich für seinen Chef oder einen Freund umschaut. Mit dem „Wo arbeitet Ihr Mann (Chef)?" und „Wieviel Kinder haben Sie, Frau Sanders?" bekommen Sie die Antworten genauso einfach wie vom potentiellen Kunden selbst. In diesem Fall sind *Name und Telefonnummer des tatsächlichen Kunden das Wichtigste überhaupt.*

Bringen Sie alle Tatsachen in Erfahrung, und machen Sie dann den Abschluß

Jens, einer der produktivsten und erfolgreichsten Verkäufer, die ich kenne, arbeitet bei einer Investmentfondgesellschaft. Eines Tages läutete bei ihm das Telefon, und ein Mann fragte, ob Jens zu ihm kommen könne, um mit ihm ein Programm durchzusprechen, er sei zu beschäftigt, um wegzugehen.

Mein Freund vereinbarte, daß er in ein paar Stunden vorbeikommen würde, und er bekam die Adresse einer Reparaturwerkstätte am Rande der Stadt genannt. Als er nachmittags dort ankam, fand er ein schäbiges, heruntergekommenes Gebäude aus Wellblech vor, mit Schrottautos, die überall verstreut standen. Er stieg aus seinem Wagen aus und war sicher, sich in der Adresse geirrt zu haben.

Ein junger Bursche kam heraus und fragte, was er wolle.

Jens sagte ihm, er wolle zu Herrn Meyer, der Bursche wischte sich die Finger an einem Lumpen ab, reichte ihm die Hand und sagte: „Ich bin Herr Meyer. Sie sind sicher der Mann von der Investmentfondgesellschaft." Jens ärgerte sich. Offenbar war er den ganzen weiten Weg umsonst hier heraus gefahren, und wenn er Glück hatte, würde er vielleicht einen Vertrag über zwanzig Mark im Monat herausschlagen. Der Mann sah nicht so aus, als würde er genug zu essen geschweige denn Geld zum Investieren haben. Und was ist die Pointe der Geschichte?

Die Frau und das Baby des Mannes waren vor zwei Jahren bei einem verhängnisvollen Unfall ums Leben gekommen, und er hatte gerade eine knappe Million von der Lebensversicherung ausgezahlt erhalten.

Jens brauchte vier Monate, um verschiedene Anlagefonds zu prüfen und für den Werkstattbesitzer ein Investitionsprogramm aufzustellen, und zwar in Höhe nahezu einer halben Million Mark, für die er regelmäßig Provision bekommen wird, solange die Anlage existiert.

Der Arbeiter aus der Papierfabrik

Ich traf einmal einen Mann, der mir erzählte, er arbeite in der Papierfabrik hier am Ort und wolle drei neue Wagen kaufen, einen für sich, ein Cabriolet für seine Tochter und einen Kombi für seine Frau, der „ihre gesellschaftlichen Aktivitäten über alles gingen", wie er es nannte. Die meisten Stellen in einer Papierfabrik bringen zwischen 1000 und 2000 Mark im Monat ein. Als ich darüber sinnierte, daß es wohl besser wäre, wenn er im Lotto gewänne, fiel mir ein, daß ich einen ähnlichen Namen wie den seinen vor ein paar Tagen in der Zeitung gelesen hatte. Ich entschuldigte mich kurz, rief einen Freund an, der in der Papierfabrik arbeitete, und erfuhr, daß der Name *nicht nur ähnlich*, sondern *derselbe* Name war, den ich gelesen hatte und daß er kürzlich zum Geschäftsführer und Mitinhaber der Firma ernannt worden war – eine Stelle mit 120 000 Mark pro Jahr.

Niedriges Einkommen?

Dann war da noch der Bursche, der sagte, er wohne in einem bestimmten Bereich der Stadt, der zum größten Teil aus Sozialwohnungen bestand. Der Scherz war, daß er der Leiter der Wohnungsbaugesellschaft war und alles hätte kaufen können, einschließlich meiner Versicherungsagentur, wenn er gewollt hätte.

Ein anderer Mann, der sagte, er „arbeite vom Büro des Landrats aus", hatte dem Verkäufer, einem Neuling, den ich schulte, nicht gesagt, daß *er selbst* der Landrat *war*.

Solche Bemerkungen wie „Seine Kreditwürdigkeit ist wahrscheinlich so schlecht, daß sie nicht mal Bargeld von ihm nehmen würden" und „Er schuldet noch das Geld für die Plätzchen, die die Pfadfinderinnen letztes Jahr gebacken haben" sind zwar witzig, können aber dazu führen, daß Sie *Ihre Qualifizierung mit Scheuklappen vor den Augen machen*.

Wie man das große Geschäft verlieren kann – ohne auch nur einen Finger krumm zu machen

In meinen Unterlagen habe ich einen Zeitungsausschnitt aus einer Lokalzeitung in Zusammenhang mit einem Verkäufer von einer

Verkaufsagentur aufgehoben. Da tauchte einmal ein Mann im Verkaufsraum auf, wollte sich die billigste viertürige Limousine anschauen, die sie hätten, und stellte dann zwei Fragen: Wie schnell könnte er dreißig davon bekommen, alle in der selben Farbe mit Vinyl-Polsterung, und wieviel würden Sie kosten?

Der Verkäufer, ein junger Bursche, der sich für einen Profi hielt, sah die fleckige Arbeitskleidung des Mannes, die deftigen Arbeitsschuhe und die schmierige Mütze, und er entschuldigte sich, weil er sich „die Zahlen vom Chef holen müsse". Natürlich verschwand er in der Überzeugung, der Mann sei verrückt und könne sich wahrscheinlich kaum ein Fahrrad leisten, geschweige denn dreißig Autos.

Der Mann wartete ein paar Minuten auf den Verkäufer, der mit den Zahlen zurückkommen wollte, dann ging er und sagte einem anderen Verkäufer, er sei in Eile. Bevor er ging, gab er diesem Verkäufer seinen Namen, seine Telefonnummer und bat ihn, dem anderen auszurichten, er sei unter dieser Nummer in zwei Stunden zu erreichen, und man solle ihm das Lieferdatum und die Preise dann telefonisch durchgeben.

Der Verkäufer wartete, bis der Bursche gegangen war und kam dann wieder zum Vorschein. Als er Namen und Telefonnummer von bekam, warf er sie in den Papierkorb, ohne sich den Zettel auch nur angeschaut zu haben und murmelte etwas von „Verrückten, die den Leuten unnütz die Zeit stehlen".

Ein paar Tage später bekam die Konkurrenz in derselben Straße einen Auftrag über dreißig Autos, der Verkäufer verdiente sich eine Provision von 5000 Mark, und der Besitzer kaufte ihm als Bonus noch einen 500-Mark-Anzug seiner Wahl.

Der „Verrückte" hatte gerade ein großes Stück Industriegelände verkauft und war dabei, ein Taxiunternehmen zu gründen.

Die sechs teuren Fehler

Wenn Sie sich die obigen Fälle noch einmal durchlesen, die von Fehlschlägen und „Beinahe-Fehlschlägen" handeln, welche beim Qualifizieren entstehen, werden Sie feststellen, daß es sich um fundamentale Fehler handelt, die jeder Verkäufer machen wird, wenn er kein Konzept hat.

Im Falle des Jungen habe ich den häufigsten Fehler gemacht, den es gibt: Qualifizieren nach dem äußeren Erscheinungsbild. Der

Bursche war noch jung, deshalb konnte er nicht kaufen. Ich machte mir keine Mühe herauszufinden, ob er von seinem Vater geschickt worden war, jemandem, der kaufen konnte; ein kurzer Blick, und ich kehrte an meinen Schreibtisch zurück: er ist zu jung; aus, fertig! Das Geschäft war verloren. Es war das gleiche mit dem Mann, der die dreißig Autos kaufen wollte. Etwas anderes: Für wen kauft Ihr potentieller Kunde ein? Sein Chef, der *in der Lage ist* zu kaufen, hat ihn vielleicht geschickt, um sich nach den Preisen zu erkundigen, weil er selbst Wichtigeres zu tun hat.

Jens hat beinahe den gleichen Fehler begangen, als er den riesigen Investmentfonds verkauft hat – den Fehler, nach der äußeren Erscheinung zu urteilen. Hier verwandelte ein einzelner, einfacher Faktor das Urteil „Unmöglich" in ein „Absolut sicher".

Der Mann aus der Papierfabrik wollte nicht hereinspazieren und brüllen: „He, ich bin der neue Vizepräsident der Papierfabrik, und ich möchte drei neue Autos kaufen." Er wollte einen Verkäufer, der *ganz gezielt* an das Verkaufsgespräch herangeht und fragt, wo er arbeitet, *was für eine Arbeit er hat*, so daß er deutlich machen kann, *in der Lage zu sein*, drei Autos zu kaufen und *dies auch zu tun*.

Der Landrat und der Verwalter des Riesenwohnkomplexes waren so etwa in der gleichen Position. Der Verkäufer fand rein zufällig und glücklicherweise heraus, daß er eine gute Chance hatte, einen Verkaufsabschluß zu machen, wenn er seine Karten richtig ausspielt.

Denken Sie an die sechs Fragen, die Glück und Zufall eliminieren. Das Geheimnis liegt in der Tatsache, daß die *Technik des Qualifizierens nicht vollständig ist, wenn nicht alle Fragen beantwortet wurden*. Natürlich kann schon die erste Antwort einen Hinweis darauf geben, ob der Kunde in der Lage ist zu kaufen oder nicht, aber darauf will ich nicht hinaus.

Wir müssen einen *idiotensicheren Plan* aufstellen, der uns zeigt, ob wir bei diesem Kunden dranbleiben oder ihn fallenlassen und uns nach einem anderen umschauen sollen.

Qualifizieren des Firmeneinkäufers

Was ist mit dem Einkäufer einer Firma, der nur für den Eigentümer selbst einkauft? Hier interessieren Sie sich nicht für das Gehalt des Einkäufers oder dafür, ob er kreditwürdig ist. Hier sind Sie an seiner *Firma* und *deren Bedürfnissen* interessiert.

Oder wenn der Eigentümer für seine Firma einkauft – hier müssen Sie über die Firma und ihn selbst Bescheid wissen.

Die Informationen, die Sie benötigen, sind im Grunde dieselben, doch Sie erhalten sie auf verschiedene Wegen.

Verschiedene Nachschlagwerke, die beim Qualifizieren helfen

Es gibt verschiedene Bücher, die Informationen bieten und die für den Verkäufer unerläßlich sind. Beim ersten Gespräch erfährt er dann den Rest, den er braucht, um festzustellen, ob die Firma oder der Eigentümer für einen Verkauf qualifiziert ist.

Er sollte sämtliche *Telefonbücher* für sein Verkaufsgebiet verfügbar haben. Auch sollte er *Auskunftsmöglichkeiten über die Kreditwürdigkeit* seines potentiellen Kunden greifbar haben.

In den meisten Firmen sind derartige Nachschlagwerke vorhanden, wenn das nicht der Fall ist, *sollten Sie* diese auf jeden Fall haben. Wenn die Firma keine Unterlagen über die Kreditwürdigkeit ihrer Kunden besitzt oder der Verkäufer keine Auskunft erhält, so sollte er ermächtigt sein, ohne ausdrückliche Genehmigung Kreditprüfungen jeder Firma oder jedes Eigentümers durchführen zu lassen, von denen er glaubt, daß sie als potentielle Kunden in Frage kommen. Abonnements von Handelsblättern sind ebenfalls sehr wertvoll für eine Verkaufsmannschaft, die an Firmen verkauft.

Ein weiterer einfacher Trick, der hilfreich für einen Verkäufer ist, der an große oder kleine Firmen verkauft, besteht darin, die Firma zu besuchen und sich persönlich umzuschauen. So kann er selbst sehen, wie die Dinge ausschauen, und möglicherweise entscheiden, ob man in der Lage ist, die Maschinen oder Waren zu kaufen, die man kaufen will.

Es ist schwer, diese Anmerkungen zum Qualifizieren eines potentiellen Kunden in ein oder zwei Sätzen zusammenzufassen. Es ist zu wichtig, und zu viel spielt da hinein, als daß man es in wenigen Worten umreißen könnte.

Es gibt jedoch eine Liste von Punkten, an die man denken und die für *jede Situation beim Qualifizieren* gelten, egal, um welches Produkt oder welchen Kundentyp es sich handelt.

Doch bevor wir zu den Dingen kommen, die man beim Qualifizieren tun muß und nicht tun darf, ist folgendes noch wichtig:

Während des Qualifizierens im Verkaufsgespräch ist Ihre Einstellung genauso wichtig wie *zu jeder anderen Zeit* bei Begegnungen mit dem potentiellen Kunden.

Machen Sie nicht den Fehler und wenden sich wieder Ihrer Zeitung zu, weil Sie meinen, der Kunde wäre zu jung, oder erzählen ihm nicht, daß er seine Zeit vergeudet, nur weil er gerade aus dem Gefängnis kommt.

Wenn ein solcher Kunde hereinkommt (wir haben darüber ausführlich in einem anderen Kapitel gesprochen) oder Sie in sein Büro kommen, weil Sie mit ihm verabredet sind, nähern Sie sich ihm als einem *potentiellen Käufer*, als eine Person, *der etwas verkauft werden kann*, ob nun schwierig oder nicht.

Zusammenfassend gibt es folgende Grundregeln, die Sie sich merken sollten:

Versuchen Sie *nicht*, eine Qualifizierung vorzunehmen, indem Sie einfach von Ihrem Schreibtisch aus entscheiden, ohne einen Finger dafür zu rühren.

Lassen Sie sich durch ein entmutigendes Merkmal oder eine entmutigende Antwort auf eine der sechs grundlegenden Fragen *nicht* stoppen.

Ziehen Sie *keine* voreiligen Schlüsse, und hegen Sie *keine* Vorurteile gegenüber Ihrem potentiellen Kunden oder dessen Firma.

Bringen Sie *auf jeden Fall* immer erst sämtliche Fakten in Erfahrung, bevor Sie eine Entscheidung treffen.

Lassen Sie sich *auf jeden Fall* immer erst die Antworten auf alle sechs Fragen geben, bevor Sie eine Entscheidung treffen.

Bringen Sie bei einer Firma immer erst die Fakten in Erfahrung, bevor Sie zu einem Verkaufsgespräch gehen. Sie können auch eine Menge erfahren, wenn Sie sich die Firma einmal persönlich ansehen.

Besorgen Sie sich im Falle einer Firma das örtliche Telefonbuch, das Branchenverzeichnis sowie *Kreditauskünfte*, damit Sie mit den Tatsachen gewappnet sind, die Sie benötigen, um mit dem Einkäufer oder Eigentümer einen guten Abschluß machen zu können, wenn Sie in das Verkaufsgespräch gehen.

Er wird sich geschmeichelt fühlen und feststellen, daß er es mit einem *Profi* zu tun hat, der sich auskennt und in der Lage ist, Fakten über seine Firma und deren Ansehen zu in Erfahrung zu bringen.

13
Einunddreißig überaus wichtige Punkte, die Ihnen dabei helfen werden, beim Verkaufsabschluß besser zu werden

Diese einunddreißig Punkte sind das Ergebnis eines Artikels, den ich für die Zeitschrift *The American Salesman* geschrieben habe und der den Titel trug: „Verwenden Sie die Karte, und verkaufen Sie." Er handelte von meinem schwierigsten Problem beim Verkauf und der Lösung, die ich gefunden hatte, um dieses Problem unter Kontrolle zu bekommen. Das Problem bestand darin, unter keinen Umständen „umzufallen", egal, wie ich mich fühlte. Dieses Problem bereitete nicht nur mir allein Schwierigkeiten, das wußte ich, denn ich kannte viele Verkäufer, die ebenfalls darunter litten. Doch bei keinem war es so schlimm wie bei mir, davon war ich überzeugt.

Dann, eines Tages, wurde mir klar, daß ich das Schlimmste überstanden hatte, weil mir einfach klar wurde, was genau mein Problem war. Alles, was ich brauchte, war eine Gegenmaßnahme, mit der ich es in den Griff oder zumindest unter Kontrolle bekommen konnte.

Dann kam mir eine Idee, die so simpel war, daß sie fast schon dumm ist, aber sie funktionierte. Eine kleine Karte – bei der ersten verwendete ich die Rückseite meiner Visitenkarte – mit der Aufschrift: „Ich bin der *beste Verkäufer dieser Firma*. Das werde ich *bei diesem potentiellen Kunden* beweisen. Ich werde mit ihm *einen Abschluß machen*. Ich *werde* LÄCHELN."

Von diesem Tag an hatte ich die Karte in der Hand, wenn ich zu einem Kunden ging. Es dauerte nicht lange, bis ich feststellte, daß ich nicht einmal mehr daraufschaute, sondern unbewußt wiederholte, was ich mein „ans Lächeln denken" nenne. Ich stellte auch fest, daß meine Verkäufe entsprechend stiegen.

Bald half ich den anderen, ihre Probleme und einen Satz zur Erinnerung daran auf eine Karte zu schreiben und zeigte ihnen, wie man sie benutzt.

Karls Problem war, daß er immer Vorurteile seinen Kunden gegenüber hatte – er qualifizierte sie, bevor er alle Tatsachen kannte. Franz redete zuviel, während es Eddi wie mir ging: er ließ sich runterziehen, wenn er in gedrückter Stimmung war. Jeder einzelne von ihnen lernte, sein Problem unter Kontrolle zu bekommen (es handelt sich meistens um tiefverwurzelte Persönlichkeitsmerkmale, die man selten ändern kann, die aber unter Kontrolle gebracht werden können), indem er die Karte verwendete.

Viele waren der Meinung, daß sie ihren größten Fehler nicht so genau beschreiben könnten, und neue wußten nicht, worin er überhaupt bestehen könnte – so schrieb ich 30 Karten, eine für jeden Tag im Monat. Der Zweck dabei war, jeden Tag eine dabei haben zu können, um so herauszufinden, welches der Bösewicht ist. Einige von uns stellten fest, daß es verschiedene Dinge gab, an die sie ständig erinnert werden sollten, während andere wiederum nur eine Sache ausfindig machten. Auf jeden Fall stellten wir fest, daß das mit der Karte funktionierte, uns diese Erinnerungshilfe nach einer Weile in Fleisch und Blut überging und wir bald nicht einmal mehr nachlesen mußten.

Schreiben Sie sich selbst eine solche Karte, oder greifen Sie sich diejenigen heraus, die Sie brauchen – Ihr Verkaufsleiter oder die Leute, mit denen Sie zusammenarbeiten, können Ihnen helfen, Fehler zu erkennen, die Sie selbst nicht sehen –, und *verwenden Sie sie*. Sie werden in *mehr Abschlußsituationen* kommen und *mehr Verkäufe abschließen*.

1. Entfernen Sie die Schlüsselteile im Panzerkleid des Widerstandes gegen den Verkauf, und die Panzerung wird zusammenfallen.
2. Wenn Sie alleine keinen Erfolg haben, holen Sie sich Schützenhilfe.
3. Schützenhilfe von der richtigen Person kann den Unterschied zwischen einem Fehlschlag und einem Abschluß ausmachen.

4. Erzählen Sie eine Geschichte, aber keine Lüge, um sich den Abschluß zu erleichtern.
5. Nicken Sie mit dem Kopf, und versetzen Sie Ihren Kunden in positive Stimmung.
6. Lenken Sie die Unterhaltung, und Sie werden den Abschluß bekommen.
7. Bieten Sie Ihrem potentiellen Kunden Alternativen: niemals nur ein „Ja oder Nein".
8. Erledigen Sie alles sofort; ein unvollständiger Abschluß ist überhaupt kein Abschluß.
9. Führen Sie kein Streitgespräch. Sie können es zwar gewinnen, aber den Abschluß dabei verlieren.
10. Wenn Sie Ihren Kunden nie wiedersehen wollen, verkaufen Sie ihm etwas, das er nicht gebrauchen kann.
11. Identifizieren Sie sich mit Ihrem potentiellen Kunden, und Sie werden erleben, wie die Einzelteile der Panzerung fallen.
12. Mit Frauen können Sie leicht einen Abschluß machen, wenn Sie daran denken, daß es Frauen sind.
13. Lassen Sie Ihren Kunden niemals gehen, ohne sich von ihm drei neue Namen von potentiellen Kunden haben geben zu lassen.
14. Mit Schmeichelei beim Abschluß erreichen Sie (normalerweise) alles.
15. Investieren Sie einen kleinen Teil Ihres Verdienstes in künftige Verkäufe; es lohnt sich.
16. Wenn Sie eine Akte über Herrn Maier anlegen, legen Sie auch eine über seinen Schwager an.
17. Sie können nicht einfach vom Schreibtisch aus feststellen, ob ein Kunde für einen Verkauf qualifiziert ist.
18. Die Zeit, die Sie mit einem Kunden verbringen, der für einen Kauf nicht qualifiziert ist, ist vergeudete Zeit. Zeit ist alles, was Ihnen bei einem Abschluß helfen kann.
19. Probieren geht über Studieren: Zeigen Sie, demonstrieren Sie es dem Kunden.
20. Wenn Sie mit einer Familie einen Abschluß machen, verkaufen Sie jedem einzelnen Familienmitglied die Sache nach dessen Wünschen und Bedürfnissen.
21. Der professionelle Einkäufer will Tatsachen, keine Behauptungen oder Meinungen.
22. Ein erfolgreicher Verkäufer muß sieben Tage in der Woche nach potentiellen Kunden Ausschau halten.

23. Die Anzahl der Abschlußsituationen, in die Sie geraten, ist umgekehrt proportional zur Anzahl an Stunden, die Sie damit verbringen, nur auf Ihrem Hintern zu sitzen.
24. Wenn sich eine Abschlußsituation festfährt, könnte ein Doppelteam helfen, den Karren wieder flott zu machen.
25. Der erste Abschluß ist bei weitem nicht so wertvoll wie die künftigen. Führen Sie Unterlagen.
26. Lächeln Sie, und Sie werden mehr Abschlüsse machen.
27. Führen Sie die Unterhaltung in Hinblick auf Ihr Ziel: den Abschluß.
28. Wenn Sie den „Knopf" für den Abschluß drücken, ehe der Kunde dafür bereit ist, wird das eher dazu führen, daß er Ihnen davonläuft.
29. Aufhören, Abschlüsse zu machen, bedeutet aufhören zu essen.
30. Wenn Sie Feierabend machen, sobald der Verkaufsraum geschlossen wird, haben Sie den falschen Beruf gewählt; Verkaufen ist ein Vollzeitjob.
31. Dies ist Ihre zusätzliche Erinnerungshilfe: Überprüfen Sie Ihre Abschlußtechniken ständig, und Sie werden mehr Abschlüsse erzielen und mehr Provisionen ausgeben können.

WEITERE BÜCHER VOM ERFOLGSAUTOR LES DANE:

„Neue Kunden leicht gefunden"

„Neukunden gewinnen? Verkäufer leben davon! Viele geben jedoch zu, daß sie dabei nicht sehr erfolgreich sind. Und warum? Sie haben entweder kein System oder - falls doch - wenden Sie es nicht konsequent genug an. Das Buch von Les Dane gibt viele wertvolle und praktikable Anregungen. Wer einige für zu amerikanisch oder gar zweifelhaft ansieht, behält genügend brauchbare übrig, die die Anschaffung lohnen. Verkäufer, die diesen Namen verdienen, sollten fähig sein, Danes Hinweise auf ihre spezielle Situation anzupassen."

Dieter Alten, Dale Carnegie Training Deutschland

Aus dem Inhalt:
Wie man fünf grundlegende Quellen ausschöpft, um jeden Kunden zu einem Spürhund zu machen; Neue, erfolgbringende Anreize für Verkaufsspürhunde; Wie man die wirklich lukrativen Kunden direkt vor der eigenen Haustür findet; Schaffe Sie sich ein unverwechselbares Image - Ihr einfachstes und effektivstes Hilfsmittel für die Suche nach neuen Verkaufsabschlüssen; Wie man das Telefon als erfolgversprechendes Mittel zur Kundensuche benutzt; Wie man die Post zur erfolgreichen Kundensuche einsetzt; Investieren Sie in Kampagnen zur Kundensuche, und steigern Sie dadurch Ihren Umsatz erheblich; Legen Sie sich leicht zu handhabende Aufzeichnungen über die Kundensuche zu; Wie man sich durch den einfallsreichen Gebrauch der Zeitung geeignete Kunden verschafft; Bringen Sie Ihren Namen überall ins Gespräch, um dadurch neue Kunden zu gewinnen und Verkaufsabschlüsse zu erzielen; Folgen Sie der Ader der Verkaufsabschlüsse von den zufälligen Treffern zu den wirklich bedeutenden Geschäften.

Auch in italienischer Sprache erhältlich

„Durchbruch zum Verkaufserfolg"

Aus dem Vorwort:
Während der letzten zwanzig Jahre habe ich mit einigen der besten und erfolgreichsten Leute aus der Verkaufsbranche des ganzen Landes zusammengearbeitet. Aus den Erfahrungen dieser Leute - und aus meinen eigenen Aufzeichnungen - habe ich den vollständigsten, detailliertesten und effektivsten Verkaufsratgeber, der machbar war, zusammengestellt.

Diese Seiten werden ihnen helfen, so wie Robert im dritten Kapitel an einem Samstagmorgen zwischen acht Uhr und Mittag mehr als 3000 Mark an Provisionen zu verdienen! Wie? Indem er drei jungen Verkäufern die Lösung eines Problems aufzeigte.

Im sechsten Kapitel ihres neuen Verkaufsratgebers werden sie die *Geheimnisse* entdecken, die selten enthüllten, eifersüchtig gehüteten Details, die Nathan zu mehr als 25.000 Mark Verdienst verhalfen, als er noch die letzte Klasse des Gymnasiums besuchte.

Im ersten Kapitel werden sie die wenig bekannten Tricks entdecken, die mir halfen, per Telefon 1.500 Mark Provision von einem Verkäufer zu verdienen, auf den ich heute noch, und das Beispiel ist schon fünfzehn Jahre alt, ein wachsames Auge habe.

Sie werden sehen, wie die wirklich erfolgreichen Spitzenverkäufer aufkommende Depressionen vermeiden anstatt sie nur auszukurieren. Sie werden sehen, wie Sie ganze Tage hindurch „auf den Beinen" bleiben können, ohne Aufputschmittel oder Alkohol, wie sie nie zusammenbrechen, niemals in

schwarze Gedanken verfallen, die da lauten: „Ich kann einfach nicht verkaufen" und die immer noch so viel gute Verkäufer ruinieren.
Sie werden erleben, wie diese Verkäufer auf einer Erfolgswelle reiten, und sie werden mit ihnen auf dieser Welle reiten, eine Welle, die Sie nie für möglich gehalten hätten, außer nach der Lektüre von Büchern wie diesem. Und vergessen Sie nicht, ich sagte: Sie werden es sehen, Sie werden es erfahren.

Ein Ratgeber - Ein Leitfaden - Ein Handbuch

„Ge- und Verbrauchsgüter erfolgreich verkaufen"

Verkauf ist nicht gleich Verkauf!
Ein Anlageberater verkauft auf eine andere Art und Weise als Sie, der Sie Ge- und Verbrauchsgüter anbieten.
Die meisten Verkäufer und Außendienstler beachten den Wert dieser Tatsache und die sich daraus ergebenden Gelegenheiten jedoch nicht genügend. Wer es tut, verdient mehr.
In lockerem und leicht lesbaren Stil beschreibt der Fachbuchautor Raffinessen und Feinheiten, die uns gewöhnlich im Verkaufsalltag gar nicht auffallen, die aber den Unterschied ausmachen zwischen „über die Runden kommen" und erfolgreich zu sein.

Aus dem Inhalt:
Kundensuche; Selbstmotivierung; Ihr eigenes Image; Produktkenntnis und; Produktdemonstration; Einschätzung Ihres Gegenüber; Der Ratgeber; Der Frontalangriff; Der große Herbert; Der Dominoeffekt.

Die Bücher sind erhältlich in Ihrer Buchhandlung. Bitte benutzen Sie den Bestellabschnitt.
Sollten Sie keinen Kontakt zu einer Buchhandlung haben, dann schicken Sie Ihre Bestellung direkt an den REIDAR VERLAG, Alsterdorfer Straße 80, 2000 Hamburg 60 (Telefon 040 / 511 30 69), der die Belieferung prompt veranlassen wird.

Ja, hiermit bestelle ich
.... Exemplar(e) des Buches „Neue Kunden leicht gefunden"
   ISBN 3-924848-01-7
.... Exemplar(e) des Buches „Durchbruch zum Verkaufserfolg"
   ISBN 3-924848-06-8
.... Exemplar(e) des Buches „Ge- und Verbrauchsgüter erfolgreich verkaufen"
   ISBN 3-924848-17-3

_____
Datum und Unterschrift

Bitte in Druckbuchstaben ausfüllen:

Absender: _____	An die Buchhandlung
Straße: _____	_____
Ort: _____	_____
Telefon: _____	_____
(für eventuelle Rückfragen):